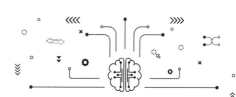

웹 브라우저 속
머신러닝
TensorFlow.js

실전 예제로 배우는 텐서플로 머신러닝 모델

웹 브라우저 속 머신러닝 TensorFlow.js

실전 예제로 배우는 텐서플로 머신러닝 모델

초판 1쇄 발행 2021년 9월 1일

지은이 카이 사사키 / **옮긴이** 유수연 / **펴낸이** 김태헌
펴낸곳 한빛미디어(주) / **주소** 서울시 서대문구 연희로2길 62 한빛미디어(주) IT출판부
전화 02-325-5544 / **팩스** 02-336-7124
등록 1999년 6월 24일 제25100-2017-000058호 / **ISBN** 979-11-6224-464-7 93000

총괄 전정아 / **책임편집** 서현 / **기획** 이상복, 박용규 / **편집** 박용규
디자인 표지 이아란 내지 박정화 / **전산편집** 이경숙
영업 김형진, 김진불, 조유미 / **마케팅** 박상용, 송경석, 한종진, 이행은, 고광일, 성화정 / **제작** 박성우, 김정우

이 책에 대한 의견이나 오탈자 및 잘못된 내용에 대한 수정 정보는 한빛미디어(주)의 홈페이지나 아래 이메일로
알려주십시오. 잘못된 책은 구입하신 서점에서 교환해드립니다. 책값은 뒤표지에 표시되어 있습니다.

한빛미디어 홈페이지 www.hanbit.co.kr / 이메일 ask@hanbit.co.kr

지금 하지 않으면 할 수 없는 일이 있습니다.
책으로 펴내고 싶은 아이디어나 원고를 메일(writer@hanbit.co.kr)로 보내주세요.
한빛미디어(주)는 여러분의 소중한 경험과 지식을 기다리고 있습니다.

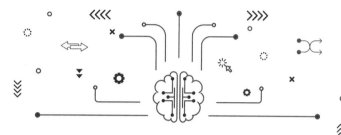

웹 브라우저 속
머신러닝
TensorFlow.js

실전 예제로 배우는 텐서플로 머신러닝 모델

카이 사사키 지음
유수연 옮김

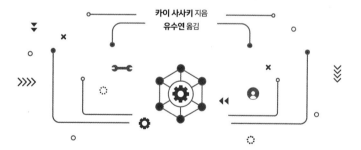

한빛미디어
Hanbit Media, Inc.

지은이 · 옮긴이 소개

지은이 카이 사사키 Kai Sasaki

Treasure Data의 소프트웨어 엔지니어. 데이터를 가치 있게 만들기 위해 대규모의 분산 시스템을 개발하는 업무를 맡고 있습니다. 대규모 데이터를 처리하여 인공지능을 만드는 일에 대한 열정이 그를 머신러닝 분야로 이끌었습니다. TensorFlow.js 초기 개발진 중 한 명이기도 하며, 새로운 종류의 머신러닝 모델에서 요구되는 새로운 연산자를 추가하는 업무를 계속해서 맡고 있습니다. 2018년에 Google Open Source Peer Bonus를 받기도 했습니다.

옮긴이 유수연 cheval1201@gmail.com

정보과학부 학사를 마치고 대학원에 진학하여 음악 추천 시스템 및 사용자 음악 선호도에 관해 연구했으며 현재는 국내 스타트업에서 리서치 엔지니어로 일하고 있습니다. 내향적이고 내성적인 성격이며, 음악 감상과 악기 연주하는 것을 좋아합니다.

옮긴이의 말

평소에 TV를 잘 보지 않는 편입니다. 그런데 얼마 전에 광고를 보고 조금 놀란 기억이 있습니다. AI가 탑재된 제품이나 광고가 아닌, AI 기술 자체의 광고였기 때문입니다. 작년에 방영된 모 드라마에서도 AI 기술과 관련된 내용을 대사에서 상당히 자세히 설명하는 것을 보고 조금 생소하면서도 '인공지능 기술이 이제 일반인에게도 이 정도로 스며들고 있구나' 싶었습니다.

주변 일반 개발자들도 머신러닝을 배우기 시작하는 것을 종종 봅니다. 현재는 배우고자 하면 좋은 소스에 쉽게 접근할 수 있는 채널도 다양하고, 여러 프로그래밍 언어와 플랫폼에서 머신러닝 관련 라이브러리나 패키지의 지원도 계속해서 보완되고 있습니다. 이 책은 자바스크립트 개발자들이 머신러닝을 쉽게 배울 수 있도록 쓰인 책입니다. 머신러닝 기술의 주요 이론들을 쉽게 설명하고, TensorFlow.js 라이브러리를 활용한 간단한 예제와 애플리케이션 코드를 따라 구현해보면서 모델 구축부터 애플리케이션의 웹 배포, 그리고 최적화와 튜닝하는 방안까지 배울 수 있습니다. 모델 구축부터 배포까지 전반적인 과정이 포함되어 있기 때문에, 머신러닝 기술이 어디서부터 시작해서 어떤 과정을 통해 프런트까지 닿게 되는지 큰 그림을 그려볼 수 있습니다.

번역 기회를 주시고 번역과 출판 관련해서 많은 조언을 주셨던 이상복 님과 내용을 꼼꼼히 검수해주시고 출판까지 도와주신 박용규 대리님, 그리고 번역과 출판에 도움 주신 한빛미디어 IT 출판부에 깊은 감사의 인사를 전합니다. 긴 시간의 번역 과정을 기다리고 지켜봐 주셔서 죄송하고 감사한 마음입니다. 마지막으로 이 자리를 빌려, 부족한 제 곁을 늘 지켜주고 응원해주는 가족과 친구들에게 감사하고 사랑한다는 말을 전합니다.

유수연

이 책에 대하여

TensorFlow.js는 웹 브라우저에서 원활하게 동작하면서도 성능 기준을 만족하는 머신러 닝$^{machine learning}$(ML) 알고리즘을 만들게 해주는 프레임워크입니다. 이 책에서 여러분은 예제 중심의 접근으로 TensorFlow.js를 사용하여 다양한 ML 모델을 구현하는 방법을 배울 수 있습니다.

이 책을 읽으면서 웹에서 ML 모델을 구축하는 방법을 이해하게 될 것입니다. 나아가 애플리케이션을 더 효율적으로 개발할 수 있도록 TensorFlow.js 에코시스템을 잘 사용하는 방법을 배웁니다. 그다음 회귀, 군집화, 고속 푸리에 변환, 차원 축소 등 ML 관련 기술 및 알고리즘을 구현하는 방법을 설명합니다. 책의 후반부에서는 벨먼 방정식을 사용하여 마르코프 결정 과정 문제를 풀어봅니다. 책 전반을 통해 지식뿐만 아니라 유용한 팁과 요령도 얻을 수 있습니다.

이 책을 정독하고 나면 여러분만의 웹 기반 ML 애플리케이션을 만들고, 높은 성능을 달성하기 위해 모델을 파인튜닝하는 스킬을 갖추게 될 것입니다.

대상 독자

이 책은 밑바닥부터 웹 기반 애플리케이션에 ML 기술을 통합하는 방법을 배우려는 웹 개발자를 위한 책입니다. 또한 TensorFlow.js를 사용하여 웹에서 브라우저 기반 가속 ML 기술을 구현하려는 데이터 과학자, ML 실무자, 딥러닝 애호가에게도 매력적으로 다가올 것입니다. 자바스크립트 프로그래밍 언어에 대한 실무 지식만 있다면 바로 시작할 수 있습니다.

책의 구성

1장 웹에서의 머신러닝에서는 웹 플랫폼에서의 ML의 중요성을 설명합니다. 근본적으로, ML 애플리케이션은 웹 플랫폼과 같이 사용자와 직접 대면하는 인터페이스를 사용하여 사용자에게 가치를 제공할 수 있어야 합니다. 1장에서는 웹 플랫폼에서 ML을 활용함으로써 사용자 인터페이스 환경과 전통적인 서버 기반의 ML 실행 환경 사이의 경계를 허뭅니다. TensorFlow.js 설치 방법을 살펴보고 관련 환경을 구축해봅니다.

2장 사전 학습된 모델을 TensorFlow.js로 가져오기에서는 사전 학습된 케라스 모델을 TensorFlow. js로 가져오는 방법을 설명합니다. 텐서플로 Core API를 사용하면 모델을 효율적으로 학습시킬 수 있기 때문에 클라이언트 사이드 애플리케이션에서 모델을 손쉽게 재사용할 수 있습니다.

3장 TensorFlow.js 에코시스템에서는 애플리케이션을 더 효율적으로 개발할 수 있도록 TensorFlow.js에서 ML 알고리즘을 구축하는 데 사용할 수 있는 관련 프레임워크와 라이브러리의 사용법을 살펴봅니다.

4장 다항 회귀에서는 간단한 모델을 구축할 때 TensorFlow.js API를 어떻게 활용할 수 있는지를 살펴봅니다. 4장에서 다루는 애플리케이션은 신경망을 통해 학습된 다항 회귀 모델을 사용하여 x 값이 주어졌을 때 사인 곡선에서의 y 값을 예측합니다.

5장 로지스틱 회귀를 사용한 분류에서는 로지스틱 회귀 같은 모델을 사용하여 분류 모델을 구현하는 방법을 설명합니다. 실제 예제를 보면서 Iris 데이터셋으로 꽃의 종류를 분류할 수 있는 로지스틱 회귀 애플리케이션을 작성하는 방법을 배워볼 것입니다.

6장 비지도학습에서는 k-평균 같은 군집화 알고리즘을 구현하고 비지도학습법을 살펴보면서 ML 프레임워크로써 텐서플로의 잠재력을 알아봅니다. k-평균 알고리즘 역시 Iris 데이터셋을 사용하여 구현합니다.

7장 순차 데이터 분석에서는 텐서플로에서 FFT 알고리즘을 구현하는 방법과 이를 ML 애플리케이션에서 활용하는 방법을 설명합니다. 또한 TensorFlow.js에서 복소수 타입을 어떻게 구현하는지도 살펴봅니다.

8장 차원 축소에서는 t-분포 확률적 임베딩t-distributed stochastic neighbor embedding (t-SNE)를 소개하고 TensorFlow.js에서 어떻게 구현할 수 있는지 설명합니다.

9장 마르코프 결정 문제 풀기에서는 마르코프 결정 과정 문제를 푸는 데 사용되는 벨먼 방정식의 구현 방법을 설명하고, 이것이 강화학습과 어떤 관계가 있는지 살펴봅니다.

10장 머신러닝 애플리케이션 배포하기에서는 TensorFlow.js 애플리케이션에서 패키지를 생성하는 일반적인 방법을 설명합니다.

11장 성능 향상을 위해 애플리케이션 튜닝하기에서는 특정 백엔드 소스를 사용하여 성능을 향상시키는 방법과 TensorFlow.js로 작성된 애플리케이션을 튜닝하는 방법과 관련하여 여러 가지 팁을 다룹니다.

12장 TensorFlow.js의 전망에서는 TensorFlow.js에 구현되어 있는 더 복잡한 특징들과 최적화 방법들을 살펴보면서 현재 어떤 TensorFlow.js 프로젝트들이 진행되고 있는지 알아봅니다.

예제 코드

이 책에서 사용하는 예제 소스는 다음 깃허브에서 다운로드할 수 있습니다.

- *https://github.com/PacktPublishing/Hands-On-Machine-Learning-with-TensorFlow.js*

컬러 이미지

이 책에서 사용한 사진이나 도표 등의 컬러 이미지가 포함된 PDF를 다음 링크에서 제공합니다.

- *http://www.packtpub.com/sites/default/files/downloads/9781838821739_ColorImages.pdf*

CONTENTS

PART **Ⅰ** **머신러닝의 원리와 TensorFlow.js 사용법**

CHAPTER **1 웹에서의 머신러닝**

CONTENTS

CHAPTER **2 사전 학습된 모델을 TensorFlow.js로 가져오기**

CONTENTS

CHAPTER **6** 비지도학습

CONTENTS

CHAPTER 9 마르코프 결정 문제 풀기

CONTENTS

CHAPTER **12 TensorFlow.js의 전망**

머신러닝의 원리와
TensorFlow.js 사용법

1부에서는 웹 플랫폼에서 머신러닝 애플리케이션이 어떠한 방식으로 동작하는지 살펴보겠습니다. TensorFlow.js 실행 환경을 구축하는 방법과 사전에 케라스에서 학습한 모델을 TensorFlow.js로 불러오는 방법도 배울 것입니다. 또한 TensorFlow.js 관련 에코시스템은 어떻게 구성되어 있는지도 알아보겠습니다.

Part I

머신러닝의 원리와
TensorFlow.js 사용법

웹에서의 머신러닝

이 책에서는 TensorFlow.js를 사용하여 머신러닝 애플리케이션을 만드는 방법을 다룹니다. 여러분은 다음과 같은 내용에 익숙할 것이라고 가정합니다.

- 자바스크립트나 타입스크립트 같은 웹 기반 프로그래밍 언어
- 웹 플랫폼 기술 스택(기본 지식만 있으면 됩니다)
- 머신러닝 알고리즘 기본 지식

이번 장에서는 최신 머신러닝 기술의 적용 사례를 보면서 웹에서의 머신러닝이 중요한 이유와 여러분이 애플리케이션을 실행할 때 어느 시점에서 웹 기술을 적용하는 것이 적합한지에 대해 설명합니다. 그리고 머신러닝 모델을 구축하는 데 필요한 TensorFlow.js의 기본 API를 소개합니다. 이 주제들은 앞으로 학습하게 될 장에서 다루는 내용의 기반이 될 것입니다.

1장은 다음의 주제를 다룹니다.

- 머신러닝을 웹에서 돌리는 이유
- 연산 그래프
- TensorFlow.js란?
- TensorFlow.js 설치하기
- 저수준low-level API
- Layers API

1.1 개발 환경

이번 장은 아래 라이브러리와 프레임워크가 포함된 개발 환경이 필요합니다.

- **웹 브라우저(크롬 권장)**: TensorFlow.js는 기본적으로 웹 브라우저에서 실행됩니다.
- **노드 패키지 관리자(npm)를 포함하는 Node.js 개발 환경**: Node.js는 TensorFlow.js를 구동하는 데 필요한 디펜던시dependency 문제를 해결해줍니다.
- **타입스크립트 컴파일러**: TensorFlow.js와 기반 애플리케이션은 종종 타입스크립트로 작성되기도 합니다.
- **파이썬(3.x 권장)**: tfjs-converter나 텐서플로 파이썬 API 등 파이썬에 의존적인 툴을 구동하기 위해 필요합니다.

환경을 구축하는 데 어려움이 있다면 이번 장 마지막의 **더 읽을거리**를 참고하기 바랍니다. 환경 구축 방법에 관한 참고 자료가 많아서 도움이 될 것입니다.

> **NOTE_** 이 책에서 사용하는 코드는 다음 깃허브 저장소에서 받을 수 있습니다.
> - *https://github.com/PacktPublishing/Hands-On-Machine-Learning-with-TensorFlow.js*

1.2 머신러닝을 웹에서 돌리는 이유

머신러닝 기술은 1950년대에 처음으로 발명되었습니다. 그때는 지금처럼 머신러닝이 컴퓨터 과학 분야에서 흥미를 끌었던 시기가 아니었습니다. 하지만 딥러닝과 인공지능의 혁신으로 돈과 인력 측면에서 방대한 규모의 자원이 머신러닝 분야 연구에 투입되었습니다. 일례로, 대학 연구실에서 엄청난 양의 GPU 컴퓨팅파워를 사용하는 것은 드문 일이 아니게 되었죠. 오늘날 산업계와 학계는 컴퓨터 과학 분야에서 도약을 이루기 위해 열심히 협력하고 있습니다. 우리는 전례 없던 규모의 데이터를 생성하고 마주하는 시대에 살고 있습니다. 대규모 데이터를 분석하여 얻을 수 있는 가치에 대한 수요가 많아지면서 머신러닝의 중요성이 더 커졌습니다. 머신러닝 기술은 그 어느 때보다도 확장성이 좋고scalable 재현 가능한reproducible 방식으로 혁신적인 통찰을 발견할 기회를 줍니다.

지난 10년 동안 머신러닝 분야에서 집중적인 연구가 이루어졌습니다. 그중에서도 딥러닝은 이미지 인식, 오디오 생성, 기계 번역 등의 문제에서 인간 지능에 견주는 정확도를 달성한 기술이라고 할 수 있습니다. 학계와 산업계 모두에서는 이러한 추세를 따르기 위해 많은 머신러닝 프레임워크를 개발하고 있습니다. 기술은 이와 같은 사례를 더 촉진하며, 관련 연구가 더 활발히 이루어지는 데 기여합니다.

그러나 머신러닝 기술을 사용하여 사용자 친화적인 애플리케이션을 만드는 것은 여전히 어려운 일입니다. 대부분의 머신러닝 프레임워크는 수천 개의 머신과 GPU 같은 가속기에서 구동되는 분산 시스템 환경에서 돌아가도록 설계되고 최적화됩니다. 일반적으로 머신러닝 모델은 이미 주어진 데이터셋으로 학습한 후 이전에 알려지지 않은 것을 예측하는 데 사용됩니다. GPU와 가속기를 포함하는 환경은 학습 단계에서만 사용됩니다. 이는 머신러닝 모델을 효율적으로 학습하는 것을 가능하게 하지만, 동시에 모델의 학습 단계와 추론 단계 사이에 벽을 형성합니다. 학습된 모델이 실제 데이터에서 잘 동작하도록 만들어야 하기 때문입니다. 이를 위해 커스텀 데이터셋을 사용하여 모델을 파인튜닝fine-tuning하거나, 사용자의 환경에서 실행 가능한 형식으로 모델을 변환해야 할 수도 있습니다. 이는 머신러닝 기술을 적용하는 애플리케이션을 만들 때, 머신러닝 모델과 사용자 환경을 통합한다는 측면에서 새로운 과제를 해결해야 한다는 것을 의미합니다.

사용자가 실제 사용하는 플랫폼으로 머신러닝 모델을 포팅porting하는 일은 많은 시간과 고도의 기술을 요구합니다. 모델은 실제 사용될 환경과 바로 호환되지 않기 때문입니다. 이런 점 때문에 파이썬을 주 언어로 사용하는 데이터 과학자들이 자바스크립트로 웹 애플리케이션을 만들 때 난관에 부딪칩니다.

그런 의미에서 웹은 애플리케이션의 종류와 상관없이 엔드유저end user가 가장 많이 사용하는 환경이라고 할 수 있습니다. 머신러닝 애플리케이션도 예외는 아닙니다. 앞으로는 더욱 많은 사용자가 웹상에서 머신러닝 애플리케이션을 사용하게 될 것이며, 그런 점에서 웹은 머신러닝 애플리케이션을 위한 차세대 교두보frontier라고 할 수 있습니다. 머신러닝을 웹에서 돌아가게 만드는 기술은 실세계에서의 머신러닝 사용 사례를 확장할 것입니다. 이 책에서는 TensorFlow.js라는 최신 프레임워크를 사용하여 웹에서 머신러닝을 구동하는 방법을 배워볼 것입니다. TensorFlow.js는 텐서플로 API와 호환되는 프레임워크로, 웹에서 구동되는 머신러닝 애플리케이션을 만들 수 있습니다. 또한 TensorFlow.js는 웹 기반의 머신러닝 애플리케이션의 유연성뿐만 아니라 만족스런 성능도 제공합니다. 최신 웹 브라우저에서 제공하는 가속 메커니즘을 사용하기 때문입니다.

이 책은 사용자들이 원하는 결과와 가치를 빠르게 얻을 수 있도록 웹에 머신러닝 기술을 적용하기 위한 실용적인 안내서입니다. 여러분은 풍부한 사용자 인터페이스를 포함한 머신러닝 애플리케이션을 신속하고 효율적으로 만들고 싶은 개발자라고 가정했습니다.

1.3 연산 그래프

TensorFlow.js 자체를 들여다보기 전에 먼저 연산 그래프[operation graph] 혹은 계산 그래프의 개념에 익숙해져야 합니다. 연산 그래프는 텐서플로와 같은 최신 프레임워크를 사용하여 머신러닝 모델을 구축할 때 일반적으로 사용하는 구성 요소라고 할 수 있습니다. 보통 최신 프레임워크에서는 데이터를 텐서[tensor]로 표현합니다. 텐서는 임의 차원의 배열을 나타내는 데이터 구조입니다. 파이썬의 넘파이[NumPy] 라이브러리를 사용해보신 분들은 이 개념에 이미 익숙할지도 모르겠습니다. 넘파이에서는 머신러닝에서 사용하는 이미지나 오디오 등의 다양한 데이터를 나타낼 때, 데이터가 구조화되었는지의 여부와 상관없이 ndarray를 주로 사용합니다.

텐서플로를 포함한 최신 머신러닝 프레임워크는 머신러닝 모델이란 것이 곧 텐서의 연산 그래프라는 사실을 잘 보여줍니다. 연산 그래프는 텐서의 조작이나 변환에 사용되는 체인[chain]으로 정의할 수 있습니다.

1.3.1 연산 그래프 시각화하기

연산 그래프는 텐서플로를 포함한 최신 머신러닝 프레임워크의 핵심이며, 모든 종류의 수학적 구조를 기술적으로 구성할 수 있게 만들어주는 강력하고 유연한 구조입니다. 중요한 개념이므로 좀 더 상세히 살펴봅시다.

다음 다이어그램은 간단한 분류 신경망을 나타내는 연산 그래프의 예시입니다. 다이어그램에서 볼 수 있듯이 연산 그래프는 데이터의 흐름을 보여줍니다. 사각형 노드는 입력, 출력, 중간 노드에서 사용하는 텐서를 나타냅니다. 텐서 변환은 타원형 노드로 표시하며, 텐서의 형상[shape]

이나 값의 변경 및 제어 흐름control flow을 포함합니다. 이는 어떤 프로그래밍 언어로 코드를 작성하든 모든 데이터 흐름을 구성하여 나타낼 수 있음을 의미합니다.

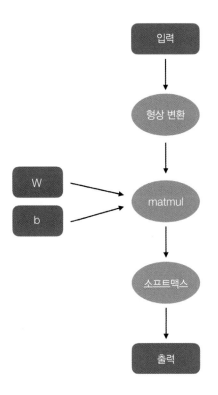

그렇다고 해서 머신러닝 모델을 구성하는 데 연산 그래프가 최선책이라고 할 수 있는 것일까요? 머신러닝 모델을 나타내는 데 연산 그래프를 사용하면 얻을 수 있는 이점들을 보여주는 또다른 이유를 살펴봅시다.

1.3.2 자동 미분 기능

머신러닝 모델 중에서도 특히 딥러닝 모델은 미분 함수로 구한 값의 오차율을 사용하여 자체적으로 파라미터parameter 최적화를 할 수 있습니다. 그러나 모든 함수의 미분 함수를 도출할 수는 없는 법입니다. 이는 모든 머신러닝 모델에 대해서 각 파라미터의 오차율을 계산하는 실질적인 방법이 없음을 의미하기도 합니다. 1960년대에 이 문제를 해결하기 위한 알고리즘이 발명되었는데, 이 알고리즘이 바로 **역전파**backpropagation입니다. 역전파 방법은 그래프의 각 연산 노드에서 최적화된 값을 구할 수 있게 하는 알고리즘입니다. 이 알고리즘은 다음과 같은 단계를 구현합니다.

1. 지도학습 방법으로 모델의 예측 결과와 목푯값 간의 오차율을 계산합니다.
2. 예측 결과가 기여하는 정도에 비례하도록 오차율을 전파한다. 각 연산 노드에 적용합니다.
3. 전파된 오차율을 기반으로 모델 파라미터를 갱신합니다.

2단계에서 역전파 알고리즘은 전체 모델의 미분 함수를 모르는 상태에서 오차율을 계산합니다. 각 연산 노드의 미분 함수만 알면 됩니다. 아래와 같이 입력값의 로그를 구하는 연산 노드가 있다고 가정해봅시다.

$$f(x) = log(x)$$

이 로그의 미분 함수는 다음과 같습니다.

$$\frac{df}{dx} = \frac{1}{x}$$

로그 연산 노드를 사용하면 값이 어떻게 계산되는지 간단하게 나타낼 수 있습니다. 함수 결과를 계산하는 데 사용된 경로path[1]를 **정방향 경로**forward path라고 부르며, 노드의 미분값을 계산하는 데 사용된 경로를 **역방향 경로**backward path라고 부릅니다. 정방향 경로는 들어온 입력값이 포함된 목푯값을 예측하는 데 사용됩니다. 연산의 출력값은 최종 예측 결과를 생성하기 위해 다음 노드로 전달됩니다. 반면, 오차율을 기반으로 모델을 학습시키기 위해 필요한 것이 역방향 경로입니다. 각 연산 노드에서 최적화해야 하는 값은 역방향 경로로 전파된 오차율을 사용하여 계산합니다. 전체 모델에 대응하는 미분 함수를 알 필요 없이, 단지 각 연산 노드의 미분 함수를 사용하여 계산한 오차율을 전달하기만 하면 되는 셈입니다. 다음 다이어그램은 정방향과 역방향 경로의 흐름을 보여줍니다.

---

1 옮긴이_ 일반적으로 그래프는 노드(node)와 에지(edge)의 개념으로 설명하는데, 저자는 책에서 에지를 **경로**(path)라고 표현합니다.

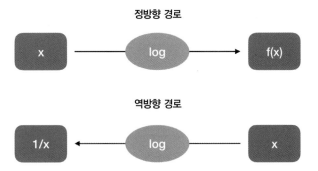

이미 눈치챘을 수도 있지만, 이와 같은 그래프 구조를 사용하여 역전파를 수행할 수 있습니다. 정방향과 역방향 경로를 가진 연산 노드를 결합할 수 있다는 것은 곧 학습이 되는 머신러닝 모델을 생성할 수 있다는 것을 의미합니다. 정방향과 역방향 경로로 구성된 다양한 종류의 연산 노드가 있다면, 이들을 사용하여 새로운 종류의 모델을 구현해 기존에 가진 데이터로 손쉽게 실험해볼 수 있습니다.

다음 다이어그램에서 볼 수 있듯이, 예측된 결과와 목푯값 간의 차이를 사용하여 계산한 오차는 각 층^{layer}으로 전파됩니다. 전파된 오찻값은 각 층에서 정의된 미분값과 곱합니다. 전파되어야 하는 각 오차(Δy_n)는 미분 함수와 층의 구조에 따라 결정됩니다. 각 층은 자신의 상위 층에서 전달된 오차가 있어야만 오차를 계산할 수 있습니다. 예를 들어 `matmul`[2] 연산은 전파된 오차 Δy_2만 있으면 W와 b의 갱신값을 계산할 수 있습니다. α와 β는 정방향 경로를 거쳐 나온, 출력값을 사용하여 얻은 계수입니다.

----

2 옮긴이_ 텐서 간의 행렬 곱을 수행하는 텐서플로 연산입니다.

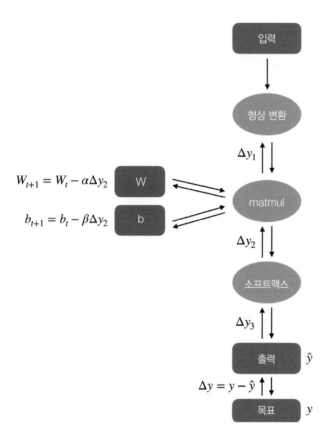

이 그림에서 알 수 있듯이, 역전파 알고리즘을 수행할 때 각 층은 오차를 전달해주는 상위 층에
만 의존적입니다. 층의 각 연산자는 상위 층에서 전달된 오차와 자체적으로 가진 값을 알기만
하면 됩니다. 이는 구현을 훨씬 쉽게 만듭니다. 각 연산자는 연산 그래프에서 이웃한 연산자와
서로 독립적이게 됩니다. 연산자에 전달된 오차만 신경 쓰면 되기 때문입니다. TensorFlow.
js로 구현된 로그 연산자 예제를 살펴봅시다.

```
function log_<T extends Tensor>(x: T¦TensorLike): T {
  const $x = convertToTensor(x, 'x', 'log');

  // dy: 상위 연산자로부터 계산된 오차
  const grad = (dy: T, saved: Tensor[]) => {
    const [$x] = saved;
    return {$x: () => dy.div($x.toFloat()) as T};
  };
```

```
// ENGINE: 대상 플랫폼의 실제 백엔드 구현부(예: WebGL)
return ENGINE.runKernel((backend, save) => {
  const res = backend.log($x);
  save([$x]);
  return res;
}, {$x}, grad);
```

이 코드가 어떤 작업을 수행하는지 완벽하게 이해할 필요는 없습니다. 위에서 정의한 grad가 로그 연산자의 오차를 계산하는 함수라는 점과, 모든 저수준 연산자에 전파된다는 점만 유의해 주기 바랍니다. 정방향 경로(backend.log($x))와 역방향 경로(grad)는 구현해야 하지만, 상위 및 하위 층에서 어떤 연산자를 사용하고 있는지는 알 필요가 없습니다. 이와 같은 방법으로, 마치 레고 블록처럼 사전 정의된 연산자를 결합하는 것만으로 머신러닝 모델을 구성할 수 있는 유연성이 생기게 됩니다.

대부분의 경우 연산 그래프를 구성할 때는 즉시 실행eager execution 환경을 사용할 수 있으며, 이는 그래프를 직관적으로 설계하는 것을 가능하게 합니다. 즉시 실행 환경을 사용하게 되면 연산 간의 의존관계가 더 명확해집니다. 즉시 실행 환경에 대해서는 1장 뒷부분에서 더 설명하겠습니다.

여기까지 TensorFlow.js의 기능을 살펴봤습니다. TensorFlow.js는 프로그래머들이 모델의 최적화는 신경 쓰지 않고 다양한 모델을 사용해볼 수 있도록 기존의 연산들을 조합하여 연산 그래프를 구성하는 것을 가능하게 하는 라이브러리입니다. 그리고 바로 이런 점들 덕분에 TensorFlow.js를 머신러닝 플랫폼으로 사용하는 것은 유익하고 즐겁습니다.

TensorFlow.js 코드를 살펴봤으니, 이제 TensorFlow.js가 무엇인지 더 들여다볼 차례입니다. 이어지는 절에서 TensorFlow.js에 대해 더 자세히 알아봅시다.

1.4 TensorFlow.js란?

TensorFlow.js는 텐서플로 파이썬 API와 호환이 되는 머신러닝 모델을 구성하고자 할 때 사용하는 프레임워크입니다. TensorFlow.js는 텐서플로 파이썬 API와는 달리 웹 환경에 매끄럽게 통합할 수 있기 때문에 어느 플랫폼에서든지 머신러닝 알고리즘을 빠르게 돌려볼 수 있습니다. 구글에서 최초로 개발했으며, 처음에는 **deeplearn.js**라는 오픈소스 소프트웨어로 배포되었습니다. 개발자들이 고생해준 덕분에 현재는 텐서플로 제품군 중에서도 대단히 활발히 개발되고 있는 프로젝트에 속합니다.

> **NOTE_** TensorFlow.js 데모 페이지(*https://www.tensorflow.org/js/demos/*)에서 다양하고 흥미로운 데모 애플리케이션을 볼 수 있습니다. 이 컬렉션은 TensorFlow.js의 머신러닝 프레임워크로서의 풍부함과 잠재성을 보여줍니다.

머신러닝 애플리케이션을 만들고자 하는 개발자에게 TensorFlow.js가 왜 그렇게 중요한 걸까요? 이 프레임워크의 중요성을 보여주는 다양한 특징들이 있습니다. 이들을 살펴봅시다.

1.4.1 웹 기술과의 매끄러운 통합

TensorFlow.js는 타입스크립트로 작성되므로 기존의 웹 기술과 자연스럽게 통합될 수 있습니다. 이는 TensorFlow.js로 작성된 머신러닝 모델이 별도의 수정이나 변환 없이 웹 브라우저에서 동작할 수 있음을 의미합니다. 이러한 특징은 웹 브라우저가 제공하는 풍부한 사용자 인터페이스를 사용할 수 있다는 것을 보장합니다. 사실 TensorFlow.js는 자체 유틸리티를 내장하고 있기 때문에 canvas 같은 이미지 문서 객체 모델document object model (DOM) 요소를 텐서로 불러올 수 있습니다. 이런 점을 이용하여 인터넷에서 접할 수 있는 데이터를 가져다 쉽게 애플리케이션을 구동할 수 있습니다. '티처블 머신Teachable Machine'은 기술이 웹에 통합되었을 때 얼마나 강력해질 수 있는지를 보여주는 좋은 예로, 브라우저의 API를 사용하여 웹캠으로 들어온 입력 데이터를 처리합니다.

다음 그림이 티처블 머신의 화면입니다(*https://teachablemachine.withgoogle.com/*).

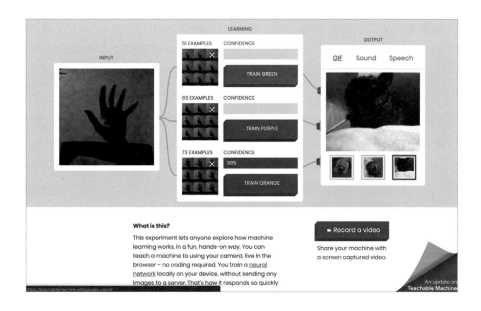

기술을 웹과 통합하는 것의 또 다른 이점은 애플리케이션 배포에 있습니다. 많은 개발자가 애플리케이션 배포라는 문제에 직면하게 됩니다. 패키지를 배포할 방법을 찾은 후에도, 사용자가 실제 사용하게 될 환경에서 예상대로 동작하는지 확인해야 합니다. 웹 플랫폼은 초기에 이러한 자원을 포괄적으로 배포하도록 개발되었습니다. 이런 특성상 패키지 배포 범위가 넓고 효율적인 형태로 배포가 이루어질 수 있으며, 웹 브라우저는 로컬 자원에 접근하는 복잡한 과정을 안전하게 숨깁니다. 이런 점 때문에 웹사이트 혹은 웹 애플리케이션을 한 번 배포하면 전 세계에서 웹사이트 혹은 애플리케이션에 포함된 모델을 사용할 수 있게 됩니다.

1.4.2 웹 브라우저 API를 사용한 하드웨어 가속

웹 브라우저를 머신러닝 플랫폼으로 사용할 때 한 가지 걸림돌이 될 수 있는 부분은 바로 성능입니다. 웹 브라우저는 보통 단일 프로세스로 실행되는 애플리케이션입니다. 일반적으로는 머신러닝과 같은 CPU 집중적인 사용 사례는 많지 않은 편입니다. 하지만 웹 브라우저에서도 높은 성능을 달성할 수 있는 몇 가지 방법이 존재합니다. 최신 웹 브라우저는 GPU 같은 로컬 하드웨어 가속기를 사용할 수 있게 해주는 표준 API를 제공합니다. 가령 WebGL은 웹 브라우저에서 손쉽게 GPU를 사용할 수 있게 해주는 표준화된 명세입니다. 이러한 API를 사용함으로써 TensorFlow.js는 웹 브라우저에서도 견줄 만한 성능을 달성할 수 있습니다.

WebGL은 원래 그래픽 처리를 위해 개발되었지만, TensorFlow.js에는 각 플랫폼의 구현 세부 정보를 숨기는 자체 래퍼wrapper가 존재합니다. 이런 래퍼를 **백엔드**backend라고 부르죠. TensorFlow.js 백엔드에서는 애플리케이션 개발자가 구현의 세부 내용을 신경 쓰지 않도록 표준 인터페이스를 제공합니다. TensorFlow.js는 CPU, WebGL, WebGPU, Node.js를 백엔드로 지원하기 때문에 동일한 인터페이스를 사용하여 가속 메커니즘을 사용할 수 있습니다. Node.js 백엔드는 같은 코드를 클라이언트 사이드와 서버 사이드 양쪽에서 재사용할 수 있도록 TensorFlow.js를 서버 사이드에서 구동할 수 있는 가능성을 보여줍니다. 지금 이 순간에도 새로운 플랫폼들에 대한 지원이 추가되고 있으며 가까운 시일 내에 일렉트론Electron, 웹어셈블리WebAssembly, OpenGL ES가 지원될 예정입니다. 이러한 플랫폼들의 성능 특성은 모두 다릅니다. 더 자세한 내용은 책의 후반부에서 다룹니다.

1.4.3 텐서플로와의 호환성

텐서플로는 분명히 가장 인기 있는 머신러닝 프레임워크입니다. 꽤 많은 라이브러리 혹은 에코시스템이 텐서플로와 호환되도록 설계되었기 때문에 텐서플로에서 학습된 모델을 다른 프레임워크에서 재사용하거나, 반대로 다른 프레임워크에서 학습된 모델을 텐서플로에서 재사용할 수 있습니다.

물론 TensorFlow.js는 텐서플로 및 사전 학습된 모델과 호환되는 API를 제공합니다. 텐서플로 커뮤니티는 이미 일부 최신 연구에서 발표한 모델을 포함해 많은 수의 사전 학습된 모델을 제공합니다. TensorFlow.js는 내부적으로 읽을 수 있도록 모델 형식을 JSON 파일로 변환하여 이러한 리소스를 사용할 수 있습니다. 다음 장에서 사전 학습된 모델을 TensorFlow.js로 불러오는 방법을 배워볼 것입니다.

추가로 TensorFlow.js가 제공하는 API는 외형과 파라미터 타입 측면에서 텐서플로와 유사하게 보이도록 만들어졌습니다. 같은 외형에 같은 느낌마저 주기 때문에 TensorFlow.js에 익숙해지는 것은 어렵지 않습니다.

1.4.4 데이터 프라이버시

사람들은 자기 자신의 데이터 프라이버시 문제에 더욱더 예민해지고 있습니다. 클라우드 기술을 이용해 데이터를 수집하는 것은 그 어떤 때보다도 어려워졌습니다. 이러한 점 때문에 서버 사이드에서 수집한 데이터를 사용하여 머신러닝 모델을 학습시키는 것이 어려워질 수도 있습니다. TensorFlow.js 기반의 클라이언트 사이드 머신러닝 기술은 이 문제의 해결책이라고 할 수 있습니다. TensorFlow.js는 클라이언트의 컴퓨터상의 학습 데이터를 외부로 전송할 필요 없이 모델을 학습하는 것을 가능하게 해줍니다. 이는 사용자가 개인 데이터의 프라이버시를 유지하면서 머신러닝의 이점은 누릴 수 있음을 의미합니다. 아래 그림은 TensorFlow.js가 유용하게 사용되는 시나리오를 보여줍니다.

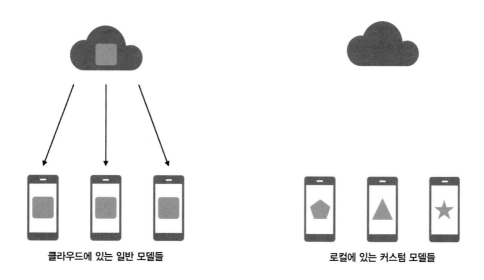

클라우드에 있는 일반 모델들　　　　　　　**로컬에 있는 커스텀 모델들**

일반 모델은 중앙 클라우드 서버에서 배포될 수 있습니다. 이 모델은 대부분의 상황에서 사용할 수 있지만, 사용자가 생성한 데이터를 사용하여 파인튜닝함으로써 커스터마이즈^{customize}할 필요가 있습니다. TensorFlow.js를 사용하면 각 클라이언트는 로컬 환경에서 접근할 수 있는 데이터를 사용하여 모델을 파인튜닝할 수 있습니다. 모델학습 과정에서 사용한 모델과 데이터는 그 누구와도 공유되지 않습니다. 어떤 의미에서는 오직 사용자만을 위한, 사용자의 로컬 머신에서만 접근할 수 있는 개인화된 모델인 셈입니다. 이와 같은 로컬 환경 머신러닝에서는 데이터 프라이버시 침해를 우려할 필요 없이 개인화된 모델을 배포할 수 있습니다.

연합학습federated learning[3]역시 같은 목표를 달성할 수 있습니다. 연합학습 방법을 사용하면 사전 학습된 모델을 모아서 모델 파라미터를 갱신할 수 있습니다. 이 기술은 입력 학습 데이터에 대한 별도의 지식 없이 여러 개의 머신러닝 모델을 결합하며, 이는 클라이언트 사이드에서 일반적으로 추적되는 개인 데이터를 보호하는 데 기여합니다. 이 책에서는 연합학습에 대해 더 자세히 다루지 않습니다. 이와 같은 기술 사례는 이제는 머신러닝 분야에서도 데이터 프라이버시와 보안이 흥미로운 주제로 부상하고 있음을 보여줍니다.

1.5 TensorFlow.js 설치하기

TensorFlow.js 환경을 구축하는 방법에는 두 가지가 있습니다.

- CDN을 통해 배포되는 축소된minified 자바스크립트 코드 사용
- npm 같은 패키지 매니저를 통해 배포되는 번들bundle 패키지 사용

일반적으로 TensorFlow.js는 웹 플랫폼상에서 사용할 것을 권장합니다. 사전에 생성된 파일이 글로벌 **콘텐츠 전송 네트워크**content delivery network (CDN)로 배포되기 때문에 웹 애플리케이션에 script 태그를 추가해줘야 합니다.

```
<script src="https://cdn.jsdelivr.net/npm/@tensorflow/tfjs/dist/tf.min.js"></script>
```

TensorFlow.js의 각종 클래스는 tf라는 이름의 네임스페이스namespace 하위에서 찾을 수 있습니다. CDN 서비스는 빠르며, 정적인 리소스를 사용자들에게 제공하기에 충분히 안정적입니다. 가장 쉽게 TensorFlow.js를 사용할 수 있는 방법이기도 합니다.

공용 네트워크를 사용할 수 없는 환경에서 애플리케이션을 제공하기 위해서는 애플리케이션에 TensorFlow.js를 직접 포함시켜야 합니다. 이렇게 하기 위한 프레임워크도 npm으로 배포됩니다. yarn이나 npm 명령을 실행하여 TensorFlow.js를 설치할 수 있습니다. 다음 코드는

---

3 옮긴이_ 구글에서 2016년 발표한 학습 방법으로, 클라우드상에서 사용자의 로컬 디바이스로 다운로드한 모델을 사용자 디바이스의 로컬 데이터를 사용하여 학습시킨 후 모델의 변화만을 클라우드로 전송하기 때문에 개인 데이터의 보안을 유지하는 것을 가능하게 합니다. 이렇게 전송된 사용자 개인에 대한 모델 업데이트 값은 다른 사용자들의 모델 업데이트 값과 평균을 내어 클라우드상의 공유 모델을 개선하는 데에 사용됩니다.

yarn 명령을 사용하여 TensorFlow.js를 설치하는 방법을 보여줍니다.

```
yarn add @tensorflow/tfjs
```

한편 다음 코드는 npm 명령을 사용하여 TensorFlow.js를 설치하는 방법입니다.

```
npm install @tensorflow/tfjs
```

TensorFlow.js를 설치했으니, 이제 Browserify나 Parcel과 같이 웹 애플리케이션을 포터블
portable하게 해주는 툴을 사용해서 여러 개의 모듈을 한데 묶어 번들을 만들 수 있습니다.[4] 예를
들어 첫 애플리케이션을 다음과 같이 구현해볼 수 있습니다.

```
import * as tf from '@tensorflow/tfjs';

const model = tf.sequential();
model.add(tf.layers.dense({units: 1, inputShape: [2]}));

model.compile({loss: 'meanSquaredError', optimizer: 'adam'});

const xs = tf.tensor2d([[0, 0], [0, 1], [1, 0], [1, 1]], [4, 2]);
const ys = tf.tensor2d([0, 1, 1, 0], [4, 1]);

model.fit(xs, ys).then(() => {
  model.predict(tf.tensor2d([[0, 1]], [1, 2])).print();
});
```

이 코드는 2차원 입력값을 사용하여 목푯값을 예측하는 다층 퍼셉트론multilayer perceptron을 생성
합니다. 이 모델은 TensorFlow.js가 제대로 동작하는지 확인하기 위해 **배타적 논리합**exclusive or
(XOR) 연산을 모사하여 학습합니다.

1.5.1 tfjs-converter

앞에서 언급했듯이 TensorFlow.js는 텐서플로에서 학습한 기존 모델을 재사용할 수 있습

---

4 옮긴이_ Browserify 와 Parcel은 모두 Node.js가 아닌 브라우저 환경에서도 require를 사용하여 모듈을 사용할 수 있게 해주는 오픈
소스 자바스크립트 툴입니다.

니다. 이를 위해서는 개발 환경에서 `tfjs-converter`를 실행할 수 있어야 합니다. `tfjs-converter`는 텐서플로 모델을 변환해주는 커맨드 라인 툴로, 현재는 아래와 같은 파일 형식을 지원합니다.

파일 형식	옵션
Keras HDF5	keras
Keras SavedModel	keras_saved_model
TensorFlow Hub	tf_hub
TensorFlow SavedModel	tf_saved_model

`tfjs-converter`는 파이썬에서 구동되는 툴이기 때문에 먼저 파이썬 런타임 환경을 준비해야 합니다. `tfjs-converter`는 내부적으로 텐서플로와 케라스Keras를 사용합니다. 로컬에 설치된 버전과의 충돌을 피하기 위해 로컬 환경과 분리된 설치가 가능한 `pyenv`나 `virtualenv`를 사용할 것을 권장합니다.

```
pyenv install 3.6.8
pyenv local 3.6.8

pip install tensorflowjs
```

먼저 `tfjs-converter`의 입력 및 출력 경로를 명시해줘야 합니다. `input_format`은 반드시 명시해줘야 하지만, `output_format`의 경우 `tfjs-converter`가 `input_format`의 값으로부터 출력 형식을 자동으로 유추하기 때문에 대부분의 경우 생략해도 됩니다.

```
tensorflowjs_converter --help
usage: TensorFlow.js model converters. [-h]
                                       [--input_format {tensorflowjs,keras,tf_
hub,keras_saved_model,tf_saved_model,tfjs_layers_model}]
                                       [--output_format {tfjs_graph_model,tfjs_
layers_model,tensorflowjs,keras}]
                                       [--signature_name SIGNATURE_NAME]
                                       [--saved_model_tags SAVED_MODEL_TAGS]
                                       [--quantization_bytes {1,2}]
                                       [--split_weights_by_layer] [--version]
                                       [--skip_op_check SKIP_OP_CHECK]
                                       [--strip_debug_ops STRIP_DEBUG_OPS]
```

```
                                          [--weight_shard_size_bytes WEIGHT_SHARD_
    SIZE_BYTES]

                                          [input_path] [output_path]
```

예를 들어 다음 코드를 이용해 텐서플로의 SavedModel을 TensorFlow.js에서 읽을 수 있는
웹 형식으로 변환할 수 있습니다.

```
tensorflowjs_converter \
    --input_format=tf_saved_model \
    /path/to/saved_model \
    /path/to/web_model
```

이렇게 하면 `tfjs-converter`로 다음과 같은 두 종류의 파일 형식이 생성됩니다.

- `model.json`: 연산 그래프와 가중치 매핑의 구조를 정의합니다.
- `Group1-shard*of*`: 가중치값들을 바이너리 형식으로 저장합니다.[5]

`model.json`은 사람이 읽을 수 있는 형태의 JSON 파일이며, 모델의 그래프 구조에 대한 설명
을 담습니다. 가중치 매핑을 더 빠르게 하기 위해, 가중치 파일은 샤딩sharding[6]되어 비동기로 불
러올 수 있게 되어 있습니다. 웹 브라우저는 여러 개의 리소스를 불러오는 작업에 최적화되어
있기 때문에 웹에서 사용할 모델 형식은 가독성과 효율성 간의 좋은 균형을 이뤄야 합니다.

`tfjs-converter`는 주로 TensorFlow.js 런타임에 기존 모델을 불러올 때 사용합니다. 이 툴
은 학습한 모델을 서버 사이드로 불러올 수 있을 뿐만 아니라, 관련 커뮤니티에서 학습하여 공
유한 모델을 사용하게 해준다는 점에서 꼭 필요합니다. 일반적으로는 모델학습에는 오랜 시간
이 걸리며, 사전 학습된 모델을 재사용하는 것이 훨씬 시간이 덜 들기 때문입니다. 사전 학습된
모델을 사용하고 파인튜닝하는 방법은 다음 장에서 다룰 것입니다.

하지만 모델을 밑바닥부터 만들고 싶을 수도 있습니다. 이렇게 하기 위해서는 새로운 종류의
머신러닝 모델을 연구해보고 새로 만들어야 할 것입니다. 어떻게 하면 백지 상태에서 새 모델
을 만들 수 있을까요?

이후 절에서는 머신러닝 모델을 구성하는 데 사용할 수 있는 두 개의 API, 즉 저수준 API와
Layers API를 소개하겠습니다.

....

5　옮긴이_ 예를 들어 group1-shard1of5, group1-shard2of5, ⋯ group1-shard5of5 이런 식의 이름으로 된 파일들이 생성됩니다.
6　옮긴이_ 샤딩은 일반적으로 데이터베이스에서 많이 쓰이는 저장 기법으로, 데이터를 수평 분할하는 방식을 의미합니다.

1.6 저수준 API

저수준^{low level} API는 유연하며, 가장 본질적인 수준에서 연산 그래프를 구성할 수 있게 해줍니다. TensorFlow.js Core라고 알려지기도 했으며 이 책에서는 **Core API**라고 부르겠습니다.

이 API는 각 백엔드의 커널 구현에 직접 접근하게 해줍니다. 기본적으로 다른 고수준 라이브 러리나 에코시스템은 Core API에 의존적입니다. Core API를 잘 다룰 줄 알면 TensorFlow. js를 사용하여 효율적으로 머신러닝 모델을 구현할 수 있습니다. Core API의 초기 코드베 이스는 분리된 형태였지만 이제 TensorFlow.js는 이를 단일 저장소에서 관리됩니다. 이는 TensorFlow.js 라이브러리의 루트 네임스페이스에서 모든 종류의 API에 접근할 수 있음을 의미합니다. 만약 루트 네임스페이스를 tf라는 이름으로 사용한다면 다음과 같이 불러오면 됩 니다.

```
import * as tf from '@tensorflow/tfjs';
```

1.6.1 텐서

텐서^{tensor}는 TensorFlow.js의 기본 데이터 구조입니다. TensorFlow.js 프레임워크는 일반화 된 벡터와 행렬의 모든 연산을 수행하도록 설계되었습니다. 텐서는 다음과 같은 속성을 포함합 니다.

- rank: 텐서가 포함하는 차원
- shape: 각 차원의 크기
- dtype: 텐서의 데이터 타입

텐서는 보유하고 있는 데이터의 메타데이터라고 볼 수 있습니다. 즉, 기반 데이터 배열을 가리 키는 포인터만 가지고 있기 때문에 텐서의 형상 조작과 실제 데이터 배열의 변환을 분리할 수 있습니다. 여기서 최적화를 할 여지가 많이 생깁니다. TensorFlow.js에서 사용할 수 있는 데 이터 타입으로는 float32, int32, bool, complex64, string 타입이 있습니다.

예를 들어 다음 코드를 사용하여 상수 텐서를 생성할 수 있습니다.

```
import * as tf from '@tensorflow/tfjs';

const t1 = tf.tensor1d([1, 2, 3]);
t1.print();
// Tensor
//     [1, 2, 3]

const t2 = tf.tensor2d([1, 2, 3, 4], [2, 2]);
t2.print();
// Tensor
//     [[1, 2],
//      [3, 4]]
```

텐서로부터 데이터를 가져올 때는 동기synchronous와 비동기asynchronous 요청fetch API를 각각 사용할 수 있습니다. data 함수는 프라미스promise 객체를 반환합니다. 데이터는 보통 GPU 메모리나 기타 CPU 메모리와 너무 가깝지 않은 곳에 보존합니다. 일반적으로는 CPU 자원이나 입출력 기능을 최대한 활용할 수 있도록 비동기 API를 사용하는 것을 권장합니다. 데이터의 값은 TypedArray로 구성하여 해당 형식을 인식할 수 있는 다른 라이브러리와 쉽게 통합할 수 있도록 하는 게 좋습니다. 동기 API는 비효율적일 때도 종종 있지만, 다음 코드와 같이 디버깅debugging 목적으로 사용할 때는 유용합니다.

```
const t = tf.tensor1d([1, 2, 3]);

// 비동기 API
t.data(d => {
  console.log(d); // Float32Array(3) [1, 2, 3]
});

// 동기 API
console.log(t.dataSync()); // Float32Array(3) [1, 2, 3]
```

데이터는 자바스크립트에서 async 함수를 사용할 필요 없이 즉시 출력됩니다. 비동기 API는 async 함수로 래핑해서 사용해야 하는 프라미스 객체를 반환합니다. 동기 API의 경우에는 별도의 래핑이 필요하지 않습니다.

TIP 이 책에서는 애플리케이션의 수행을 본래 의도와 달리 블로킹하지 않도록 가능한 한 비동기 API를 많이 사용할 것입니다.

1.6.2 연산

연산operation은 텐서를 조작하는 데 사용할 수 있는 프로그래밍 가능한 단위입니다. TensorFlow.js는 텐서플로와 거의 유사하게 선형대수와 머신러닝에서 사용되는 다양한 종류의 연산을 제공합니다. 그리고 호환성을 위해 텐서플로에서 구현된 다수의 연산을 지원합니다. 이 덕분에 텐서플로에서 구현된 다양한 머신러닝 모델을 TensorFlow.js로 불러올 수 있게 됩니다. 다음과 같이 루트 네임스페이스에서 연산을 호출하거나, 텐서에 연산 함수를 직접 호출할 수 있습니다.

```
const t1 = tf.tensor([1, 2, 3, 4]);
const t2 = tf.tensor([10, 20, 30, 40]);

t1.add(t2);
// 또는
tf.add(t1, t2);
```

모든 연산은 텐서의 핸들handle을 반환합니다. 연산 과정에서 새로운 텐서가 생성되면, 각 연산 결과는 변경할 수 없다고 가정합니다. 이는 연산 그래프나 최적화를 분석하고자 할 때 유용할 수 있습니다. 하지만 각 텐서에 할당된 메모리는 어떻게 관리해야 할까요? 특히, WebGL 백엔드에서 돌아가는 텐서는 GPU 메모리를 사용해야 합니다. GPU 메모리에서 수행되는 가비지 컬렉션garbage collection 알고리즘은 따로 존재하지 않기 때문에 메모리를 명시적으로 관리해줘야 합니다.

1.6.3 메모리

자바스크립트 런타임은 가비지 컬렉션 메커니즘을 포함하지만, WebGL에서 사용하는 GPU는 그렇지 않습니다. 텐서에 할당한 메모리 공간을 자동으로 해제해주는 프로세스가 존재하지 않는다는 뜻입니다. 텐서에 할당된 메모리를 해제하려면 텐서를 스코프에 제한하는 것만으로는 충분하지 않습니다. 메모리를 포함해 텐서를 완전히 소멸시키기 위해서는 해당 텐서 자체에 dispose를 호출해줘야 합니다.

```
console.log(tf.memory());
// -> {unreliable: false, numBytesInGPU: 0, numTensors: 0, numDataBuffers: 0,
numBytes: 0}
const a = tf.tensor([1, 2, 3]);
```

```
console.log(tf.memory());
// -> {unreliable: false, numBytesInGPU: 0, numTensors: 1, numDataBuffers: 1,
numBytes: 12}
a.dispose();
console.log(tf.memory());
// -> {unreliable: false, numBytesInGPU: 0, numTensors: 0, numDataBuffers: 0,
numBytes: 0}
```

tf.memory()는 TensorFlow.js의 백엔드에서 사용하는 메모리 정보를 검사하는 API입니다. 이 코드에서 주석으로 작성된 결과를 통해 백엔드에서 텐서에 할당된 메모리가 예상한 대로 해제되었음을 볼 수 있습니다. 하지만 각 메모리 조각을 직접 수동으로 해제하는 것은 번거로울 수도 있습니다. 또 중간 단계의 텐서^{intermediate tensor}에 할당된 메모리는 어떻게 해제해야 하는지도 불분명합니다. 이미 눈치챘을 수도 있지만, 모든 연산은 기존의 값의 변경 없이 텐서의 조작이 가능하도록 하기 위해 새로운 텐서를 생성합니다. 메모리 누수를 막기 위해서는 이러한 중간 단계의 텐서에 할당된 메모리를 명시적으로 해제해줘야 합니다. 하지만 dispose() 함수를 호출할 수 있기 위해 반드시 모든 중간 단계의 텐서를 각각 별도의 변수에 지정해주어야 하는 것일까요?

이 문제를 해결하기 위해 TensorFlow.js는 tf.tidy 함수를 제공합니다. 이 함수는 특정 스코프 안의 텐서에 할당된 메모리를 모두 해제합니다.

```
const a = tf.tensor([1, 2, 3]);

const y = tf.tidy(() => {
  const result = a.log().neg().round();
  return result;
});
```

이 코드에서 log와 neg의 결과가 담긴 텐서를 저장하는 데 사용된 메모리는 자동으로 해제되지만, round의 결과로 반환되는 텐서는 y에서 참조한다고 가정하기 때문에 반환된 후에도 자동 해제되지 않습니다. 일반적으로 tf.tidy 함수를 적극 권장하는데, 작성해야 하는 코드의 양이 적고 메모리 누수가 발생할 일이 적어지기 때문입니다.

간혹 메모리를 직접 관리하는 것이 더 유연하고 사용 사례에 더 적합한 상황이 있을 수도 있습니다. 이런 경우에는 명시적으로 dispose 함수를 사용하면 될 것입니다.

1.6.4 즉시 실행

이미 눈치채셨을 수도 있지만, TensorFlow.js는 텐서플로와 달리 세션이라는 개념이 없습니다. TensorFlow.js에서의 연산은 **즉시 실행**eager execution할 수 있으므로 코드를 실행하는 시점에서 제어가 가능합니다. 연산 그래프는 자연스럽게 연산 API의 체인을 사용하여 구성됩니다. 계산을 수행하기 위해서는 출력에 해당하는 텐서만 가져오면 됩니다.

```
const a = tf.tensor([1, 2, 3]);

// 연산 체인은 텐서플로의 세션처럼 계산을 자동으로 수행하지 않음
const result = a.square().log().neg().floor();

// 결과를 가져오게 하면 계산 결과 및 관련 연산이 모두 수행됨
result.data().then(d => {
  console.log(d);
});
```

이것이 비동기 데이터 요청을 권장하는 또 다른 이유입니다. 거대한 연산 체인은 어마어마한 양의 CPU 시간을 잡아먹을 수도 있습니다. 머신러닝 모델의 경우에는 흔한 일이죠. 동기 API를 사용하면 브라우저에서 돌아가는 메인 스레드의 실행을 블로킹해 열악한 사용자 경험으로 이어집니다. 이를 피하기 위해 브라우저 애플리케이션에서는 비동기 API를 사용할 것을 권장합니다. 실제 사용자 환경 가까이에서 실행되는 머신러닝 애플리케이션 실행에서 발생하는 이슈이기 때문에 구현에 더 주의해야 할 부분입니다.

1.7 Layers API

이전 절에서는 사용자가 원하는 대로 연산 그래프를 구성할 수 있게 해주는 TensorFlow.js의 Core API를 사용하는 방법을 설명했습니다. 하지만 Core API가 항상 최선의 선택은 아닙니다. 애플리케이션을 신속하게 개발하고 싶을 때는 고수준high level API가 더 적절할 수도 있습니다. **Layers API**는 모델을 더 본질적인 방식으로 구성하는 데 사용되는 케라스와 유사한 고수준 API입니다. 머신러닝 모델을 구현할 때 케라스를 사용한 경험이 있다면 Layers API 방식이 익숙하게 느껴질 수도 있습니다.

Layers API를 사용하여 머신러닝 모델을 구성하는 방식에는 두 가지가 있습니다.

- 순차적 모델 API 사용
- 함수형 모델 API 사용

이미 눈치챘을 수도 있지만, Layers API는 케라스 API와 유사하게 보이도록 구현되었습니다. 케라스에 익숙하다면 Core API보다는 Layers API를 더 쉽게 사용할 수 있습니다.

1.7.1 순차적 모델

순차적sequential 모델 API를 사용하면 각 층을 차곡차곡 쌓아서 모델을 구성할 수 있습니다. 여기서는 각 신경 층의 그래프로 표현할 수 있는 다층 퍼셉트론 혹은 딥러닝 모델을 만들어보겠습니다. 예를 들어 784개의 요소를 가진 입력 벡터를 인식하여 10개의 카테고리로 구성된 출력값을 예측하는 모델은 다음과 같이 표현할 수 있을 것입니다.

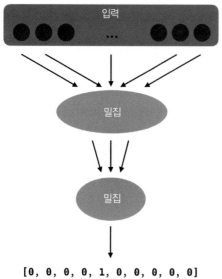

[0.1, 0.68, 0.12,…,0.98]

입력

…

밀집

밀집

[0, 0, 0, 0, 1, 0, 0, 0, 0, 0]

다음 코드를 사용하여 앞의 그림에서 나타난 두 개의 완전 연결 계층fully-connected layer(또는 밀집
층dense layer)을 연결하는 순차적 모델을 구현할 수 있습니다. 순차적 모델은 각 층의 리스트로
나타낼 수 있습니다.

```
const model = tf.sequential({
  layers: [
    tf.layers.dense({inputShape: [784], units: 16, activation: 'relu'}),
    tf.layers.dense({units: 10, activation: 'softmax'}),
  ]
});
```

이 순차적 모델은 입력에서 출력까지 데이터가 어떻게 흐르는지 보여줍니다. 입력의 크기는
inputShape 매개변수를 사용하여 전달한다는 점에 주의합니다. 입력의 형상은 입력 텐서의
크기에 해당하므로, 만약 입력의 형상이 [BatchSize, 784]라면 각 데이터 포인트의 입력 형
상은 [784]가 될 것입니다. 모델의 각 층은 model.layers, model.inputLayers, model.
outputLayers를 출력하면 확인해볼 수 있습니다.

Layers API는 사후에 층을 추가할 수 있게 해주는 다른 형태의 문법도 제공합니다. 다음 코드
는 순차적 모델이 이미 구성된 이후에 층을 추가하는 방법을 보여줍니다.

```
const model = tf.sequential();
model.add(tf.layers.dense({inputShape: [784], units: 32, activation: 'relu'}));
model.add(tf.layers.dense({units: 10, activation: 'softmax'}));
```

1.7.2 함수형 모델

Layers API를 사용하여 모델을 생성하는 또 다른 방법은 함수형 모델 API를 사용하는 것입니다. 이 API는 모델에 순환구조^{cycle}를 포함하지 않는 임의의 층을 추가하는 것을 허용합니다. 이전 절에서 구성한 모델을 함수형 모델 API를 사용하여 재작성한다면 다음 코드와 같을 것입니다.

```
const input = tf.input({shape: [784]});
const dense1 = tf.layers.dense({units: 16, activation: 'relu'}).apply(input);
const dense2 = tf.layers.dense({units: 10, activation: 'softmax'}).apply(dense1);
const model = tf.model({inputs: input, outputs: dense2});
```

함수형 모델 API에서 각 층을 연결하는 데 apply() 함수를 사용합니다. apply() 함수가 반환하는 값은 SymbolicTensor 인스턴스로, 텐서와 거의 유사하게 동작하지만 실제값에 대한 포인터를 갖고 있지는 않습니다. 따라서 입력 층을 포함한 층마다 SymbolicTensor를 생성해야 합니다. tf.input은 함수형 모델과 지속적으로 같이 동작할 수 있도록 SymbolicTensor를 생성합니다. 또한, 다음 코드처럼 입력으로 상수가 담긴 텐서가 들어오면 함수형 모델 API는 SymbolicTensor 대신 상수 텐서를 반환합니다.

```
const input = tf.tensor([-2, 1, 0, 5]);
const output = tf.layers.activation({activation: 'relu'}).apply(input);
output.print();
// Tensor
//     [0, 1, 0, 5]
```

TIP 함수형 모델도 순차적 모델에서와 같이 model.layers, model.inputLayers, model.outputLayers를 사용하여 각 층을 확인해볼 수 있습니다.

Layers API를 사용하면 얻는 주요 장점은 각 층의 입력 형상을 검증validate할 수 있다는 점입니다. Layers API를 사용하여 구성된 모델은 LayersModel의 인스턴스이며, 이 인스턴스는 검증을 수행한 후 두 층의 연속하는 입력과 출력의 형상이 서로 일치하지 않으면 사용자에게 알려줍니다. 추가로, LayersModel은 각 텐서의 형상과 모델의 데이터 흐름을 자동으로 유추합니다. 커스텀 모델을 만들다 보면 종종 문제가 생길 텐데, 이러한 검증 방식을 사용함으로써 사전에 작은 실수를 방지할 수 있습니다.

1.7.3 모델 요약

모델의 구조를 살펴보는 작업은 모델을 디버깅하고 올바르게 구성되었는지 보장하는 데 도움이 됩니다. summary() 함수는 모델 구조에 대해 다음과 같은 정보를 출력합니다.

- 각 층의 이름과 타입
- 각 층의 출력 형상
- 각 층의 가중치 파라미터의 수
- 학습 가능한 파라미터와 학습 불가능한 파라미터의 총 개수

예를 들어 앞에서 만든 하나의 중간 층을 포함한 모델의 경우 아래와 같은 요약 정보를 반환합니다.

```
                                                          layer_utils.ts:62
Layer (type)            Output shape        Param #       layer_utils.ts:152
=================================================         layer_utils.ts:64
dense_Dense1 (Dense)    [null,32]           25120         layer_utils.ts:152
                                                          layer_utils.ts:74
dense_Dense2 (Dense)    [null,10]           330           layer_utils.ts:152
=================================================         layer_utils.ts:74
Total params: 25450                                       layer_utils.ts:83
Trainable params: 25450                                   layer_utils.ts:84
Non-trainable params: 0                                   layer_utils.ts:85
                                                          layer_utils.ts:86
```

모델의 구조는 정확도와 성능에 큰 영향을 미치기 때문에 모델의 설계는 신중하게 이루어져야 합니다. summary() 함수는 모델을 개선할 수 있도록 모델의 개요에 더불어 필요한 최소한의 정보를 함께 제공해줍니다. 한 가지 짚어볼 점은 출력의 형상이 null 값이라면 해당 차원이 실

행 시간^{runtime}에 결정될 수 있다는 유연성을 뜻한다는 것입니다. TensorFlow.js는 입력 텐서의 가장 바깥에 있는 차원이 배치 크기^{batch size}일 것이라고 가정합니다. 따라서 [null, 32]는 32개의 요소를 가진 모든 텐서를 받을 수 있음을 의미합니다.

1.7.4 커스텀 층

Core API는 머신러닝에 가장 좋은 유연성을 제공하는 반면, Layers API는 탄력성을 제공합니다. tf.layers.Layer 클래스를 정의함으로써 커스텀 컴퓨팅을 할 수 있으며, 이는 Layers API에 문제없이 적용할 수 있습니다.

```
class NegativeLayer extends tf.layers.Layer {
  constructor() {
    super({});
  }

  computeOutputShape(inputShape) { return []; }

  call(input, kwargs) { return input.neg(); }

  getClassName() { return 'Negative'; }
}
```

이렇게 함으로써 커스텀 층이나 기타 층을 모두 추가할 수 있습니다.

```
const input = tf.tensor([-2, 1, 0, 5]);
const output = new NegativeLayer().apply(input);
output.print();
// Tensor
//     [2, -1, 0, -5]
```

커스텀 층을 사용할 때의 한 가지 우려할 부분은 직렬화^{serialization}입니다. TensorFlow.js에서는 Layers API를 사용하여 다음과 같이 모델을 저장하고 불러올 수 있습니다.

```
const saveResult = await model.save('file://path/to/my-model');
const model = await tf.loadLayersModel('file://path/to/my-model');
```

그러나 커스텀 층 구현은 직렬화할 수 없기 때문에 이런 코드가 잘 동작하지 않을 것입니다. 커스텀 층의 사용은 모델을 포터블할 수 없게 만드므로 주의하기 바랍니다.

한 가지 더 짚고 넘어가야 할 점은 Layers API가 머신러닝 모델을 구성할 때 일반적으로 사용하기에는 적합하지 않다는 것입니다. 기술적 관점에서 보면 Layers API는 딥러닝 모델을 만드는 데 사용하도록 설계되었기 때문에 원하는 연산을 수행하기에 적합한 API를 찾지 못할 수도 있습니다. 그런 경우 Core API를 권장합니다.

1.8 마치며

1장에서는 머신러닝을 모델을 웹 환경에서 사용하면 얻을 수 있는 이점들과, 이를 위해 TensorFlow.js를 사용하는 방법을 배웠습니다. TensorFlow.js를 사용하여 모델을 만드는 방법에는 두 가지가 있습니다. 먼저 Core API를 사용하면 모델 구성을 유연하게 할 수 있고 성능을 최적화할 여지도 있습니다. 또 다른 방법인 Layers API는 케라스와 유사하기 때문에 모델을 더 직관적으로 구성할 수 있습니다. 모델이 이미 공개되어 있다면, 직접 구현할 필요는 없습니다.

그리고 `tfjs-converter`를 사용하면 기존에 이미 학습된 모델을 TensorFlow.js에 불러올 수 있다는 것도 배웠습니다. 이번 장을 마무리함으로써 이제 여러분은 TensorFlow.js로 직접 모델을 구성하고, 기존에 존재하는 모델을 TensorFlow.js로 불러올 수 있게 되었습니다.

2장에서는 사전 학습된 모델을 TensorFlow.js로 불러오는 방법을 배워보겠습니다.

1.9 연습 문제

1. 웹 환경을 위한 머신러닝 모델을 구축하는 것의 장점이 무엇인가요?
2. TensorHub 모델을 `tfjs-converter`의 입력으로 줬을 경우, 출력으로 어떤 형식의 모델이 생성될까요?
   - 층 모델
   - 그래프 모델

3. TensorFlow.js를 사용하여 구성한 모델에서 텐서에 할당된 메모리를 해제하는 방법은 몇 가지가 있을까요?

4. 모델의 구조는 어떻게 살펴볼 수 있을까요?

5. Core API와 Layers API의 주요 차이점을 설명해보세요. 각 API는 언제 사용하면 좋을까요?

6. 다음과 같은 층을 포함하는 다층 퍼셉트론을 구성해보세요.

   - 입력은 784개의 요소를 포함하는 벡터입니다.

   - 첫 번째 중간 층은 완전 연결 계층으로, ReLU 함수를 통과하여 크기가 32인 출력을 가집니다.

   - 두 번째 중간 층 역시 완전 연결 계층으로, ReLU함수를 통과하여 크기가 16인 출력을 가집니다.

   - 출력 층은 소프트맥스 층입니다.

7. 커스텀 층을 포함하는 모델을 저장할 수 있을까요?

1.10 더 읽을거리

1장에서 다뤘던 주제들에 대해 더 알아보고 싶다면 아래 자료를 참고하기 바랍니다.

- **tfjs-converter**: *https://github.com/tensorflow/tfjs-converter*

- **텐서와 연산**: *https://www.tensorflow.org/js/guide/tensors_operations*

- **모델과 층**: *https://www.tensorflow.org/js/guide/models_and_layers*

- **타입스크립트**: *http://typescriptlang.org*

- **연합학습**: *https://www.tensorflow.org/federated/federated_learning*

- **티처블 머신**: *https://teachablemachine.withgoogle.com*

## CHAPTER 2

사전 학습된 모델을 TensorFlow.js로 가져오기

1장에서는 웹 플랫폼에서 머신러닝이 왜 중요한지와 TensorFlow.js의 구성 및 기본 사용법을 살펴봤습니다. 이번 장에서는 기존에 학습된 모델을 TensorFlow.js로 불러오는 방법을 다룹니다. 기존에 있는 머신러닝 모델을 가져오는 것은 특히 딥러닝 분야에서는 굉장히 중요합니다. 그 이유는 기존 딥러닝 모델을 재사용하거나 다른 모델들과 결합하여 사용할 수도 있기 때문입니다. 사전 학습된 모델을 가져오는 방법을 안다는 것은 '거인의 어깨에 올라서서 더 넓은 세상을 바라보는 것'과 같습니다.

2장은 다음의 주제를 다룹니다.

- 포터블 모델 형식
- 텐서플로에서 모델 내보내기
- `tfjs-converter`를 사용하여 모델 변환하기
- TensorFlow.js에서 모델 불러오기

2.1 개발 환경

이번 장은 다음과 같은 개발 환경에서 작성했습니다.

- 파이썬 3
- 자바스크립트/타입스크립트

- 웹 브라우저(구글 코랩^{Colab}[1]에 접근하기 위한)
- 텐서플로 1.13
- `tfjs-converter` 0.8.6

2.2 포터블 모델 형식

일반적인 머신러닝 모델은 파라미터 이름과 그 파라미터에 해당하는 값으로의 매핑^{mapping}을 담고 있습니다. 기술적으로는 구조화된 데이터^{structured data}를 표현할 수만 있다면 어떤 형식으로든 모델을 작성해도 무방합니다. 하지만 다른 곳에서 모델을 학습하고 재사용할 수 있도록 모델을 포터블^{portable}하게 만드는 것도 중요합니다. 다음은 포터블 모델 형식이 갖춰야 할 특징들을 나타냅니다.

- **경량**^{lightweight} : 제한된 메모리 용량에서도 저장할 수 있을 만큼 가벼워야 합니다.
- **직렬화 가능**^{serializable} : 디스크나 네트워크 I/O를 통해 공유할 수 있어야 합니다.
- **호환성**^{compatibility} : 여러 플랫폼에서 사용할 수 있어야 합니다.

최근에는 머신러닝 기술을 지원하는 플랫폼의 범위가 매우 다양해지면서 머신러닝 알고리즘이 전형적인 서버 사이드 머신에서뿐만 아니라 모바일이나 임베디드 시스템과 같은 에지 디바이스^{edge device}에서도 돌아갈 수 있게 되었습니다. 에지 디바이스의 제한된 메모리 용량을 차치하고서라도, 모델 자체가 메모리 사용량^{memory footprint}이 작아야 합니다. 또한 모델은 일반적인 상용 네트워크 인프라를 통해 배포된다고 가정되기 때문에 크기가 작을수록 네트워크를 통해 전송하면서 얻는 효율이 커지게 됩니다.

다양한 종류의 머신러닝 프레임워크가 등장하면서 개발자에게는 각 프레임워크가 제공하는 모델 사이의 호환성이 더욱 중요해졌습니다. 서로 비슷한 머신러닝 모델을 학습하는 중복된 작업을 하는 데 시간을 낭비하고 싶지 않기 때문입니다. 어떤 모델이 충분히 일반적인 양상으로 학습되기만 하면 그 모델은 여러 곳에서 사용할 수 있습니다. 따라서 모델 형식은 가능한 한 호환성이 좋으면서, 플랫폼에 구애받지 않아야 합니다. 텐서플로는 가장 널리 사용되는 머신러닝 프레임워크이기 때문에 텐서플로를 사용하여 생성된 모델 형식을 지원하는 프레임워크가 상당

---

1 옮긴이_ GPU가 포함된 구글 서버에서 인터랙티브 코딩 환경인 주피터 노트북을 돌릴 수 있는 구글의 무료 클라우드 서비스입니다.

히 많은 편입니다. 다음 절에서 텐서플로 모델이 어떻게 생겼는지 살펴봅시다.

2.2.1 프로토콜 버퍼

프로토콜 버퍼 Protocol Buffers란 구글이 주가 되어 개발한 언어 중립적이고 직렬화 가능한serializable 데이터 형식입니다. 이 바이너리 형식은 구글이 개발하는 많은 제품에서 사용되고 있으며, 텐서플로 역시 예외는 아닙니다. 텐서플로에서 생성된 모든 파일은 프로토콜 버퍼를 기반으로 하며, 프로토콜 버퍼는 다양한 프로그래밍 언어에서 읽을 수 있습니다. 프로토콜 버퍼 도메인 특화 언어domain specific language (DSL)**2**에서 프로토콜의 스키마schema를 한 번 정의하고 나면, 프로토콜 버퍼 컴파일러는 다양한 종류의 프로그래밍 언어로 된 직렬기serializer를 생성할 수 있습니다. 이를 통해 서로 다른 종류의 시스템에서 동작하는 서비스 간 데이터를 원활하게 교환할 수 있는 시스템을 구현할 수 있습니다.

이러한 프로토콜 버퍼의 특성을 기반으로 텐서플로는 다음 그림과 같이 다양한 종류의 플랫폼에서 지원하는 모델 형식을 구성하는 데 프로토콜 버퍼를 사용할 수 있습니다.

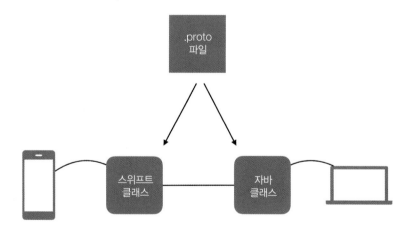

많은 플랫폼에서 텐서플로 모델을 별다른 어려움 없이 지원한다는 것을 알 수 있습니다.

플랫폼에 구애받지 않는 형식을 사용하면, 개발자들이 텐서플로 모델을 분석할 수 있는 다양한

---

2 옮긴이_ DSL은 특정 분야에 특화된 언어를 가리키는 말로, 범용 언어에 비해 지원되는 기능은 부족할지라도 특정 문제를 효율적으로 해결할 수 있도록 만들어진 언어입니다.

도구를 개발할 수 있게 됩니다. 또한, 모델이 탑재된 애플리케이션의 가능성을 확장할 수 있습니다. ONNX[Open Neural Network Exchange]가 좋은 예입니다. ONNX는 플랫폼에 관계없이 신경망 모델을 표현할 수 있는 개방형 표준으로, ONNX를 사용하면 한 번 학습된 모델을 다양한 종류의 프레임워크에서 돌릴 수 있습니다. 예를 들면 텐서플로에서 학습된 모델을 파이토치나 MXNet 으로 내보낼 수 있는 것입니다. 이러한 도구는 프로토콜 버퍼를 포함하여 각 프레임워크에서 제공하는 개방형 모델 형식에 의해 실현됩니다.

2.2.2 GraphDef

텐서플로의 핵심 구성 요소는 당연히 연산 그래프를 있는 그대로 나타내는 그래프 구조라 할 수 있을 것입니다. **GraphDef**는 프로토콜 버퍼 내부의 그래프 구조를 나타내는 개념입니다. 명칭에서 직관적으로 이해할 수 있듯이, GraphDef는 단순히 연산 노드들을 모아놓은 것입니다.

```
message GraphDef {
  repeated NodeDef node = 1;
  VersionDef versions = 4;
  FunctionDefLibrary library = 2;
}
```

이 코드는 텐서플로 내 GraphDef 정의의 일부분입니다. 코드에서 볼 수 있듯이, GraphDef는 연산 노드 정의 모음을 포함합니다. 연산 그래프의 구조를 포함하는 GraphDef의 가장 중요한 부분이라 할 수 있습니다. GraphDef 안에 포함되는 정보를 이해하는 것은 전반적인 디버깅과 모델 분석을 용이하게 합니다. 다음으로 NodeDef는 어떻게 생겼는지 봅시다.

2.2.3 NodeDef

NodeDef는 그래프 내에 포함된 연산을 나타내는 근본적인 구성 요소이며, 프로토콜 버퍼에 의해 정의됩니다. NodeDef는 아래와 같은 특징들을 가지고 있습니다.

- name : 각 연산 노드는 서로 간의 연결을 명시적으로 지정해주는 고유의 식별자를 가지고 있어야 합니다.
- op : 실제 연산 구현부를 가리키는 포인터입니다. op라는 명칭은 실행 시간에 실제 구현부를 찾는 데 사용됩니다.

- input: 입력 노드의 명칭을 포함하는 리스트입니다.

- device: 연산을 수행시킬 장치가 CPU인지 GPU인지를 나타내는 데 사용됩니다.

- attr: 연산의 속성들을 포함하는 키/값 쌍입니다. 연산 구조를 정의하는 데 사용되는 추가적인 정보
  (데이터 타입, 합성곱 층에서의 속성 등)를 제공합니다.

전반적으로 봤을 때 GraphDef는 그래프의 모든 연산 노드를 포함하는 데이터 구조입니다. 노드와 구현부 간의 연결은 각 노드가 관리합니다.

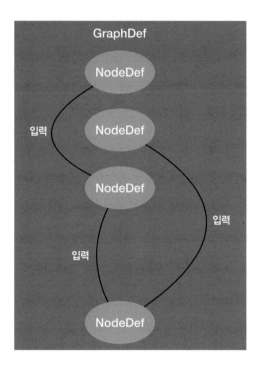

여기서 한 가지 주의할 점은 GraphDef 자체에는 가중치가 없다는 점입니다. 머신러닝(특히 딥러닝)에서의 weight(가중치) 파라미터는 전체 크기가 매우 클 수 있기 때문에 그래프 정의에서 분리하여 관리하는 것이 성능 측면에서 더 효율적입니다. 한 모델의 수명 주기를 고려할 때, 학습을 진행하는 과정에서 weight 파라미터는 계속해서 최적화될 것입니다. 반면 일반적으로는 각 반복iteration에서 모델이 변경되는 경우는 거의 없기 때문에 모델 구조는 바뀔 일이 없습니다. 따라서 모델 구조와 가중치는 분리하여 관리하는 것이 GraphDef를 불필요하게 자주 갱신하는 것을 방지해줍니다.

또한 이렇게 하는 것이 여러 버전의 모델을 불러오는 데에도 더 효율적입니다. 예를 들어 서로 다른 반복 횟수로 학습된 모델의 정확도를 비교해보고 싶다고 합시다. 이 경우에 모델 구조 정의는 서로 완전히 같기 때문에 weight 파라미터만 바꿔주면 됩니다. 모델 정의 파일의 크기도 꽤 커질 수 있기 때문에 이와 같은 방법은 모델의 메모리 사용량을 줄이는 데에도 기여합니다.

다음으로는 모델을 모델 정의(GraphDef)와 weight 파라미터를 포함하는 하나의 파일로 저장하는 방법을 살펴봅시다.

2.3 텐서플로에서 모델 내보내기

GraphDef는 앞서 본 것처럼 모델을 구성하기 위한 최소한의 정보를 포함하지만, 실제 사용 사례에 적용하기에는 적절하지 않습니다. 머신러닝 모델을 표현하기 위해서는 더 포괄적이고 플랫폼 독립적인 형식이 필요합니다. SavedModel은 텐서플로에서 머신러닝 모델을 직렬화하는 가장 최신의 방법입니다. 집필 시점에서 TensorFlow.js에서 학습한 모델을 내보낼 때 가장 권장하는 방법입니다. SavedModel은 더 고수준의 시스템이나 툴에서 모델을 즉시 소비하고 재사용하기 위해 그래프 정의뿐만 아니라, 그 외 변수와 그래프의 메타데이터 역시 포함하기 때문입니다.

모델을 내보내는 또 다른 주요 방법은 케라스를 사용하는 것입니다. 케라스는 고수준 텐서플로 API로, 모델을 더 직관적으로 설계할 수 있도록 해줍니다. 케라스의 사용법은 TensorFlow.js의 Layers API와 매우 유사합니다. 많은 데이터 과학자가 유용성과 간편함 때문에 케라스를 많이 선택합니다. 그러나 케라스 모델로 저장한 형식은 SavedModel과 완전히 다릅니다. HDF5가 케라스 모델이 사용하는 데이터 형식입니다. HDF5는 HDF 그룹에서 주로 관리하는 일반 바이너리 형식으로 다양한 플랫폼에서 실행되는 포터블 형식이기도 합니다.

이제 이 두 가지 모델 형식을 자세히 살펴보겠습니다.

2.3.1 텐서플로 SavedModel

텐서플로의 **SavedModel**은 텐서플로에서 사용되는 주요 모델 형식입니다. 심지어 추후 설명할 케라스 모델도 SavedModel로 내보낼 수 있습니다. 텐서플로 그래프를 직접 구성하여 모델을 내보내는 경우, 유연성 측면에서 SavedModel을 선택할 것을 권장합니다. 텐서플로는 SavedModel로 내보낼 수 있는 두 가지 API, `simple_save`와 `SavedModelBuilder`를 제공합니다. 먼저 SavedModel 형식이 어떻게 생겼는지 보겠습니다.

SavedModel 형식

SavedModel은 안에 여러 개의 디렉터리를 저장하는 계층적 데이터 구조입니다. `MetaGraphDef`는 그래프가 의존하는 변수와 자원으로의 매핑을 포함하는 데이터 흐름 그래프입니다. SavedModel의 맥락에서 보면 이러한 데이터 구조를 연산 그래프로 볼 수 있습니다. 아래 그림은 SavedModel의 고수준 구조를 나타냅니다.

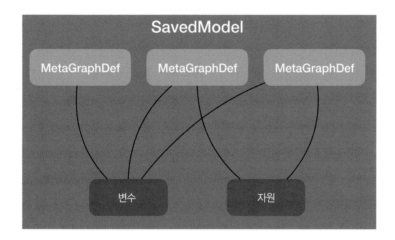

그림에서 볼 수 있듯이, `MetaGraphDef` 인스턴스 간에 변수variable와 자원asset을 공유할 수 있습니다. 그래프의 각 연산은 SavedModel이 포함하는 변수와 연결되기 때문에 변수를 위해 할당하는 공간을 절약할 수 있습니다. 일반적으로 봤을 때 머신러닝 모델에서 사용하는 `weight` 변수는 메모리 공간을 많이 차지합니다. 예를 들어 이미지 분류에 주로 사용되는 딥러닝 모델인 **ResNet-50** 모델은 약 100MB 정도를 차지합니다. 따라서 여러 그래프 정의 간에 변수를 공유하게 되면 상당한 양의 공간을 절약할 수 있습니다.

자원이란, 예를 들어 자연어 처리natural language processing (NLP)에 사용되는 단어 집합vocabulary이나 이미지 속성 등 추가적인 모델 자원을 담기 위한 보조 콘텐츠입니다. 모델이 이러한 자원에 의존적이라면, 모델을 포터블하게 만들기 위해 자원을 모델 파일에 같이 포함시키는 것은 당연한 일입니다. 자원은 SavedModel의 `MetaGraphDef`와 같이 불러올 수 있습니다.

simple_save API

여러 개의 모델을 한 파일에 저장해야 하는 등의 복잡한 조건을 충족해야 하는 경우가 아니라면, **simple_save** API를 사용하면 됩니다. 모델을 SavedModel 형식으로 내보내는 빠르고 간단한 방법이기 때문입니다. API에 넘겨줘야 하는 매개변수는 아래와 같습니다.

- 세션
- 입력 텐서
- 출력 텐서

이를 위한 코드는 다음과 같습니다. 연산 그래프는 세션(`sess`) 안에서 구성해야 합니다.

```
import tensorflow as tf

with tf.Session() as sess:
  tf.saved_model.simple_save(sess,
            './my_tensorflow_model',
            inputs={"x": x, "y": y},
            outputs={"z": z})
```

위 프로그램이 실행되는 현재 디렉터리 아래에 **my_tensorflow_model** 디렉터리가 보일 것입니다. 이 디렉터리는 프로토콜 버퍼 형식의 그래프 정의와 바이너리 형식의 변수를 포함해야 합니다. 아래 그림은 `simple_save` API로 생성한 SavedModel 디렉터리의 구조를 보여줍니다. 각 파일에 대한 자세한 내용은 다음 절에서 살펴볼 것입니다.

```
▼ 📁 my_tensorflow_model
    ▼ 📁 variables
        📄 variables.data-00000-of-00001
        📄 variables.index
    📄 saved_model.pb
```

위 그림에서 my_tensorflow_model은 SavedModel에 관한 모든 정보를 저장하는 디렉터리입니다. 만약 SavedModel을 다른 툴로 전달하고 싶다면, 원격으로 디렉터리의 경로를 전달하거나 기록해두면 됩니다. 2장 후반부에서도 나오겠지만, tfjs-converter의 입력 경로로 ./my_tensorflow_model을 주면 됩니다.

SavedModelBuilder API

더 복잡한 모델을 보다 세밀하게 내보내고 싶다면 여러 개의 MetaGraphDef 인스턴스를 저장하는 기능을 제공하는 **SavedModelBuilder** API를 사용하면 됩니다. 이 방법을 사용하면 보다 작고 효율적인 모델을 내보낼 수 있습니다. 또한 이 API를 사용하면 NLP 애플리케이션에서 사용하는 단어 집합 같은 보조 파일을 포함한 일부 자원을 포함할 수 있습니다. SavedModel 내의 각 MetaGraphDef는 모델이 실제 사용될 때 해당 모델을 식별하여 불러올 수 있도록 사용자 정의 태그user-defined tag와 결합되어야 합니다. 태그를 사용하면 SavedModel을 다른 상황에서도 사용할 수 있습니다. 예를 들어 하나의 SavedModel 파일에 파인튜닝을 위한 모델과 추론을 위한 모델을 모두 포함할 수 있습니다.

```python
export_dir = './model_builder'

builder = tf.saved_model.builder.SavedModelBuilder(export_dir)

# 첫 번째 MetaGraphDef 추가
with tf.Session(graph=tf.Graph()) as sess:
  x = tf.constant(1)
  y = tf.Variable(2)
  z = x + y
  sess.run(tf.global_variables_initializer())
  builder.add_meta_graph_and_variables(sess, [tf.saved_model.tag_constants.TRAINING])


# 추론을 위한 두 번째 MetaGraphDef 추가
with tf.Session(graph=tf.Graph()) as sess:
  x = tf.constant(1)
  y = tf.Variable(2)
  z = x + y
  sess.run(tf.global_variables_initializer())
  builder.add_meta_graph([tf.saved_model.tag_constants.SERVING])

builder.save()
```

먼저 그래프를 변수와 함께 저장할 수 있도록 add_meta_graph_and_variables 함수를 호출했습니다. 이 함수는 주어진 세션의 그래프 정의와 변수를 함께 저장하며, 하나의 SavedModel Builder 콘텍스트에서 후속 그래프를 추가하기 전에 반드시 한 번만 호출해야 합니다. MetaGraphDef 인스턴스를 더 추가하려면 add_meta_graph 함수를 사용합니다. add_meta_graph는 현재 스코프 안의 그래프를 추가하기 위한 함수입니다. save 함수는 이전 절에서 본 것처럼 파일, 변수와 그래프 정의를 프로토콜 버퍼에 저장할 것입니다.

모델 정의를 효율적으로 디버깅하기 위해서 알아두어야 할 옵션이 있습니다. as_text 옵션을 save 함수에 전달해주면 모델 정의를 사람이 읽을 수 있는 형식으로 확인해볼 수 있습니다.

```
builder.save(as_text=True)
```

최종 출력은 JSON 형식과 유사한 일반 텍스트입니다.

```
saved_model_schema_version: 1
meta_graphs {
  meta_info_def {
    stripped_op_list {
      op {
        name: "Add"
        input_arg {
          name: "x"
          type_attr: "T"
        }
        // ...
      }
    }
  }
}
meta_graphs {
  meta_info_def {
    // ...
  }
}
```

결과를 보면 연산 노드와 속성의 명칭을 눈으로 확인할 수 있습니다.

2.3.2 케라스 HDF5 모델

케라스는 인기 있는 고수준 텐서플로 라이브러리입니다. 이 책을 읽는 대부분의 여러분은 이미 케라스를 사용해봤을 것입니다. TensorFlow.js도 케라스에서 내보낸 모델 파일을 지원합니다. 케라스는 SavedModel과 달리 계층적 데이터 구조 형식인 **HDF5**를 사용합니다. HDF5는 중첩 데이터 구조를 나타낼 수 있다는 점에서 프로토콜 버퍼와 매우 유사하다고 할 수 있습니다.

다음 다이어그램은 HDF5의 대략적인 구조를 보여줍니다.

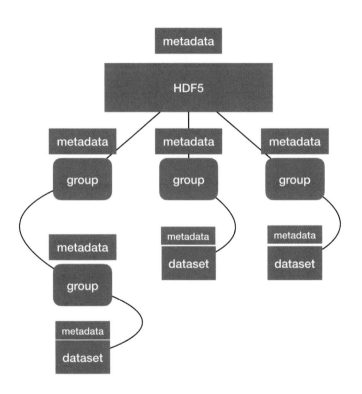

케라스 API 자체가 간단하기 때문에 케라스를 사용해서 모델을 내보내는 방법도 간단합니다. 케라스로 생성한 모델은 save 함수를 갖고 있기 때문에 이 함수를 호출하기만 하면 모델을 HDF5 형식으로 저장해줍니다.

```
from tensorflow.keras import layers

model = tf.keras.Sequential()
model.add(layers.Dense(16, activation='relu'))
model.add(layers.Dense(10, activation='softmax'))

model.save('my_keras.h5')
```

이 코드를 실행하면 현재 디렉터리에 **my_keras.h5** 파일이 생길 것입니다. HDF5는 계층적 구조를 포함할 수 있는 형식이기 때문에 모델을 복원하는 데 필요한 정보를 충분히 담을 수 있습니다. 이러한 정보는 다음과 같은 내용을 포함합니다.

- 연산 그래프의 구조
- 변수
- 하이퍼파라미터(옵티마이저^{optimizer} 포함)
- 학습 재개를 위해 필요한 옵티마이저의 상태

케라스의 HDF5 형식은 모든 정보를 포함하는 파일이기 때문에 다른 곳으로 옮기기가 수월하며, SavedModel과의 가장 큰 차이점입니다. 또한 HDF5는 오픈 형식이기 때문에 기존에 있는 다양한 프레임워크 혹은 라이브러리에서 지원하는 경우가 많습니다. `SavedModelBuilder`와 유사하게, 그래프 구조를 사람이 읽을 수 있는 형식으로 저장하는 함수도 지원합니다.

```
model.to_json()
```

추가로, 파일에 변수나 하이퍼파라미터 설정만 따로 저장하는 것도 가능합니다. 그러나 이 API는 케라스 자체에서 사용하도록 설계되었습니다. 일부 설정만 포함한 HDF5 파일은 정보가 부족하므로 다른 프레임워크에서 사용하기가 어려울 것입니다. 내보낸 모델을 TensorFlow.js에서 사용하기 위해서는 모든 정보를 HDF5 파일로 저장해야 합니다.

2.4 tfjs-converter를 사용하여 모델 변환하기

안타깝게도, 텐서플로에서 생성한 SavedModel이나 HDF5 형식의 모델을 TensorFlow.js에서 바로 사용할 수는 없습니다. 모델은 반드시 웹 플랫폼에서 읽을 수 있는 형식으로 변환되어야 합니다.

2.4.1 텐서플로 SavedModel 변환하기

SavedModel이 한 번 만들어지면 다음과 같이 TensorFlow.js 형식으로 변환할 수 있습니다.

```
$ tensorflowjs_converter \
    --output_node_names=output \
    --input_format=tf_saved_model \
    ./my_saved_model ./my_tfjs_model
```

입력과 출력 경로는 반드시 위치 인수(my_saved_model과 my_tfjs_model)로 전달해야 합니다. 변환된 모델은 my_tfjs_model 디렉터리에 생성될 것입니다. 위 예제에서 지정해준 옵션들은 변환에 필요한 최소 요구사항입니다. input_format은 형식을 명시적으로 지정하고자 할 때 특히 중요한 옵션입니다. tfjs-converter는 이 옵션으로부터 호환되는 출력 형식을 자동으로 유추합니다. 다음 표는 tfjs-converter와 함께 사용할 수 있는 모든 옵션을 나타냅니다.

옵션	설명
--input_format	입력 모델 형식. tf_saved_model, tf_hub, keras_saved_model, keras, tf_frozen_model을 지원합니다.
--output_format	출력 모델 형식. 대부분의 경우 자동으로 유추됩니다.
--saved_model_tags	저장된 모델의 대상 MetaGraphDef의 태그. 기본값은 serve입니다.
--signature_name	불러올 기본 시그니처[3].
--stripe_debug_opts	print나 assert 같은 디버깅 함수의 제외 여부를 지정하기 위한 옵션.
--quantization_bytes	가중치 변수를 양자화할 때의 바이트 수. 기본은 4바이트입니다.

----

3 옮긴이_ 시그니처에 대해서는 다음 텐서플로 공식 문서를 참고합니다.
   https://www.tensorflow.org/guide/saved_model
   https://www.tensorflow.org/guide/saved_model?hl=ko
   https://www.tensorflow.org/tfx/serving/signature_defs

--quantization_bytes 옵션에서 알 수 있듯이, **tfjs-converter**를 사용하면 모델 변환뿐만 아니라 텐서플로에 구현되어 있는 최적화 툴을 사용한 최적화도 일부 이루어집니다. 예를 들어 **tfjs-converter**는 변환 도중에 아래와 같은 메시지를 출력합니다. **tfjs-converter**를 사용하여 모델을 변환하는 것만으로 더 효율적인 모델을 얻을 수 있는 셈입니다.

```
Optimization results for grappler item: graph_to_optimize
  debug_stripper: Graph size after: 4 nodes (0), 3 edges (0), time = 0.005ms.
  model_pruner: Graph size after: 3 nodes (-1), 2 edges (-1), time = 0.048ms.
  constant folding: Graph size after: 1 nodes (-2), 0 edges (-2), time = 0.484ms.
  arithmetic_optimizer: Graph size after: 1 nodes (0), 0 edges (0), time = 0.078ms.
  dependency_optimizer: Graph size after: 1 nodes (0), 0 edges (0), time = 0.016ms.
  model_pruner: Graph size after: 1 nodes (0), 0 edges (0), time = 0.009ms.
  remapper: Graph size after: 1 nodes (0), 0 edges (0), time = 0.008ms.
  constant folding: Graph size after: 1 nodes (0), 0 edges (0), time = 0.399ms.
  arithmetic_optimizer: Graph size after: 1 nodes (0), 0 edges (0), time = 0.07ms.
  dependency_optimizer: Graph size after: 1 nodes (0), 0 edges (0), time = 0.015ms.
```

모델을 내보내는 예제 코드와 SavedModel을 TensorFlow.js 형식으로 변환할 때의 옵션을 살펴봅시다. 앞의 예제와 굉장히 유사하지만, 명료하게 출력 노드의 이름과 **MetaGraphDef** 태그를 지정해주었습니다.

```python
export_dir = './my_saved_model'

builder = tf.saved_model.builder.SavedModelBuilder(export_dir)

# 첫 번째 MetaGraphDef 추가
with tf.Session(graph=tf.Graph()) as sess:
  x = tf.constant(1)
  y = tf.Variable(2)
  z = tf.add(x, y, name='my_output1')
  sess.run(tf.global_variables_initializer())
  builder.add_meta_graph_and_variables(sess, ['model1'])

# 두 번째 MetaGraphDef 추가
with tf.Session(graph=tf.Graph()) as sess:
  x = tf.constant(2)
  y = tf.Variable(2)
  z = tf.add(x, y, name='my_output2')
  sess.run(tf.global_variables_initializer())
  builder.add_meta_graph(['model2'])
```

첫 번째 모델은 my_output1이라는 이름의 출력을 포함하며 model1이라는 태그와 연결되어 있다는 것을 알 수 있습니다. 두 번째 모델은 my_output2라는 이름의 출력 노드를 포함하며 model2라는 태그와 연결되어 있습니다. 첫 번째 모델을 웹 형식으로 변환하고 싶다고 가정해 봅시다. 이를 위한 명령 줄 옵션은 다음과 같습니다.

```
$ tensorflowjs_converter \
    --output_node_names=my_output1 \
    --input_format=tf_saved_model \
    --saved_model_tags=model1 \
    ./my_saved_model ./my_tfjs_model
```

웹 형식의 모델은 my_tfjs_model 디렉터리에 생성됩니다. 두 번째 모델을 변환하고 싶다면 아래와 같이 옵션을 바꿔주면 됩니다.

```
$ tensorflowjs_converter \
    --output_node_names=my_output2 \
    --input_format=tf_saved_model \
    --saved_model_tags=model2 \
    ./my_saved_model ./my_tfjs_model
```

이미 눈치챘을 수도 있겠지만, 웹 형식은 하나의 형식당 하나의 그래프 정의만 포함합니다. 만약 웹 애플리케이션에서 여러 개의 모델을 사용하고 싶다면, 대상 웹 형식 모델마다 디렉터리를 따로 생성해주어야 합니다. 변환 결과는 다음과 같습니다.

```
$ ls my_tfjs_model
group1-shard1of1 tensorflowjs_model.pb weights_manifest.json
```

weights_manifest.json 파일은 가중치 파일의 경로에 관한 정보를 저장합니다. 위의 경우에는 group1-shard1of1이 가중치 파일에 해당합니다. 파일명이 나타내는 것처럼, weight 파라미터는 웹 브라우저가 가중치 파일을 병렬로 불러올 수 있도록 샤딩되어 있습니다.

2.4.2 케라스 HDF5 모델

케라스 HDF5 모델을 웹 형식으로 변환하기 위해서는 keras 입력 형식 옵션을 지정해주어야 합니다. 다음과 같이 케라스 API를 사용하여 학습한 모델을 웹 형식으로 변환하는 예를 봅시다.

```
import tensorflow as tf
from tensorflow.keras import layers
import numpy as np

model = tf.keras.Sequential()
model.add(layers.Dense(32, activation='relu'))
# 층을 하나 더 추가
model.add(layers.Dense(10, activation='softmax'))

model.compile(optimizer=tf.train.AdamOptimizer(0.001),
              loss='categorical_crossentropy',
              metrics=['accuracy'])

data = np.random.random((1000, 32))
labels = np.random.random((1000, 10))

model.fit(data, labels, epochs=10, batch_size=32)

model.save('my_keras_model.h5')
```

output_node_names 같은 추가 옵션은 지정해줄 필요는 없습니다. 대부분의 경우에는 아래와 같이 입력 형식을 지정해주는 것만으로 충분합니다.

```
$ tensorflowjs_converter \
    --input_format keras \
    my_keras_model.h5 my_tfjs_model
```

이제 my_tfjs_model 디렉터리에 웹 형식으로 변환된 모델 파일이 생긴 것을 볼 수 있습니다.

```
# ls my_tfjs_model/
group1-shard1of1 model.json
```

변환된 결과물의 구조가 앞의 예제와는 좀 달라 보일 겁니다. 프로토콜 버퍼 파일을 포함하지 않으며, 매니페스트^{manifest} JSON 파일의 스키마도 다릅니다. 두 종류의 형식을 TensorFlow. js에서 어떻게 읽을 수 있는 것일까요? 사실 이 두 종류를 불러오기 위해서는 서로 다른 TensorFlow.js API를 사용해야 합니다. 모델을 TensorFlow.js로 불러오는 과정은 이번 장 마지막 절에서 설명하겠습니다.

2.4.3 텐서플로 허브 모듈

tfjs-converter는 텐서플로 허브 모듈도 인식할 수 있습니다. **텐서플로 허브**^{TensorFlow Hub}는 머신러닝 모델 중에서 재사용 가능한 부분을 찾기 위한 라이브러리입니다. 텐서플로 허브는 학습시킨 모델을 전 세계의 연구자 및 개발자와 공유할 수 있는 머신러닝 모델의 중앙 저장소라고도 볼 수 있습니다. tfjs-converter를 사용하여 텐서플로 허브에서 불러온 모델을 변환한다는 것은 곧 인터넷에 배포되어 있는 모델을 바로 사용할 수 있다는 것을 의미합니다. 예를 들어 사전 학습된 MobileNetV1 모델의 웹 형식을 다음과 같은 방법으로 생성할 수 있습니다. 입력 형식 옵션으로 tf_hub를 지정해주어야 합니다.

```
$ tensorflowjs_converter \
    --input_format=tf_hub \
    'https://tfhub.dev/google/imagenet/mobilenet_v1_100_224/classification/1' \
    ./my_tfjs_model
```

입력 경로는 텐서플로 허브 기본 저장소(*https://tfhub.dev/*)에서 찾을 수 있습니다.

텐서플로 허브 저장소는 인셉션^{Inception} 네트워크처럼 이미 우수한 성능을 보이는 모델뿐만 아니라, 딥 GAN 같은 최신 모델도 제공합니다. 규모가 큰 모델을 학습시키는 것은 상당한 시간을 소요하며, 모델 자체에 대한 지식과 어느 정도의 프로그래밍 스킬이 없으면 할 수 없는 작업이기도 합니다. 그런 점에서 텐서플로 허브는 말하자면 '거인의 어깨'에 올라서게 해주는 도구인 셈입니다.

2.5 TensorFlow.js에서 모델 불러오기

마침내 tfjs-converter를 사용하여 변환한 모델을 TensorFlow.js에서 불러올 때입니다. TensorFlow.js는 특정 모델 형식을 불러올 수 있게 해주는 전용 API인 loadGraphModel과 loadLayersModel을 제공합니다. 모델 파일이 SavedModel를 사용하여 생성되었다면 loadGraphModel을 사용하면 됩니다. 원본 모델이 케라스 모델이라면 loadLayersModel을 사용합니다. 두 API는 모델을 불러올 때 HTTP를 사용하는 방식과 로컬 파일 시스템을 사용하는 방식을 모두 지원합니다.

```
import * as tf from '@tensorflow/tfjs';

// HTTP를 사용하여 모델 불러오기
const MODEL_URL = 'https://path/to/model.json';
const model = await tf.loadGraphModel(MODEL_URL);

// 파일 시스템을 사용하여 모델 불러오기
const MODEL_PATH = 'file://path/to/model.json';
const model = await tf.loadGraphModel(MODEL_PATH);
```

모델을 불러오는 작업을 비동기로 수행하게 함으로써 크기가 큰 모델을 불러올 때 메인 스레드를 블로킹하는 것을 사전에 방지할 수 있습니다. 브라우저는 일반적으로 100~500MB 정도까지의 모델을 불러올 수 있도록 지원하지만, 이는 사용자 경험을 심각하게 악화시킬 수 있습니다. 메모리나 CPU 시간을 대단히 많이 잡아먹기 때문입니다. 애플리케이션의 성능 저하를 막기 위해서는 30MB보다 작은 모델을 불러올 것을 권장합니다. TensorFlow.js가 강력한 도구임은 틀림없지만 어디까지나 에지 사이드에서의 머신러닝 플랫폼으로 사용해야 합니다. 에지 환경에서는 자원이 한정적이라는 점에 유의하면 TensorFlow.js를 사용하여 더 효율적인 애플리케이션을 구현할 수 있을 것입니다.

loadGraphModel의 GraphModel과, loadLayersModel의 LayersModel은 모두 TensorFlow.js Core API의 InferenceModel을 구현합니다. 따라서 불러온 모델의 종류나 세부 정보에 신경 쓰지 않고 투명하게 사용할 수 있습니다.

2.5.1 지원되는 연산

여기서 한 가지 주의할 점은 tfjs-converter와 TensorFlow.js가 텐서플로의 연산을 모두 지원하지는 않는다는 것입니다. 이는 곧 TensorFlow.js에서 지원하지 않는 연산을 사용하는 모델은 웹 형식으로의 변환에 실패할 수도 있다는 것을 의미합니다. 모델 변환은 연산의 구현부가 아닌, 연산 그래프와 weight 파라미터의 설정값을 구조화하기 위해 수행됩니다. 만약 특정 연산이 TensorFlow.js에 구현되어 있지 않다면 웹 환경에서는 해당 모델을 사용할 수 없는 셈입니다.

연산의 구현은 요청을 기반으로 이루어집니다. 커뮤니티와 오픈소스 관리자들은 많은 개발자가 구현을 기다리고 있는 연산의 구현을 우선적으로 처리합니다. 현재는 MobileNet이나 SqeezeNet 등의 이미지 관련 모델을 가장 많이 지원합니다.

tfjs-converter는 기본적으로 대상 모델에 대한 어느 정도의 검증을 수행합니다. 만약 모델이 지원하지 않는 연산을 사용하면 에러를 반환합니다. tfjs-converter에서 지원하는 모든 연산은 다음 링크에서 확인할 수 있습니다(*https://github.com/tensorflow/tfjs/blob/master/tfjs-converter/docs/supported_ops.md*).

만약 필요한 연산이 현재 지원되고 있지 않다면, 커뮤니티가 해당 연산의 필요성을 인지할 수 있도록 깃허브 페이지에 이슈로 등록해주기 바랍니다.

2.6 마치며

2장에서는 텐서플로에서 학습한 모델을 내보낸 후 TensorFlow.js에서 사용할 수 있는 형식으로 변환하는 방법을 살펴보았습니다. 텐서플로는 모델을 크게 두 종류의 형식으로 내보낼 수 있도록 지원합니다. 먼저 SavedModel은 저수준 형식이지만 변수 매핑을 유연하게 제어할 수 있고 여러 그래프 정의 간의 변수 공유가 가능합니다. 충분히 최적화된 상태의 직렬화 모델을 구성하고 싶다면 SavedModel을 고려해볼 것을 권장합니다. 또 다른 형식은 케라스의 HDF5 입니다. 케라스는 텐서플로 위에서 돌아가는 상당히 인기 있는 프레임워크이기 때문에 모델을 케라스 형식으로 내보내는 것은 개발자 입장에서 최선의 해결책이 될 수 있습니다. 명시적으로 지정해야 하는 설정값이 많지 않으므로 사전 학습된 모델을 파일로 내보내는 매우 손쉬운 방법입니다.

내보낸 파일은 TensorFlow.js에서 바로 사용할 수 없기 때문에 tfjs-converter라는 이름의 툴을 사용하여 TensorFlow.js에서 호환되는 형식으로 변환해야 합니다. tfjs-converter를 사용함으로써 웹 플랫폼에 최적화된 TensorFlow.js 형식을 만들 수 있습니다. TensorFlow.js는 변환된 모델을 불러오기 위한 두 가지 방법을 제공하기 때문에 tfjs-converter에서 어떤 형식들이 사용되는지 잘 인지하는 것이 중요합니다.

3장에서는 TensorFlow.js 에코시스템에 관한 내용을 살펴보겠습니다.

2.7 연습 문제

1. SavedModel 모델 정의 파일에서 사용하는 직렬화 형식은 무엇인가요?

2. 케라스 API에서 모델을 내보낼 때 사용되는 파일 형식은 무엇인가요?

3. 다음과 같은 조건의 모델을 변환하고 싶다고 가정해봅시다. `tfjs-converter`를 사용하여 변환할 때 사용할 옵션들을 설명해봅시다.

   - SavedModel

   - 모델 태그는 `my_mobilenet1`

   - 출력 노드 이름은 y

4. 사전 학습된 MobileNet 모델을 TensorFlow.js로 불러오는 코드를 작성해보세요. 해당 모델은 텐서플로 허브에서 제공됩니다(*https://tfhub.dev/google/imagenet/mobilenet_v2_100_224/classification/3*).

5. 웹 브라우저에 모델을 불러올 때 일반적으로 권장되는 모델 크기는 얼마나 될까요? SavedModel이나 케라스 모델의 메모리 사용량을 최적화할 수 있을까요?

6. HTTP로 모델을 불러올 때 가장 최적의 성능을 달성하려면 웹 형식으로 변환된 `weight` 변수 파일의 각 샤드의 크기는 얼마가 되어야 할까요?

2.8 더 읽을거리

더 자세한 내용은 다음 링크를 참고하기 바랍니다.

- **텐서플로 모델 파일**: *https://www.tensorflow.org/js/guide/models_and_layers*

- **ONNX**: *https://github.com/onnx/tutorials*

- **SavedModelBuilder**: *https://www.tensorflow.org/guide/saved_model#manually_build_a_savedmodel*

- **GraphDef**: *https://github.com/tensorflow/tensorflow/blob/master/tensorflow/core/framework/graph.proto*

- **HDF5**: *https://www.hdfgroup.org/solutions/hdf5/*

- Fu, Jianlong, and Yong Rui. 'Advances in deep learning approaches for image tagging.' APSIPA Transactions on Signal and Information Processing 6(2017): *https://www.researchgate.net/publication/320199404_Advances_in_deep_learning_approaches_for_image_tagging*

- **텐서플로 허브**: *https://tfhub.dev/*

## CHAPTER 3

TensorFlow.js 에코시스템

TensorFlow.js에도 텐서플로처럼 많은 에코시스템 라이브러리가 존재합니다. 이런 라이브러리들은 머신러닝 애플리케이션을 직관적으로 구현할 수 있도록 설계되었기 때문에 빠르고 효율적인 개발을 할 수 있습니다. 3장에서는 애플리케이션의 개발을 가속화할 수 있는 TensorFlow.js 기반의 여러 도구와 라이브러리를 소개하겠습니다. 이들은 모두 오픈소스 소프트웨어로 공개되어 있어서 필요에 따라 커스터마이징한 후 오픈소스에 기여할 수도 있습니다.

3장은 다음의 주제를 다룹니다.

- 왜 고수준 라이브러리가 필요한가?
- 기존 머신러닝 모델 사용하기
  - `tfjs-models`의 MobileNet
  - `tfjs-models`에서 지원하는 모델
  - 이미지 분류 애플리케이션
  - 커뮤니티에서 제공하는 예제 애플리케이션
- 다양한 종류의 스토리지에서 데이터 불러오기
  - 데이터 소스
  - 웹캠
- ML5.js를 이용한 자세 추정
  - 지원 모델
  - ML5.js의 PoseNet

- Magenta.js로 고양이 그리기

- machinelearn.js를 사용한 XOR 분류

3.1 개발 환경

3장에서 다루는 내용을 구현하기 위해서는 다음과 같은 개발 환경이 필요합니다.

- 웹 브라우저(크롬 권장)

- TensorFlow.js(`tfjs-models`)

- 타입스크립트

- Node.js

- ML5.js

- machinelearn.js

다음 링크에서 'Code in Action' 영상도 참고하기 바랍니다(*http://bit.ly/3465VJJ*).

3.2 왜 고수준 라이브러리가 필요한가?

'거인의 어깨에 올라서다'라는 유명한 속담이 있습니다. 이 속담은 소프트웨어 공학 관점에서 공개 도메인에 이미 존재하는 리소스를 재사용하는 것의 중요성을 상기시켜줍니다.

TensorFlow.js가 자바스크립트 환경에서 돌아가는 강력하고 실용적인 라이브러리임은 분명합니다. TensorFlow.js에 구현되어 있는 연산을 조합하면 사실상 어떤 종류의 머신러닝 모델이든 만들 수 있습니다. 그러나 기초 연산들을 다루는 것은 항상 쉽지는 않으며 최선의 방법도 아닙니다. 기존에 존재하는 고급 알고리즘을 사용하고자 할 때 모델을 처음부터 스스로 구현하는 것은 권장하지 않습니다. 앞으로 다룰 라이브러리들에는 이미 기본적인 머신러닝 및 딥러닝 알고리즘이 구현되어 있기 때문에 바로 사용해볼 수 있습니다.

기존 리소스를 활용해야 하는 또 다른 이유는 학습 차원에서도 찾을 수 있습니다. 머신러닝과 딥러닝 분야의 최신 기술을 지속적으로 따라잡기에는 흥미로운 결과를 보여주는 논문들이 너무나도 많습니다. 물론 논문의 설명을 보고 스스로 알고리즘을 구현할 수도 있어야겠지만, 논문에서 설명하는 개념을 이해하고 효율적인 코드를 작성하려면 그 분야의 전문 지식이 필요합니다. 연구의 결과만을 재현해보기 위한 과정 역시 상당히 어렵습니다.

반가운 소식은 에코시스템과 인기 있는 고수준 라이브러리들은 새로운 연구 성과를 빠르게 도입한다는 것입니다. 커뮤니티의 능력 있는 많은 개발자 덕분에 새로운 모델의 개발은 즉각적으로 이루어집니다. 그렇게 구현된 모델은 바로 사용할 수 있을 뿐만 아니라 해당 모델을 구성하기 위해 코드를 어떻게 작성해야 하는지도 배울 수 있습니다. 좋은 코드를 작성하는 방법을 배우는 것은 기본입니다. 오픈소스 소프트웨어는 코드 작성법을 배울 수 있는 좋은 리소스이므로 고수준 머신러닝 라이브러리에서 다양한 알고리즘이 어떻게 구현되었는지 살펴볼 수 있습니다.

고수준 라이브러리는 TensorFlow.js의 기본 요소들을 재사용하여 고수준 모델을 구성합니다. 일부 라이브러리는 단지 사전 학습된 모델을 제공하기도 하고, 어떤 라이브러리 API는 더 직관적으로 구현되어 있기 때문에 브라우저의 DOM과 더 손쉽게 통합할 수 있습니다. 따라서 여느 웹 애플리케이션과 동일하게 여러 개의 라이브러리와 공개 웹 API를 조합하여 머신러닝 애플리케이션을 개발할 수 있습니다.

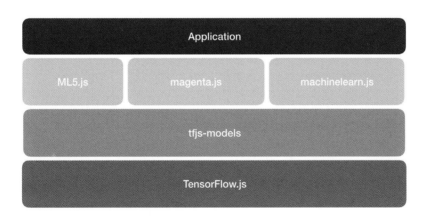

이후 절에서는 TensorFlow.js 기반의 인기 있는 고수준 라이브러리를 소개할 것입니다. 후반부 장에서 일부 알고리즘을 구현할 때 이 라이브러리들을 사용할 것이므로 이들의 개요와 사용법에 익숙해지기 바랍니다.

3.3 기존 모델 사용하기

TensorFlow.js 프로젝트는 가장 최신 버전의 TensorFlow.js에서 호환되는 머신러닝 모델을 수집하는 **tfjs-models**라는 이름의 자체 저장소를 다음 링크에서 지원합니다(*https://github.com/tensorflow/tfjs-models*).

위 저장소에서 제공하는 모델들은 사전 학습된 후 npm, unpkg 혹은 jsDelivr에 업로드되기 때문에 개발하고자 하는 애플리케이션에서 빠르게 가져다 사용할 수 있습니다. npm은 Node.js 환경에서 사용하는 패키지 관리 도구이며, npm이나 yarn 명령 줄 인터페이스command-line interface(CLI)를 사용하여 Node.js 애플리케이션에 쉽게 모델을 설치할 수 있습니다. 웹 애플리케이션의 경우에는 unpkg도 좋은 선택입니다. unpkg는 모든 npm 패키지를 서비스하는 글로벌 CDN을 제공하는 오픈소스 프로젝트로, tfjs-models와 TensorFlow.js Core API가 unpkg를 통해 서비스됩니다. jsDelivr 역시 이와 유사한 애플리케이션으로 정적 콘텐츠를 서비스합니다.

3.3.1 tfjs-models의 MobileNet

MobileNet은 자원이 제약된 환경을 위해 효율적으로 설계된 모델로, 크기가 작으며 지연율이 낮다는 특징을 지닙니다. 다음은 MobileNet 모델을 사용하는 예제 코드입니다.

```
<script src="https://cdn.jsdelivr.net/npm/@tensorflow/tfjs@1.0.1"> </script>

<!-- jsDelivr에서 MobileNet 불러오기-->
<script src="https://cdn.jsdelivr.net/npm/@tensorflow-models/mobilenet@1.0.0"> </script>

<script>
  const img = document.getElementById('img');

  // 비동기로 모델 불러오기
  mobilenet.load().then(model => {
    // 이미지 분류
    model.classify(img).then(predictions => {
      console.log('Predictions: ');
      console.log(predictions);
```

```
    });
  });
</script>
```

이 코드에서 볼 수 있듯이, 모델을 따로 학습시키거나 별도의 핵심 패키지를 설치하지 않고도 TensorFlow.js와 MobileNet 모델을 바로 사용할 수 있습니다. 이는 호스팅 비용은 낮게 유지하면서도 애플리케이션을 즉시 호스팅하는 좋은 방법입니다. 이외에 애플리케이션에 `tfjs-models` 패키지를 설치하는 방법도 있습니다. 다음 코드는 애플리케이션이 참조하는 위치에 MobileNet을 설치합니다.

```
npm install @tensorflow-models/mobilenet
```

`jsDelivr`에서 모델을 사용하는 코드 역시 이와 비슷합니다.

```
import * as mobilenet from '@tensorflow-models/mobilenet';

const img = document.getElementById('img');

const model = await mobilenet.load();

const predictions = await model.classify(img);

console.log('Predictions: ');
console.log(predictions);
```

3.3.2 지원 모델

`tfjs-models`는 MobileNet 외에도 다양한 모델을 지원합니다. 다음 표는 현재 지원되는 모델들의 목록을 나타냅니다.

애플리케이션 타입	모델	설명
이미지	MobileNet	ImageNet 데이터셋으로 사전 학습된 모델
이미지	PostNet	사람의 자세를 실시간으로 추정하는 모델
이미지	Coco SSD	다수의 물체의 위치와 종류를 추정하는 모델

이미지	BodyPix	신체 부위 분절화^{segmentation} 모델
오디오	SpeechCommand	WebAudio API 기반의 간단한 영단어 인식 모델
텍스트	Universal Sentence Encoder	텍스트를 512차원의 벡터 공간으로 임베딩하는 경량 모델
텍스트	Toxicity Classifier	위협적인 언어와 같은 유해 콘텐츠를 탐지하는 모델
분류	KNN Classifier	k-최근접 이웃 알고리즘 기반의 분류기

일반적으로 이러한 모델들은 머신러닝 전문가가 아닌 사용자들도 애플리케이션에서 모델을 사용할 수 있도록 텐서와 같은 내부 데이터 구조는 숨겨진 형태로 구성되어 있습니다. 따라서 모델이 예측해야 하는 데이터만 모델의 입력으로 넣어주면 대부분 잘 동작합니다.

3.3.3 이미지 분류 애플리케이션

MobileNet 모델을 사용한 이미지 분류 애플리케이션을 구현해보면서 어떻게 동작하는지 확인해봅시다. 앞서 살펴본 것처럼 MobileNet은 에지 디바이스에서의 이미지 분류 작업을 위한 경량 모델로 2017년에 구글에서 발표했습니다. 이 모델은 효율성과 정확도 간의 트레이드오프^{trade-off} 문제를 해결하기 위해 모바일 기기처럼 자원이 제약된 환경에서는 정확도를 많이 떨어뜨리지 않는 선에서 최적의 모델 피팅을 달성합니다. 일반적으로 TensorFlow.js는 에지 디바이스에서 돌아가는 프레임워크로 분류하며, MobileNet은 이러한 TensorFlow.js의 방향성과 일치한다고 볼 수 있습니다.

먼저 npm으로 모델을 설치해야 합니다. npm install @tensorflow-models/mobilenet이나, yarn add @tensorflow-models/mobilenet 명령어로 설치할 수 있습니다. 이 명령어들은 package.json 파일에 있는 디펜던시를 자동으로 해결해줄 것입니다.

모델을 불러오고 모델 예측을 수행하는 핵심 스크립트는 다음과 같이 작성할 수 있습니다.

```
import * as mobilenet from '@tensorflow-models/mobilenet';

async function loadAndPredict() {
  const img = document.getElementById('cat');

  // 비동기로 모델 불러오기
```

```
const model = await mobilenet.load();

// 이미지 분류. DOM 요소를 직접 전달할 수 있음
const predictions = await model.classify(img);

console.log('Predictions: ');
console.log(predictions);

// 예측 결과 표시
const preds = document.getElementById('predictions');
preds.innerHTML = predictions.map((p) => {
  return p['className'];
}).join('<br>');
}

loadAndPredict();
```

이 애플리케이션 스크립트는 브라우저에서 돌아가고 있는 애플리케이션의 메인 스레드가 블로킹되는 것을 방지하기 위해 MobileNet 모델을 비동기로 불러옵니다. 타입스크립트와 자바스크립트에서 await를 사용한 비동기식 함수의 호출은 async 함수 안에서 이루어져야 합니다. Model.load는 Promise 구조를 반환합니다. 이 애플리케이션에서는 모델이 완전히 로딩된 후에 예측이 수행되어야 하므로, Model.load 함수에서 블로킹이 될 수 있도록 await 키워드를 붙여서 호출합니다. await 키워드는 반환된 Promise 객체를 이행fulfill하는 데 사용됩니다. 모델이 로딩되는 시간뿐만 아니라 예측에도 시간이 걸릴 수 있기 때문에 결과를 Promise 객체로 반환하도록 설계한 것입니다. 예측 결과를 제대로 받아오기 위해서는 반드시 await 키워드를 함께 써야 한다는 점을 기억하기 바랍니다.

다음으로 웹 페이지에서 모델 예측 결과를 보여주는 코드를 작성해봅시다.

```
<!DOCTYPE html>
<html>
  <head>
    <meta charset="utf-8">
    <meta http-equiv="X-UA-Compatible" content="IE=edge,chrome=1">
    <meta name="viewport" content="width=device-width, minimum-scale=1.0, initial-scale=1, user-scalable=yes">
    <title>Image Classifier with Mobilenet</title>
    <script src="mobilenet.ts" defer></script>
```

```
    </head>
    <body>
      <h1>Image Classifier with Mobilenet</h1>
      <p id='predictions'></p>
      <img src="cat.jpg" id="cat">
    </body>
  </html>
```

이 코드를 실행하면 다음과 같이 예측 결과를 보여주는 페이지가 뜰 것입니다. 모델 예측을 위한 img 태그에는 아무 이미지나 넣으면 됩니다.

이미지에 위에 달린 설명이 예측 결과를 보여줍니다.

- 얼룩tabby, 얼룩무늬 고양이

- 퀼트(누비이불), 이불, 편안, 부풀어 있는

- 호랑고양이tiger cat

예측 결과처럼 이미지는 고양이와 이불을 둘 다 포함합니다. 모델이 꽤나 정확한 예측 결과를 반환하는 것을 알 수 있습니다.

이 애플리케이션은 MobileNet 모델이 공개 데이터셋인 **ImageNet**으로 학습되었기 때문에 모델 설치 후에 바로 예측을 시작할 수 있다는 것을 보여줍니다. ImageNet 데이터셋에서 제공하는 학습셋training dataset과 레이블label은 제한되어 있기 때문에 세상에 존재하는 모든 이미지 카테고리를 포함하지는 않습니다. 따라서 사용자의 목적에 맞는 데이터로 다시 학습시킬 필요가 있습니다. 이러한 과정을 **파인튜닝**fine-tuning이라고 부릅니다. 이후 장에서는 사전 학습된 모델을 TensorFlow.js 환경에서 파인튜닝하는 방법에 대해서도 설명할 것입니다.

3.3.4 커뮤니티 예제 애플리케이션

오픈소스 프로젝트의 특성상, 새로운 모델이 계속해서 커뮤니티에 올라옵니다. 저장소에서 새로운 모델을 승인할 때는 커뮤니티 내에서 해당 모델이 얼마만큼의 관심을 끌고 있는지가 기준이 됩니다. 만약 모델을 공유하여 커뮤니티에 기여하고 싶다면 깃허브에 올려보는 것도 좋은 방법입니다. 커뮤니티에서 제공되는 모델을 사용하는 것이 어렵다면 `tfjs-examples` 저장소 (`https://github.com/tensorflow/tfjs-examples`)도 도움이 될 것입니다.

`tfjs-examples` 저장소는 커뮤니티를 중심으로 운영되며 TensorFlow.js로 학습한 모델을 사용한 흥미로운 애플리케이션들을 제공하므로 사전 학습된 TensorFlow.js 모델을 애플리케이션에서 어떻게 가져다 사용해야 할지에 대해 어느 정도 아이디어를 줄 것입니다.

`tfjs-models`는 주로 TensorFlow.js 커뮤니티에서 개발하며 실제로는 텐서플로 공식 깃허브 저장소에서 호스팅되고 있습니다. 하지만 텐서플로 커뮤니티 외부에서도 많은 TensorFlow.js 라이브러리가 제공되고 있습니다. 어떤 외부 라이브러리들이 있는지 살펴봅시다.

3.4 다양한 종류의 스토리지에서 데이터 불러오기

학습셋은 머신러닝 파이프라인에서 가장 핵심적인 구성 요소입니다. 다양한 종류의 데이터셋을 별다른 어려움 없이 불러올 수 있다면 생산성이 향상될 것입니다. **tfjs-data**는 텐서플로의 **tf.data**와 유사한 라이브러리로, 학습 데이터에 접근할 수 있는 획일적인 방법을 제공하여 간편하게 데이터를 불러올 수 있게 합니다. 이 라이브러리는 TensorFlow.js의 핵심 라이브러리에 포함되어 있으므로 @tensorflow/tfjs 모듈을 설치하면 tfjs-data도 같이 설치됩니다.

```
yarn add @tensorflow/tfjs
```

3.4.1 데이터 소스

TensorFlow.js는 다양한 데이터 소스를 사용할 수 있게 해주는 단일 액세스 계층인 tf.data.Dataset을 제공합니다. 계층의 데이터 구조는 데이터 변환을 손쉽게 수행할 수 있도록 각 샘플 데이터의 정렬된 모음으로 구성됩니다.

- **tf.data.array**: 자바스크립트 배열을 기반으로 생성된 데이터셋
- **tf.data.csv**: CSV 파일을 기반으로 생성된 데이터셋
- **tf.data.generator**: 자바스크립트 제너레이터 함수를 기반으로 생성된 데이터셋
- **tf.data.webcam**: 웹캠 입력을 기반으로 생성된 데이터셋

tfjs-data를 사용하면 이러한 데이터 형식들을 효율적으로 TensorFlow.js 모델에 주입할 수 있습니다.

3.4.2 웹캠

TensorFlow.js를 사용하면 얻을 수 있는 가장 큰 이점은 웹 브라우저를 데이터 소스로 사용할 수 있다는 점입니다. 대부분의 웹 브라우저는 웹캠 제어 API를 지원합니다. tfjs-data에는 웹캠에 접근하는 기본적인 래퍼인 tf.data.webcam도 포함되어 있습니다.

```javascript
import * as tf from '@tensorflow/tfjs';

async function webcamLaunch() {
  const display = document.getElementById('display');
  const videoElement = document.createElement('video');

  // 웹캠 이미지를 표시하기 위한 요소를 추가
  display.appendChild(videoElement);
  videoElement.width = 500;
  videoElement.height = 500;
```

```
    const webcamIterator = await tf.data.webcam(videoElement);

    // img: 입력 웹캠 이미지를 나타내는 텐서
    const img = await webcamIterator.capture();
    img.print();
}

webcamLaunch();
```

이 API는 웹캠 데이터에 접근하는 객체를 생성합니다. `webcamIterator.capture()` 함수는 카메라로 캡쳐된 이미지를 나타내는 텐서를 반환합니다. 위 예제 코드의 이미지는 [500, 500, 3]의 3차원 텐서이며 각 차원은 너비, 높이, 채널 수에 해당합니다. 이는 단순히 다차원 서수 ordinal 텐서일 뿐이므로 TensorFlow.js의 텐서 데이터 구조와 호환되는 모든 머신러닝 모델에 전달할 수 있습니다.

예제에서는 웹캠 입력이 video 요소의 자식으로 추가된 DOM과 직접 연결되어 있습니다. 출력 결과는 브라우저 페이지에서 실시간으로 확인할 수 있습니다.

```
<!DOCTYPE html>
<html>
  <head>
    <meta charset="utf-8">
    <meta http-equiv="X-UA-Compatible" content="IE=edge,chrome=1">
    <meta name="viewport" content="width=device-width, minimum-scale=1.0, initial-
scale=1, user-scalable=yes">
    <title>tfjs-data</title>
    <script src="data-load.ts" defer></script>
  </head>
  <body>
    <div id='display'></div>
  </body>
</html>
```

다음 절에서에서 다루겠지만, 이러한 방식의 실시간 데이터 소스는 웹캠 입력 데이터로 계속 예측을 수행하는 애플리케이션을 구현할 수 있게 해줍니다. 인체의 자세를 추정하는 데 웹캠 입력을 어떻게 활용할 수 있는지 살펴보겠습니다.

3.5 ML5.js를 이용한 자세 추정

ML5.js는 폭넓게 사용되는 TensorFlow.js 기반의 고수준 머신러닝 프레임워크로 학생이나 예술가들과 같은 다양한 배경의 사람도 쉽게 머신러닝에 접근할 수 있도록 설계되었습니다. 머신러닝에 익숙하지 않은 사람들은 일반적으로 알고리즘의 내부 원리보다는 그 결과에 더 흥미를 보이는 경향이 있습니다. 이들은 아마 알고리즘 최적화에 많이 신경 쓰지 않고도 효율적으로 동작하는 애플리케이션을 구현하고 싶어 할 것입니다. ML5.js는 내부적으로 TensorFlow.js를 사용하여 높은 성능을 달성하는 동시에 개발자에게 직관적인 인터페이스를 제공합니다.

ML5.js도 TensorFlow.js와 마찬가지로 **unpkg**와 같은 CDN으로 배포됩니다. 애플리케이션에 추가로 설치할 필요 없이 다음 코드처럼 사용하면 됩니다.

```
<!DOCTYPE html>
<html lang="en">
  <head>
  <title>Your ML5 application</title>
    <!-- unpkg에서 ML5를 바로 불러옴 -->
    <script src="https://unpkg.com/ml5/dist/ml5.min.js"></script>
  </head>
  <body>
    <script>
      console.log('ml5 version:', ml5.version);
    </script>
  </body>
</html>
```

3.5.1 지원 모델

TensorFlow.js의 일부 개발자가 ML5.js 프로젝트에도 참여하고 있기 때문에 ML5.js가 TensorFlow.js의 최신 개선 사항 및 기능을 지원할 것이라고 충분히 기대할 수 있습니다. 최신 버전의 ML5.js는 다음과 같은 알고리즘을 포함합니다.

종류	모델	설명
이미지	BodyPix	이미지 내 신체 부위 분절화 모델
이미지	CVAE	이미지 기반 생성 모델
이미지	DCGAN	이미지 기반 생성 모델
이미지	MobileNet	이미지 분류 모델
이미지	PoseNet	사람의 자세를 실시간으로 추정하는 모델
이미지	StyleTransfer	두 이미지의 스타일을 혼합
이미지	YOLO	최신의 빠른 객체 탐지 모델
이미지	Pix2Pix	이미지 변환 모델
이미지	KNN	k-최근접 이웃 알고리즘 기반의 분류기
텍스트	Sentiment	텍스트 감정 추론 모델
텍스트	Word2Vec	텍스트를 벡터 공간에 임베딩
오디오	SpeechCommand	WebAudio API 기반의 간단한 영단어 인식 모델
오디오	PitchDetection	소리의 음높이를 추론하는 모델

이 알고리즘들은 모두 `ml5-examples` 저장소(*https://github.com/ml5js/ml5-examples*)에 구현되어 있으며, 애플리케이션에서 알고리즘을 적용하는 데 사용하는 코드를 포함합니다.

예제 코드를 살펴보면서 ML5.js의 PoseNet이 어떻게 동작하는지 봅시다.

3.5.2 ML5.js의 PoseNet

PoseNet은 이미지나 영상에서 사람들의 자세를 추정하는 머신러닝 모델입니다. 기본 모델이 `tfjs-examples`에 포함되어 있긴 하지만, ML5.js는 **p5.js** 라이브러리와 함께 모델을 사용하는 더 직관적인 방법을 제공합니다. p5.js는 브라우저에서 돌아가는 인터랙티브 애플리케이션을 훨씬 손쉽게 구현할 수 있게 해줍니다. 또한 p5.js는 영상, 소리와 이미지를 제어할 수 있기 때문에 대부분의 ML5.js 기반 애플리케이션은 p5.js와 통합하여 사용하는 경우가 많습니다. PoseNet도 마찬가지로 p5.js API로부터 입력 영상을 전달받습니다. 다음 코드는 PoseNet 모델을 불러온 후 입력 영상의 자세를 추정합니다.

```
// 영상 설정
video = createCapture(VIDEO);
video.size(width, height);

// ML5.js에서 PoseNet 모델을 불러옴
// 생성한 웹캠 영상 객체로부터 입력을 받아옴
poseNet = ml5.poseNet(video, modelReady);

// 새로운 자세가 추정되면 PoseNet 모델이 동작함
// 추정 결과는 콜백 함수로 전달
poseNet.on('pose', function(results) {
  poses = results;
});
```

전역 변수 poses는 자세의 **키 포인트**key point들을 그리는 데 사용됩니다. 다음 함수는 영상의 키 포인트들을 렌더링하기 위해 주기적으로 호출되며, fill, noStroke, ellipse 같은 p5.js에서 제공하는 다양한 API를 사용합니다.

```
function drawKeypoints() {
  // PoseNet은 동시에 여러 자세를 추정할 수 있음
  for (let i = 0; i < poses.length; i++) {
    let pose = poses[i].pose;
    for (let j = 0; j < pose.keypoints.length; j++) {
      let keypoint = pose.keypoints[j];
      // 확률이 높은 좌표만 선택
      if (keypoint.score > 0.2) {
        fill(255, 0, 0);
        noStroke();
        // 키 포인트를 이미지에 표시
        ellipse(keypoint.position.x, keypoint.position.y, 10, 10);
      }
    }
  }
}

function drawStrokes() {
  for (let i = 0; i < poses.length; i++) {
    // skeleton: 키 포인트 사이의 간선
    let skeleton = poses[i].skeleton;
    for (let j = 0; j < skeleton.length; j++) {
      let start = skeleton[j][0];
```

```
        let end = skeleton[j][1];
        stroke(255, 0, 0);
        line(start.position.x, start.position.y, end.position.x, end.position.y);
      }
    }
  }
```

drawKeypoints 함수는 자세의 주요 좌표들(키 포인트)을 이미지에 표시해주며, drawStrokes 함수는 해당 좌표들 사이의 간선을 연결합니다.

이 함수들은 다음과 같은 이미지를 실시간으로 렌더링합니다.

회색 점들이 자세의 키 포인트에 해당합니다. 예제를 통해 ML5.js의 추론과 p5.js 렌더링 속도가 얼마나 빠른지 체험해볼 수 있으며, 성능 기준에 맞는 웹 머신러닝 애플리케이션을 만들기에 충분히 강력하다는 것을 알 수 있을 것입니다.

ML5.js를 이용한 ml5-examples의 모든 데모 애플리케이션은 인터넷에서 바로 사용해볼 수 있지만,[1] 개인 노트북으로도 손쉽게 돌려볼 수 있습니다. 모든 애플리케이션은 단순히 하나의 파일로 구성되어 있기 때문에 HTTP 서버에서 해당 파일을 호스팅하면 애플리케이션을 바로

---

1 옮긴이_ *https://editor.p5js.org/ml5/sketches*에서 인터랙티브 코딩 환경 및 애플리케이션을 바로 돌려볼 수 있는 환경을 제공합니다.

실행할 수 있습니다.

```
git clone https://github.com/ml5js/ml5-examples.git
cd ml5-examples
python -m http.server # Python 3에 해당
```

ML5.js는 이미지, 오디오나 텍스트와 같은 다양한 종류의 데이터를 다루는 애플리케이션을 지원하는 종합 머신러닝 프레임워크입니다. ML5.js는 말하자면 웹 머신러닝 애플리케이션을 개발할 때 사용할 수 있는 맥가이버 칼 같은 겁니다. 앞서 살펴본 것처럼 ML5.js를 사용할 수 있는 사례는 많습니다. 하지만 특별한 사용 사례를 위해 설계된 또 다른 프레임워크가 존재합니다. Magenta.js가 이에 해당하며, 3.6절에서 마젠타와 Magenta.js를 사용해봅시다.

3.6 Magenta.js로 고양이 그리기

마젠타^{Magenta}는 미술과 음악 분야에서 머신러닝 기술을 적용할 때 사용하는 오픈소스 프로젝트입니다. 주로 예술 분야에서 머신러닝 기술을 사용하는 데 열의를 가진 연구자나 예술가들이 사용하는 경우가 많습니다. 마젠타는 원래 텐서플로 파이썬 API의 일부로 개발되었지만 오디오나 이미지 애플리케이션을 돌리기에는 웹 플랫폼이 최적의 환경으로 인식되는 추세입니다. 이에 따라 마젠타는 TensorFlow.js와 함께 웹 개발을 위한 라이브러리에도 통합되었습니다. **Magenta.js**는 ML5.js와 유사하게 머신러닝 애플리케이션에서 사용할 수 있는 모델들을 모아 놓은 API로, 음악과 이미지 처리에 특화되어 있습니다. 사전 학습된 모델을 제공하기 때문에 처음부터 모델을 학습하는 데 소모될 시간을 절약할 수 있습니다.

Magenta.js는 크게 세 가지 주요 모듈, @magenta/music, @magenta/sketch, @magenta/image를 제공합니다. 명칭에서 알 수 있듯이 첫 번째는 오디오 애플리케이션을 위한 모듈이며 나머지는 이미지 처리 특히, 스케치 드로잉 및 스타일 변환을 위한 모듈입니다. 스케치 드로잉 애플리케이션을 직접 살펴보면서 이미지 애플리케이션 구현에서 Magenta.js를 어떻게 활용할 수 있는지 보겠습니다.

3.6.1 스케치 드로잉

스케치 드로잉 데모 애플리케이션을 먼저 다음 링크에서 체험해볼 수 있습니다(*https://magenta.tensorflow.org/assets/sketch_rnn_demo/index.html*).

이 애플리케이션은 가운데에 위치한 특정 도형에 획과 곡선을 추가하여 그림을 그립니다. 단순한 사각형 하나를 그려도 애플리케이션은 다음처럼 꽂게 그림을 완성하려고 할 것입니다.

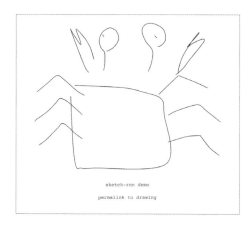

애플리케이션은 SketchRNN이라는 순환 신경망 모델을 사용합니다. **순환 신경망**recurrent neural networks(RNN)이란 텍스트나 획stroke 같은 순차 데이터에 특히 유용한 신경망으로 과거의 정보를 보고 가능한 미래를 예측합니다. 이 애플리케이션의 경우에는 SketchRNN 모델이 과거 획 움직임을 기반으로 확률 분포 함수probability distribution function(PDF)를 생성합니다.

다음은 SketchRNN의 동작 원리를 보여주는 그림입니다.

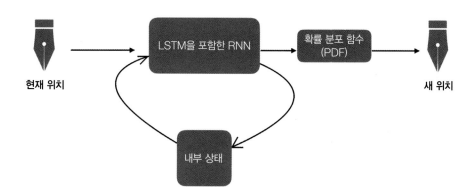

RNN은 2차원 공간상에서의 현재 위치의 x와 y 좌표를 나타내는 길이 2의 벡터를 전달받습니다. RNN은 내부 상태^{internal state}를 계산하여 다음 단계로 전달하고, 이후 확률 분포 함수로 전달합니다. 장단기 기억^{long short-term memory}(LSTM) 셀이 포함된 RNN은 이전 단계에서 생성한 내부 상태를 전달받아서 시간에 따라 변하는 정보를 보존합니다. LSTM은 이전 데이터 포인트들과의 의존성을 나타내는 기억을 보존하도록 설계된 신경망입니다. 일반적으로 순차 데이터에서 하나의 데이터 포인트는 이전 단계의 데이터 포인트에 의존적입니다. LSTM을 추가한 RNN은 과거 데이터 포인트를 기반으로 다음 상태를 예측하게 됩니다. 그러나 SketchRNN은 바로 다음 위치를 추정하지 않고 확률 분포 함수를 구합니다. 여기서의 확률 분포 함수는 RNN이 추정한 결과로 가능한 획을 나타내는 공간을 모사합니다. 애플리케이션은 이 확률 분포에서 다음 데이터 포인트를 뽑아냅니다. 따라서 RNN은 현재 위치와 이전 단계에서 생성한 내부 상태 정보를 기반으로 확률 분포 함수를 만듭니다.

yarn 혹은 npm으로 SketchRNN을 설치했다면 다음 코드를 사용하여 네트워크를 통해 사전 학습된 모델을 불러올 수 있습니다.

```
import * as ms from '@magenta/sketch';

// 새 스케치를 그리기 위한 모델을 불러옴
const model = new ms.SketchRNN(
  'https://storage.googleapis.com/quickdraw-models/sketchRNN/large_models/bird.
gen.json');
```

이 모델은 새의 스케치를 그리기 위한 모델입니다. 모델은 비동기로 불러오기 때문에 반드시 로딩이 완료된 후에 모델을 사용하는 코드를 작성해야 합니다. `initialize()` 함수는 프라미스 객체를 반환하므로 모델 로딩이 끝날 때까지 기다리는 콜백 함수를 작성하면 됩니다.

```
model.initialize().then(function() {
  // 스케일 인수는 신경망 출력 결과와 픽셀 공간 간의 배율을 조정함
  model.setPixelFactor(3.0);

  // State: 획의 [dx, dy, penDown, penUp, penEnd] 정보를 나타냄
  let [dx, dy, ...pen] = model.zeroInput();
  let modelState = model.zeroState();

  for (let i = 0; i < 10; i++) {
```

```
    // RNN은 현재 획 위치와 이전 상태 정보를 받아야 합니다.
    modelState = model.update([dx, dy, ...pen], modelState);

    // 확률 분포 함수 생성
    let pdf = model.getPDF(modelState, 0.45);

    // 확률 분포 함수에서 최종 출력 결과를 샘플링
    [dx, dy, ...pen] = model.sample(pdf);
    console.log(model.sample(pdf));
  }
});
```

이 코드에서 확인할 수 있듯이 매번 모델이 갱신될 때마다 현재 획 위치(dx, dy, pen)와 이전 내부 상태 정보(modelState)를 전달해야 합니다. 생성된 획을 그려보면 새bird 모양의 스케치가 나타날 것입니다. 이 코드는 샘플 10개만을 생성합니다. 확률 분포 함수가 생성한 포인트들을 시각화할 때에는 p5.js를 사용하면 됩니다. 이를 위해 **setup**과 **draw** 함수를 미리 준비해야 합니다. p5.js에서 드로잉 환경을 초기화하고 매 프레임 갱신마다 획을 갱신할 때 이 함수들을 사용하게 됩니다.

```
import * as ms from '@magenta/sketch';
import p5 from 'p5';

function sketch(p) {
  let modelLoaded = false;
  // 펜 움직임의 오프셋
  let dx, dy;
  // 초기 위치
  let x = p.windowWidth / 2.0;
  let y = p.windowHeight / 3.0;


  let pen = [0,0,0];
  // 펜 상태 [pen_down, pen_up, pen_end].
  let previousPen = [1, 0, 0];
  // 이전 펜 상태. 초기 상태는 pen down
  const PEN = {DOWN: 0, UP: 1, END: 2};
  let modelState;

  const model
    = new ms.SketchRNN("https://storage.googleapis.com/quickdraw-models/sketchRNN/
```

```
    models/cat.gen.json");

  p.setup = () => {
    const containerSize = document.getElementById('sketch').
getBoundingClientRect();
```

다음 코드는 드로잉을 위한 canvas를 초기화하고 페이지에 canvas 요소를 추가합니다.

```
    const screenWidth = Math.floor(containerSize.width);
    const screenHeight = p.windowHeight / 2;
    p.createCanvas(screenWidth, screenHeight);
    p.frameRate(60);

    model.initialize().then(() => {
      modelLoaded = true;
      model.setPixelFactor(3.0);
```

그리고 초기 펜 움직임과 상태 정보를 설정합니다.

```
      [dx, dy, ...pen] = model.zeroInput();
      modelState = model.zeroState();
    });
  }

  p.draw = () => {
    if (!modelLoaded) {
      return;
    }
```

다음으로는 SketchRNN의 내부 상태 정보를 갱신하고, 출력 샘플을 위한 확률 분포 함수를 생성합니다. 이후 확률 분포 함수를 사용하여 샘플링을 수행합니다.

```
    modelState = model.update([dx, dy, ...pen], modelState);
    const pdf = model.getPDF(modelState, 0.45);
    [dx, dy, ...pen] = model.sample(pdf);
```

만약 펜이 종이에 닿을 시점이라면 다음과 같이 선을 그립니다.

```
        if (previousPen[PEN.DOWN] == 1) {
          p.line(x, y, x+dx, y+dy);
        }

        x += dx;
        y += dy;

        previousPen = pen;
      }
    }

    // p5.js는 자동으로 드로잉 함수를 호출함
    new p5(sketch, 'SketchRNN');
```

모델 코드를 사용하려면 HTML 페이지도 준비해야 합니다. 캔버스 영역은 id가 sketch인
DOM에 추가됩니다.

```
<!DOCTYPE html>
<head>
  <script src="scripts/ch3.ts" defer></script>
</head>
<body>
  <div id='sketch'></div>
</body>
```

여기서는 고양이를 그리는 모델을 사용하므로, 애플리케이션이 그리는 이미지는 다음과 같이
생겼을 것입니다.

단지 코드 몇 줄만을 작성해서 이렇게 창의적인 애플리케이션을 만들 수 있다는 것이 정말 멋지지 않나요? 사전 학습된 모델과 유연한 프레임워크 덕분에 이러한 애플리케이션을 빠르게 만들 수 있습니다. 이 라이브러리는 이미지뿐만 아니라 오디오에서도 사용할 수 있습니다.

마지막으로는 폭넓게 사용할 수 있는 또 다른 라이브러리를 살펴보겠습니다.

3.7 machinelearn.js를 사용한 XOR 분류

machinelearn.js는 웹 플랫폼에서 돌아가는 또 하나의 머신러닝 프레임워크입니다. 이 프레임워크의 주요 특징은 단순성입니다. machinelearn.js는 원래 간단한 방식으로 머신러닝 알고리즘을 수행하여 복잡한 문제를 해결하기 위해 설계되었습니다. 단순성은 머신러닝에 익숙하지 않은 많은 개발자에게 매력적인 요소일 것입니다. machinelearn.js의 최신 버전은 다음과 같은 알고리즘을 포함합니다.

- 군집화clustering
  - k-평균
- 성분 분해decomposition
  - 주성분 분석principle component analysis(PCA)
- 분류classification
  - 배깅
  - 랜덤 포레스트
  - 로지스틱 회귀
  - 확률적 경사 하강법stochastic gradient descent(SGD)
  - 나이브 베이즈naïve Bayes
  - 서포트 벡터 머신support vector machine(SVM)
  - k-최근접 이웃
  - 결정 트리
- 회귀regression
  - 라소lasso

- 선형 회귀[linear regression]

- 능형 회귀[ridge regression]

- 확률적 경사 하강법

• 모델 선정

- k-폴드

- 학습 및 검증 데이터 분리

보다시피 machinelearn.js는 기존 머신러닝 프레임워크와 굉장히 유사합니다. 이 라이브러리에서 제공하는 알고리즘들은 ML5.js나 Magenta.js에 비해 훨씬 완성도가 높은 편입니다. 보편적인 목적으로 사용하고자 할 때 적합한 프레임워크라고도 할 수 있습니다. API는 사이킷런[scikit-learn] API와 유사하게 설계되었습니다. 예를 들어 모델을 학습할 때는 사이킷런과 동일한 방식으로 fit 함수를 사용합니다.

3.7.1 랜덤 포레스트 분류기

이번 절에서는 **랜덤 포레스트**[random forest] 분류기를 사용해서 분류를 수행하는 방법을 설명합니다. 다음 코드는 RandomForestClassifier를 사용하여 XOR 논리의 출력을 구현합니다.

```
import { RandomForestClassifier } from 'machinelearn/ensemble';

async function trainAndPredict() {

  // 2차원 입력
  const X = [
    [0, 0],
    [0, 1],
    [1, 0],
    [1, 1]
  ];

  // XOR 논리의 정답 출력값
  const y = [
    0,
    1,
    1,
    0
```

```
    ];

    const model = new RandomForestClassifier();
    model.fit(X, y);

    const result = model.predict(X);
    console.log(result);
}

trainAndPredict();
```

단순히 fit 함수의 모델에 입력 데이터와 정답값을 전달하기만 함으로써 학습이 된 모델을 얻을 수 있습니다. machinelearn.js의 모든 모델이 TensorFlow.js를 백엔드로 사용하는 것은 아니지만, machinelearn.js 프로젝트에서는 TensorFlow.js 자체의 성능이 향상됐을 때 얻을 수 있는 이점을 똑같이 반영할 수 있도록 라이브러리에서 핵심 구현부로 TensorFlow.js를 사용하도록 개선하고 있습니다.

다음 코드는 모델을 JSON 형식으로 내보내고, 해당 JSON 문자열을 JSON 객체로 변환한 후 객체로부터 모델을 불러옵니다.

```
// 모델을 일반 JSON 형식으로 내보냄
const modelStr = JSON.stringify(model.toJSON());

// JSON 문자열을 JSON 객체로 변환
const loadedModel = JSON.parse(modelStr);

// 주어진 JSON 객체로부터 모델을 불러옴
model.fromJSON(loadedModel);
```

machinelearn.js는 사람이 읽을 수 있는 모델 직렬화 형식을 정의합니다. 따라서 JSON을 지원하는 기존의 웹 API 플랫폼을 활용할 수 있기 때문에 학습한 모델을 네트워크를 통해 유연하게 공유할 수 있다는 강점을 지닙니다.

3.8 마치며

3장에서는 웹에서 돌아가는 몇 가지 머신러닝 프레임워크를 살펴봤습니다. `tfjs-models`와 Magenta.js는 주로 TensorFlow.js를 개발하는 같은 커뮤니티에서 개발을 담당하기 때문에 텐서플로에 자연스럽게 통합할 수 있습니다. 이 라이브러리들은 많은 최신 머신러닝 모델을 포함하며, 심지어 사전 학습된 모델 파라미터도 제공합니다. `tfjs-models`가 보편적인 목적의 사용 사례에 적합한 다양한 종류의 모델을 지원한다면, Magenta.js는 좀 더 예술적인 애플리케이션의 개발에 적합합니다. 개발하고자 하는 애플리케이션의 종류에 알맞은 머신러닝 모델을 찾을 수 있을 것입니다.

반면 ML5.js와 machinelearn.js는 더 고수준의 라이브러리에 속합니다. 이들은 전처리preprocessing나 차원 축소dimensionality reduction 같은 작업을 위한 머신러닝 모델을 학습할 수 있는 기본 파이프라인을 구축할 때 필수적인 툴이나 워크플로를 제공합니다. 게다가, 사용법과 인터페이스가 사이킷런이나 넘파이처럼 인기 있는 라이브러리와 유사합니다. 따라서 기존 머신러닝 라이브러리에 익숙하면서 일상 업무의 일환으로 머신러닝 시스템을 만들고자 하는 사용자들에게 매력적일 것입니다. 완성도 높은 머신러닝 모델을 구현한 라이브러리를 찾고 있다면, ML5.js와 machinelearn.js가 안정적인 선택지가 될 것입니다.

이후 장에서는 이러한 간단하고 실용적인 라이브러리를 사용하여 머신러닝 알고리즘을 구현해볼 것입니다. 단, 고수준의 라이브러리를 사용한다고 해서 해당 라이브러리의 특징과 언제 사용하면 좋을지를 잘 모르는 상태에서 사용해도 되는 것은 아닙니다. 최고의 성능을 달성하기 위해서는 알고리즘의 세부 내용을 이해하는 것이 항상 중요합니다. 머신러닝 모델이 어떻게 동작하는지 충분히 이해하고 코드를 작성한다면 얻을 수 있는 가장 깊은 통찰을 얻게 될 것입니다.

4장에서는 로지스틱 회귀를 사용한 분류 문제를 탐구해보겠습니다.

3.9 연습 문제

1. `tfjs-models`에서 PoseNet 데모 애플리케이션을 찾아서 로컬 환경에서 실행해보세요(*https://github.com/tensorflow/tfjs-models/tree/master/posenet*).
2. 캔버스 영역에서 클릭한 위치에 동그라미를 그리는 애플리케이션을 구현해보세요.

3. 다음 모델을 사용하여 주어진 이미지를 분류하는 애플리케이션을 만들어보세요.

  – `tfjs-models`의 MobileNet
  – ML5.js의 이미지 분류기(`ml5.imageClassifier`)

4. SketchRNN을 사용하여 다음 작업을 수행해보세요.

  – 모델을 사용하여 새 그려보기
  – 확률 분포 함수의 `temperature` 파라미터를 조정했을 때 생성된 이미지가 어떻게 변하는지 확인해보기

5. machinelearn.js의 `RandomForestClassifier`를 사용하여 OR, AND, NAND 논리 결괏값을 예측하는 모델을 학습시켜보세요.

6. machinelearn.js를 사용하여 전처리를 포함한 파이프라인을 다음 내용을 기반으로 구성해보세요.

  – 입력은 machinelearn.js에서 제공하는 Iris 데이터셋 사용
  – `RandomForestClassifier` 모델 사용
  – 모델 평가에는 `train_test_split` 함수 사용
  – 모델 평가 지표는 `accuracyScore`를 사용

3.10 더 읽을거리

- **tfjs-models**: *https://github.com/tensorflow/tfjs-models*
- **MobileNet**: *https://arxiv.org/abs/1704.04861*
- **tfjs-data**: *https://github.com/tensorflow/tfjs-data*
- **tfjs-examples**: *https://github.com/tensorflow/tfjs-examples*
- **unpkg**: *https://unpkg.com/*
- **jsDelivr**: *https://www.jsdelivr.com/*
- **ml5.js**: *https://ml5js.org/*
- **p5.js**: *https://p5js.org/*
- **Magenta**: *https://magenta.tensorflow.org/*
- **LSTM**: *ftp://ftp.idsia.ch/pub/juergen/lstm.pdf*
- Ha, David, and Douglas Eck. 'A neural representation of sketch drawings.'arXiv preprint arXiv:1704.03477(2017): *https://arxiv.org/abs/1704.03477*
- **machinelearn.js**: *https://github.com/machinelearnjs/machinelearnjs*

TensorFlow.js를 활용한 실제 애플리케이션 사례

2부에서는 TensorFlow.js를 사용하여 애플리케이션을 구현하는 방법을 설명합니다. 이미지 분류와 같은 흥미로운 사례도 소개합니다. 또한 TensorFlow.js API가 어떻게 활용될 수 있는지도 살펴봅니다. 이외에도 TensorFlow.js에서 k-평균 알고리즘을 구현하는 방법과 마르코프 결정 과정 문제를 푸는 데 벨먼 방정식을 적용하는 방법에 대해 배워볼 것입니다.

Part II

TensorFlow.js를 활용한 실제 애플리케이션 사례

## CHAPTER 4

다항 회귀

이 책의 목표는 TensorFlow.js를 사용하여 머신러닝 애플리케이션을 구현하는 것을 돕는 종합 안내서가 되는 것입니다. 지금까지는 웹 플랫폼의 기초와 TensorFlow.js 개요를 살펴봤습니다. 머신러닝 애플리케이션 구현에 필요한 추가 지식과 구성 요소에 관해서는 이후에도 소개하겠지만 지금까지 배운 내용이 그 기반이 될 것입니다.

4장부터는 TensorFlow.js를 사용하여 실제 머신러닝 애플리케이션을 구현해볼 것입니다. 먼저 이번 장에서는 간단한 다항 회귀 모델을 구현하는 방법을 설명합니다. 그 과정에서 머신러닝 애플리케이션의 옵티마이저나 손실 함수 같은 기본 구성 요소와 이들을 TensorFlow.js 플랫폼에서 어떻게 사용하는지 배우게 될 겁니다. 이를 위해 먼저 2차원 사인 곡선에 피팅되는 다항 회귀 모델을 구현해보겠습니다.

4장은 다음의 주제를 다룹니다.

- 다항 회귀란?
- 2차원 곡선 피팅

4.1 개발 환경

4장에서는 다음과 같은 개발 환경이 필요합니다.

- TensorFlow.js
- 웹 브라우저(크롬 권장)
- 자바스크립트/타입스크립트

4.2 다항 회귀란?

다항 회귀가 무엇인지 알아봅시다. **다항 회귀**polynomial regression는 주어진 데이터셋의 목푯값을 예측하는 데 사용하는 머신러닝 알고리즘입니다. 지도학습의 일종이기도 합니다. 지도학습에 속하는 알고리즘은 특성 벡터feature vector와 목푯값target value을 포함하는 학습셋을 입력으로 받습니다. 알고리즘은 새로운 목푯값을 예측하는 모델을 구성하고, 이렇게 예측된 목푯값은 다시 새로운 입력 특성값feature으로 사용됩니다. 다항 회귀에 관해 배우기 전에 먼저 지도학습이 무엇인지 알아봅시다.

4.2.1 지도학습

학습셋이 특성 벡터와 목푯값(레이블label이라고도 불립니다)으로 구성되는 머신러닝 문제를 **지도학습**supervised learning이라고 합니다. 지도학습에서는 목푯값을 명시적으로 지정해줘야 합니다. 학습셋은 목푯값 벡터뿐만 아니라 특성 벡터도 포함해야 합니다. 다음 다이어그램에서 볼 수 있듯이, 지도학습 알고리즘은 학습 단계에서 특성 벡터와 목푯값을 포함하는 학습셋을 사용하여 모델을 생성합니다. 예측 단계에서는 주어진 특성 벡터에 해당하는 목푯값을 예측하게 됩니다.

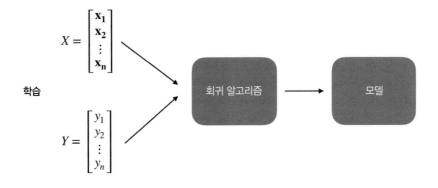

머신러닝 애플리케이션 프로세스는 크게 지도학습, 비지도학습, 강화학습의 세 종류로 나뉩니다. 지도학습에서는 일반적으로 분류나 회귀 문제를 해결합니다. 손글씨 숫자 인식 문제 같은 분류 문제에서는 입력 벡터를 별개의 카테고리로 매핑하는 것이 쉽지 않습니다. 출력이 연속적인 값일 경우에는 회귀 문제에 해당합니다.

회귀 문제에서는 학습셋에는 포함되지 않는 주어진 다차원 벡터로부터 연속적인 목푯값을 추론해야 합니다. 이에 따라 모델은 알려지지 않은 목푯값을 정확히 예측하기 위해 어느 정도의 일반성을 가져야 합니다. 이것이 바로 지도학습의 주된 목표입니다.

4.2.2 단순한 선형 모델

회귀 모델은 주어진 변수 집합이 나타내는 정보를 사용하여 목푯값을 예측하는 머신러닝 모델입니다. 이 모델의 목표는 설명 변수explanatory variable 와 목푯값 간의 관계를 통계적인 모델로 나타내는 것입니다.

단 하나의 설명 변수만을 사용하는 선형 모델을 구성하고 싶다고 가정해봅시다. 예시에서 x는 설명 변수, y는 예측해야 하는 목푯값을 나타냅니다. 아래 그래프에서 회색 점은 학습을 위해 마련한 샘플 데이터입니다.

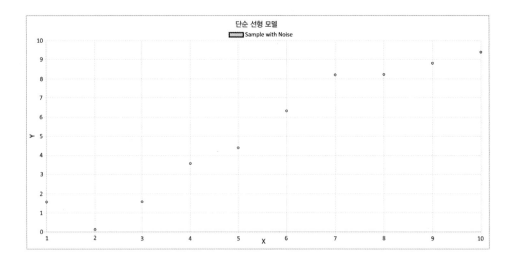

여기서 목표는 가능한 한 샘플 데이터셋을 잘 나타내는 선을 만드는 것입니다. 가장 기본적인 선형 모델은 다음과 같이 표현할 수 있습니다.

$$y = ax + b$$

학습시켜야 하는 파라미터는 특성값들과 선형적인 관계에 있으며, 이를 **선형 모델**linear model이라고 부릅니다. 이 선형 모델은 2차원 그래프에서 직선 모양으로 그려지며, 정상적으로 학습되기 위해서는 주어진 x와 y 값에 최대한 잘 맞는 직선이 되도록 a와 b 값을 추정해야 합니다. 다음 그래프는 올바르게 추정했을 때 모델이 어떻게 그려지는지 보여줍니다. 그래프 범례에서 Target이라는 이름이 붙은 직선은 샘플 데이터셋의 대부분의 점과 가까우므로, 샘플 데이터의 기본 패턴을 나타내는 모델이라고 볼 수 있겠습니다. 만들어진 모델이 충분히 일반적이라면, 알려지지 않은 x 값에 대해서도 목푯값 y를 예측할 수 있게 됩니다. 이번 모델에서 $a = 1.0$, $b = 0.0$으로 추정되었으므로 $x = 11$일 때의 목푯값은 앞서 나온 선형 모델에 a, b, x를 각각 대입하여 $1.0 * 11 + 0.0 = 11$에 따라 11로 구할 수 있습니다. 이것이 바로 머신러닝 모델에서 이루어져야 할 작업입니다.

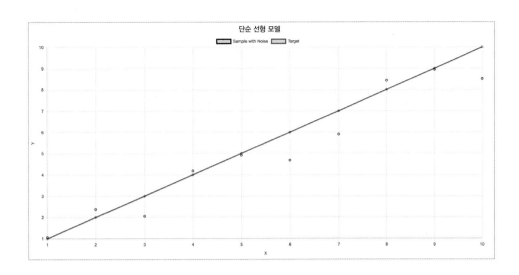

이미 눈치챘을 수도 있지만 이 모델은 복잡한 패턴을 가진 데이터셋을 나타내기에는 표현력이 좋지 않습니다. 1차식에서는 사용할 수 있는 자유 파라미터 수가 적기 때문에 표현이 제한적입니다. a와 b만 학습에 사용할 수 있는 셈이죠. 그렇다면 다음 곡선이 포함하는 샘플 데이터를 사용해서 목푯값을 예측하는 것이 가능할까요? 다시 말해, 다음 사인 곡선이 포함하는 샘플 데이터만을 학습하여 맞는 값을 예측할 수 있을까요?

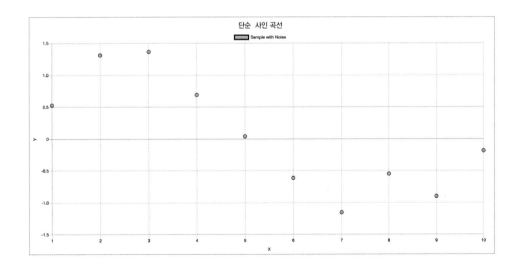

위 샘플 데이터셋에 단순한 선형 모델을 사용하면 성능이 굉장히 안 좋을 겁니다. 다음 절에서는 더 복잡한 패턴의 데이터를 예측할 수 있는 더 일반적인 다항 모델을 살펴보겠습니다.

4.2.3 일반 다항 모델

다항 모델은 선형 회귀 모델의 일반화된 형태입니다. 선형 회귀 모델은 설명 변수의 1차항까지를 포함하는 선형 방정식으로 나타낼 수 있습니다. 다항 회귀 모델은 보다 좋은 표현력을 가질수 있도록 더 높은 차수의 항들을 포함합니다. 다항 회귀 모델은 수학적으로 다음과 같이 나타낼 수 있습니다.

$$f(x) = y = w_0 + w_1 x + w_2 x^2 + \cdots + w_n x^n = \sum_{j}^{M} w_j x^j$$

이론적으로 다차항의 개수가 무한이라면 어떠한 함수든 표현할 수 있습니다. 이는 모델에 다차항을 계속 추가하기만 하면 모델이 어떤 샘플이든 피팅[fitting][1]할 수 있다는 것을 의미합니다. 다항회귀 모델이 이전 절에서 나왔던 곡선처럼 더 복잡한 데이터를 나타낼 수 있는지 보겠습니다.

그러나 그 전에 논해야 할 문제가 하나 있습니다. 주어진 샘플을 피팅하기 위해서 방정식의 적정 w들은 어떻게 구해야 하는 걸까요? 일반적으로 머신러닝 알고리즘에서 최적 파라미터(w 값들)를 찾으려면 두 개의 요소를 정의해야 합니다. 바로 손실 함수와 옵티마이저입니다.

4.2.4 손실 함수

손실 함수[loss function]는 예측 결과와 샘플 데이터셋 간의 오차를 정의하는 함수입니다. 함수의 값은 모델 파라미터(w_j), 샘플 데이터셋(X)과 목푯값(Y)을 사용하여 계산합니다. 따라서 최소화해야 하는 손실 함수는 다음과 같이 나타낼 수 있습니다.

$$E(\mathbf{w}, X, Y)$$

특성 데이터셋과 목푯값(X와 Y)은 사전에 주어지기 때문에 최적화[optimization] 과정에서 제어할수 있는 파라미터는 모델 파라미터인 w밖에 없습니다. 학습의 최종 목적은 손실 함수 E가 최적(최소)의 값을 가지는 파라미터를 찾는 것입니다. 다시 말해, 머신러닝의 목적은 최소 손실

---

[1] 옮긴이_ 머신러닝 모델이 학습셋의 데이터를 수학적으로 표현하게 만드는 것을 해당 데이터에 피팅한다고 합니다. 학습셋의 데이터를 과하게 피팅하면 오버피팅, 부족하게 피팅하면 언더피팅이라고 하며, 다음 절에서 더 상세히 설명합니다.

함수의 값을 반환하는 모델 파라미터를 찾는 것입니다.

앞서 언급한 곡선 피팅 문제에서 사용할 손실 함수는 평균 제곱 오차^{mean squared error}로 정의할 수 있습니다.

$$E(\mathbf{w}) = \frac{1}{2N} \sum_{n}^{N} (f(x) - y)^2$$

모델의 예측값은 주어진 특성값($\boldsymbol{x}$)과 파라미터($\mathbf{w}$)를 사용하여 구해집니다. 위 예시를 보면 손실 함수 E의 미분 함수를 계산하면 최적해를 구할 수 있다는 것을 알 수 있습니다. 하지만 일반적으로, 분석적인 방법으로 최적해를 찾아서 그에 맞는 최적 파라미터를 구하는 것은 굉장히 어려운 일입니다. 항상 분석적으로 손실 함수를 계산할 수는 없기 때문에 최적해 혹은 그에 가까운 값을 찾을 수 있는 모든 함수를 손실 함수로 사용할 수 있습니다.

따라서 머신러닝 모델에서의 최적 파라미터를 구할 때 목적 함수^{objective function}[2]를 최적화하는 반복 방식을 사용하는 것이 일반적입니다. 반복 방식이 항상 전역 최적해^{global optimum}에 도달하는 것은 아니지만, 미분 가능한 거의 모든 종류의 목적 함수에 적용할 수 있습니다. 반복 최적화 알고리즘은 미분 함수로 계산한 기울기를 사용하기 때문입니다.

이제 목표가 명확해졌습니다. 미분 가능한 손실 함수 E의 최적해를 구하는 것이죠. 그렇다면 어떤 알고리즘을 사용하면 최적해를 효율적으로 구할 수 있을까요?

4.2.5 머신러닝을 위한 옵티마이저

반복^{iteration} 과정을 어떻게 처리할지 결정하는 알고리즘을 **옵티마이저**^{optimizer}라고 부릅니다. 옵티마이저는 초기에 유추한 값을 기반으로 예상 최적값을 지속적으로 개선해나갑니다. 각 반복에서 이전 값보다 더 나은 값을 제공함으로써 반복을 통해 최적값을 찾을 수 있도록 해줍니다. 머신러닝에서 주로 사용하는 최적화 알고리즘들은 **경사 하강법**^{gradient descent}에서 유래되었습니다. 경사 하강법은 목적 함수의 1차 기울기를 구하여 다음 반복에서 어느 방향으로 움직여야 할지

---

2   옮긴이_ 앞에서 설명한 손실 함수의 다른 표현입니다. 일반적으로 손실 함수(loss function), 비용 함수(cost function), 목적 함수 (objective function)는 거의 유사한 의미로 사용합니다. 단, 모델이 최적화해야 하는 목적 함수로 다양한 손실 함수 혹은 비용 함수를 사용할 수 있다는 점에서 목적 함수를 더 상위 개념으로 볼 수도 있겠습니다.

찾아주는 반복 최적화 알고리즘입니다. 목적 함수를 $E(\mathbf{w})$, 조정해야 할 파라미터가 $\mathbf{w}$라고 합시다. 이때 경사 하강법 알고리즘은 다음과 같이 정의할 수 있습니다.

$$\mathbf{w}_{i+1} = \mathbf{w}_i - \alpha\nabla E(\mathbf{w}_i)$$

i는 반복 수, α는 매 반복 시마다 파라미터가 갱신되는 정도, 그리고 ∇E는 현재 지점의 기울기를 의미합니다. 위 식을 보면 매 반복 시마다 기울기값이 빠지면서 $\mathbf{w}_i$가 갱신됨을 알 수 있습니다. 하이퍼파라미터인 α 값이 충분히 작으면 $\mathbf{w}_{i+1}$일 때의 목적 함수 E 값은 더 작아질 것입니다. 그 이유는 뭘까요? 테일러 급수 전개에 의해, 현재 목적 함수의 값과 다음 목적 함수의 값 간의 차이는 다음과 같이 나타낼 수 있습니다.

$$\begin{aligned}
E(\mathbf{w}_{i+1}) - E(\mathbf{w}_i) &= E(\mathbf{w}_i - \alpha\nabla E(\mathbf{w}_i)) - E(\mathbf{w}_i) \\
&= \alpha\left(\nabla E(\mathbf{w}_i)^T(-\nabla E(\mathbf{w}_i)) + \frac{o(\alpha)}{\alpha}\right) \\
&= \alpha\left(-|\nabla E(\mathbf{w}_i)|^2 + \frac{o(\alpha)}{\alpha}\right)
\end{aligned}$$

식에서 α가 충분히 작으면 E 값이 작아짐을 볼 수 있습니다. $\alpha \to 0$이면 $o(\alpha)/\alpha \to 0$이기 때문입니다. 따라서 최적화 문제에서는 알파를 적합한 값으로 조정하는 것도 무척 중요합니다. 이 과정을 하이퍼파라미터 튜닝이라고 부릅니다. 이 책에서 알파값을 구하는 방법을 자세히 다루지는 않겠지만, 최적화 과정에서 별로 좋은 성과가 보이지 않는다면 하이퍼파라미터인 알파를 조정해볼 여지가 있다는 점은 기억하기 바랍니다. 다음과 같은 관례도 간단하면서도 좋은 방법입니다.

- 손실값이 위아래로 진동하는 양상을 보이면, 더 작은 알파값을 사용합니다.
- 많은 반복 횟수에도 불구하고 손실값이 수렴하지 않으면, 더 큰 알파값을 사용합니다.

최적화 알고리즘 전반의 의사코드pseudocode는 다음과 같습니다. 한 번 파라미터 초깃값을 임의의 값으로 설정해주면 알고리즘은 매 반복마다 계속해서 파라미터값을 갱신할 것이며, 결국 최적값에 도달할 것입니다.

```
w, alpha 초기화
i = 0
while true
  w가 충분히 적합한 값이 되면 반환
  d = gradient(E, w, i)
  w = w - alpha * d
  i += 1
end
```

목적 함수를 여러 단계의 집합으로 표현한다면, 알고리즘이 동작하면서 파라미터를 튜닝하는 과정은 다음과 같이 나타낼 수 있을 것입니다.

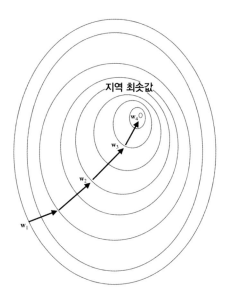

반복할 때마다 목적 함수가 감소한다면, 값의 이동은 다음과 같이 단조 감소 과정이 될 것입니다.

$$E(\mathbf{w}_1) > E(\mathbf{w}_2) > E(\mathbf{w}_3) > \cdots > E(\mathbf{w}_i) > \ldots$$

바람대로라면 $\mathbf{w}_i$ 값의 시퀀스가 지역 최솟값local minimum에 수렴해야 합니다. 목적 함수가 전 과정을 성공적으로 완료하기 위해서는 몇 가지 가정(미분가능, 볼록 함수convex function[3] 등)이 필요

---

3 옮긴이_ 볼록 함수는 아래로 볼록한 모양의 함수입니다. 볼록 함수 문제에서는 최적화 기법으로 구할 수 있는 최적값이 하나만 존재하며, 항상 전역 최솟값이 존재합니다.

하지만, 머신러닝 애플리케이션에서 흔히 사용하는 손실 함수는 이러한 가정들을 기본적으로 충족합니다.

이번 예제에서 최적화의 목적은 손실 함수 E의 최솟값을 찾는 것입니다. 그러나 경우에 따라 목적 함수의 최댓값을 찾고 싶을 수도 있습니다. 목적 함수의 값을 증가시키고 싶다면, 기존 함수가 원래 함수가 음수를 반환하도록 목적 함수를 다시 작성하면 됩니다.

$$E'(\mathbf{w}) = -E(\mathbf{w})$$

옵티마이저를 사용하면 목적 함수의 모양에 별로 신경 쓰지 않으면서 최적값을 찾을 수 있습니다. 일반적으로는 손실 함수를 정의한 후 사용하는 라이브러리에서 제공하는 옵티마이저 목록에서 하나를 선택하면 될 것입니다. 단, 실제 사용 단계에서는 어떤 옵티마이저를 선택하느냐에 따라 최종 정확도와 수렴 속도에 상당한 차이가 있을 수 있습니다.

4.2.6 TensorFlow.js에서 지원하는 옵티마이저

경사 하강법 알고리즘에는 다양한 방법으로 개선된 버전이 존재합니다. 다음은 TensorFlow.js에서 지원하는 옵티마이저 목록입니다.

- 확률적 경사 하강법stochastic gradient descent
- 모멘텀momentum
- AdaGrad
- AdaDelta
- 애덤Adam
- Adamax
- RMSprop

이들은 기본적으로 기본 경사 하강법 알고리즘에서 파생되었지만, 반복 학습 시에 갱신되는 값을 계산하는 방법이 다릅니다. 예를 들어 모멘텀은 주로 지역 최솟값 근처에서 발생하는 손실값의 진동에 대응할 수 있는 알고리즘으로, 더 빠른 수렴을 기대할 수 있습니다. 모멘텀 알고리즘에서 갱신되는 파라미터값은 다음과 같이 구합니다.

$$\Delta \mathbf{w}_i = -(1 - \mu)\alpha \nabla E(\mathbf{w}_i) + \mu \Delta \mathbf{w}_{i-1}$$
$$\mathbf{w}_{i+1} = \mathbf{w}_i + \Delta \mathbf{w}_i$$

가장 주목할 만한 변화는 첫 번째 식에서 확인할 수 있습니다. 현재 반복에서의 경사뿐만 아니라, 이전 갱신값과의 가중 평균도 함께 계산합니다. 이렇게 함으로써 경사가 완만한 곳에서도 가중치 파라미터가 지속적으로 갱신되도록 이전 반복에서의 갱신값을 보존합니다.

여기까지 살펴본 것처럼 옵티마이저는 각자 다른 성능 특성을 지니고 있으며, 사용하는 모델에 맞추어 옵티마이저의 하이퍼파라미터도 함께 튜닝해야 합니다. 딥러닝 모델에서는 일반적으로 애덤 알고리즘을 사용하는데, 수렴이 빠르며 대체로 높은 정확도를 달성하기 때문입니다. 수많은 선택지가 존재하기 때문에 상황에 가장 적합한 옵티마이저를 찾으면 됩니다.

이제 사인 곡선을 모사하는 다항식을 유도하는 방법을 배워보겠습니다.

4.3 2차원 곡선 피팅

이번 절에서는 다항식 모델을 사용하여 주어진 2차원 곡선을 피팅하는 애플리케이션을 구현해 볼 것입니다. 앞서 다항 회귀 모델의 항들의 합을 계산할 수만 있으면 어떤 함수든 모사할 수 있다는 점을 배웠습니다. 2차원 다항 모델을 사용하게 되면 예측 결과가 어떻게 나오는지 한번 살펴봅시다.

4.3.1 데이터셋 준비

먼저 데이터셋을 준비합니다. 데이터셋은 2차원 공간에서의 x와 y를 나타내는 두 개의 숫자 시퀀스를 포함합니다. 모델이 예측해야 하는 목푯값은 데이터셋의 각 점을 포함하는 사인 곡선입니다. 실세계와 최대한 유사한 환경을 구성하기 위해 목푯값에 가우시안 랜덤 노이즈Gaussian random noise을 추가하겠습니다.

tf.randomNormal은 정규 분포에서 값을 샘플링하는 함수로, 함수를 통해 구한 값들을 기존 사인 함수의 값에 더해주기만 하면 노이즈 데이터를 생성할 수 있습니다.

```
import * as tf from '@tensorflow/tfjs';

const doublePi = tf.scalar(2.0 * Math.PI);

// x의 시퀀스
const xs = tf.mul(doublePi, tf.range(-0.5, 0.5, 0.01));

// y는 가우시안 노이즈를 더한 사인 곡선
const noise = tf.randomNormal([xs.size]).mul(0.05);
const ys = tf.sin(xs).add(noise);
```

이 코드를 수행하면 다음과 같은 데이터가 생성될 것입니다.

위 그래프는 $(-\pi, \pi)$ 범위 내에서의 사인 곡선에 해당합니다. 각 점이 노이즈로 인해 위아래로 진동하고 있음을 확인할 수 있습니다. 이제 목적은 다음 조건을 충족하는 함수 $f(x)$를 찾는 것입니다.

$$y = f(x) = \sin(x)$$

다항 모델은 2차원 곡선을 피팅할 수 있는 모델입니다.

4.3.2 2차 다항 모델 적용하기

모델이 사인 함수를 모사할 수 있게 되면 주어진 모든 입력에 대한 사인값을 예측할 수 있습니다. 2차 다항 회귀 모델은 다음과 같이 구성할 수 있습니다.

```
const w0 = tf.scalar(Math.random() - 0.5).variable();
const w1 = tf.scalar(Math.random() - 0.5).variable();
const w2 = tf.scalar(Math.random() - 0.5).variable();

// f(x) = w2*x^2 + w1*x + w0
const f_x = x => {
  return w2.mul(x).mul(x)
  .add(w1.mul(x))
  .add(w0);
}
```

이로써 최적화 과정을 통해 조정하게 될 2차 함수를 정의했습니다. 학습시킬 변수를 명시적으로 지정해주기 위해서는 TensorFlow.js의 variable 함수를 사용해야 합니다. 먼저 균등분포에서 샘플링한 임의의 값들로 변수들을 초기화했습니다. 옵티마이저는 자동으로 학습 가능한 변수를 찾아서 반복을 통해 파라미터를 조정합니다. 이 코드의 경우 학습 가능한 파라미터는 a, b, c가 될 겁니다.

$$f(x) = w_2 x^2 + w_1 x + w_0$$

4.3.3 평균 제곱 오차를 사용한 손실 함수

다음으로 최적화해야 할 목적 함수로 사용할 손실 함수를 정의해야 합니다. 회귀 문제에서는 흔히 **평균 제곱 오차**mean squared error(MSE)를 손실 함수로 사용합니다. 평균 제곱 오차는 다음과 같이 구할 수 있습니다.

$$E(\mathbf{w}) = \frac{1}{n} \sum_{i}^{n} (y_i - f(x_i))^2$$

단순히 목푯값과 모델 예측값 간의 차이의 평균을 구하는 수식입니다. 손실 함수의 경사는 다음과 같이 구한 후, 손실값을 갱신하게 됩니다.

$$\mathbf{w} = \begin{pmatrix} w_2 \\ w_1 \\ w_0 \end{pmatrix}$$

$$\nabla E(\mathbf{w}) = -\sum_{i}^{n} 2(y_i - f(x_i)) \begin{pmatrix} x^2 \\ x \\ 1 \end{pmatrix}$$

TensorFlow.js에서는 MSE 손실 함수를 다음과 같이 정의하면 됩니다.

```
const loss = (pred, label) => pred.sub(label).square().mean();
```

여기까지 다항 모델과 손실 함수를 정의했습니다. 이제 파라미터를 반복적으로 갱신할 수 있도록 모델을 위한 옵티마이저를 구성할 차례입니다. 최적값에 빠르게 수렴하는 애덤 옵티마이저를 사용해보겠습니다.

```
const learningRate = 0.3;
const optimizer = tf.train.adam(learningRate);
```

애덤 옵티마이저를 사용하려면 네 개의 하이퍼파라미터를 튜닝해야 합니다.

- `alpha`: 학습률
- `beta1`: 1차 모멘텀 추정에 사용되는 지수적 감쇠율
- `beta2`: 2차 모멘텀 추정에 사용되는 지수적 감쇠율
- `epsilon`: 수치 안정성에 사용되는 작은 값의 상수

손실 함수가 반환하는 최종값이 만족스럽지 않다면 위 파라미터를 튜닝해볼 적기가 온 것입니다. 이때 학습률에 해당하는 `alpha`를 가장 먼저 튜닝할 것을 권장하는데, 학습률은 대부분의 옵티마이저가 가지고 있는 기본 하이퍼파라미터이기 때문입니다. 그렇다면, 학습률에 변화를 줬을 때 반복 과정이 어떻게 동작하는지 살펴봅시다.

4.3.4 최적화 과정 자세히 들여다보기

옵티마이저가 제공하는 `minimize` 함수가 최적화를 처리합니다. 이 함수는 최적화 과정의 매 반복마다 호출됩니다. 그러므로 손실 함수의 반환값이 수렴할 때까지 여러 번 호출해야 합니다.

```
for (let i = 0; i < 100; i++) {
  const l = optimizer.minimize(() => loss(f_x(xs), ys), true);
  losses.push(l.dataSync());
}
```

`minimize` 함수가 각 반복에서의 손실값을 담고 있는 텐서를 반환하기 때문에 학습 과정에서 손실 함수의 히스토리를 시각화할 수 있습니다. 다음 그래프는 최적화 과정을 100회 반복했을 때의 손실값의 변화를 보여줍니다.

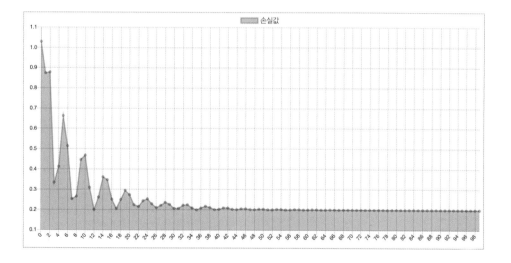

위 그래프는 손실값이 0.2 부근에서 수렴한다는 것을 보여줍니다. 반복 수를 더 늘리더라도 최종 손실값에는 변화가 없을 것 같습니다. 같은 옵티마이저로 학습률을 변경해보면 어떨까요? 다음은 0.03을 학습률로 사용했을 때의 손실값 변화를 보여줍니다.

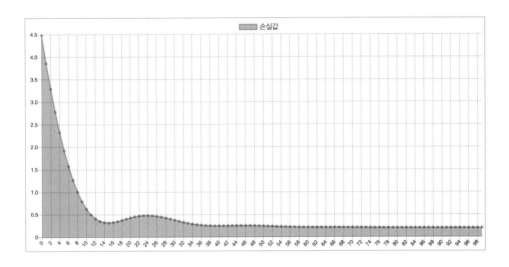

위 그래프에서 확인할 수 있듯이, 곡선이 이전 그래프보다 완만해졌습니다. 일반적으로 큰 값의 학습률을 사용하게 되면 반복마다 최솟값 지점을 기준으로 양쪽 경사로의 손실값 도약이 일어나기 때문에 지역 최솟값 부근에서 진동을 야기할 수 있습니다. 더 작은 값의 학습률을 사용하면 반복 과정에서 손실값이 지속적으로 감소하기 때문에 손실값 그래프도 완만해지게 됩니다.

4.3.5 곡선 피팅

최종 2차 다항 모델로 그려지는 곡선은 다음과 같습니다.

안타깝게도 모델이 사인 곡선에 잘 피팅된 것처럼 보이지는 않습니다. 학습 과정에서는 손실 함수가 지속적으로 감소하면서 학습이 잘 이루어지고 있는 것처럼 보였는데 말입니다. 사실 학습 과정 자체에는 문제가 없습니다. 문제는 현재 선택한 모델에 있습니다. 사인 곡선은 단순한 2차 다항 모델로 표현하기에는 너무 복잡합니다. 모델은 주어진 사인 곡선을 나타내기에 충분한 표현력을 갖고 있지 않습니다. 이러한 문제를 가리켜 '고편향 모델로 언더피팅'했다고 표현합니다.

언더피팅underfitting이란 알고리즘이 출력 모델을 과하게 단순화시켜 모델이 학습 데이터셋에마저도 피팅하지 못하게 된 상태를 의미합니다. 이런 경우 학습 및 검증 셋 모두에서 항상 높은 오차율을 보이게 됩니다. 이러한 현상은 주어진 데이터셋이 지닌 복잡한 패턴을 단순한 모델을 사용하여 피팅하려고 하거나, 데이터양이 충분하지 않을 때 나타납니다.

이를 극복하기 위해서는 2차 다항 모델보다 표현력이 좋은 모델을 선택해야 합니다. 그렇다면 3차 다항 모델을 사용해봅시다.

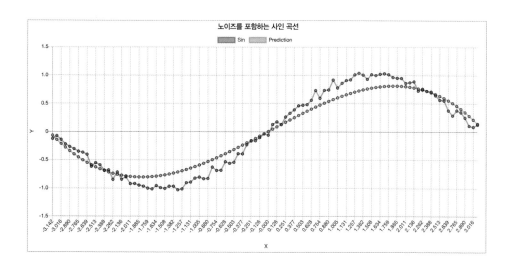

3차 모델이 그려낸 곡선은 사인 곡선을 거의 완벽하게 피팅하였으며, 사인 곡선의 정점과 일치하는 두 개의 정점도 분명히 표현한 것을 볼 수 있습니다. 실제로 예측 결과를 사용하여 계산한 전체 손실값(MSE)도 2차 모델보다 훨씬 작아졌습니다.

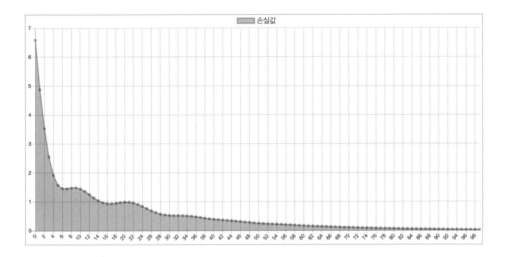

그렇다면 다항 모델의 차수를 더 증가시키면 손실값이 훨씬 더 작아질까요? 이 경우에는 그렇지 않습니다. 단순히 모델의 복잡도를 증가시키는 것은 상황을 더 안 좋게 만들 것입니다. 6차 다항 모델을 나타내는 다음 그래프에서 확인할 수 있습니다.

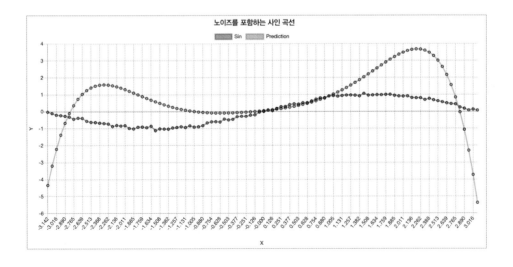

이러한 문제는 앞서 설명한 언더피팅과 반대로 **오버피팅**overfitting이라고 부릅니다. 이 문제를 극복하기 위해서는 편향과 분산 간의 트레이드오프가 무엇인지 이해해야 합니다. 관련 내용은 이후 나올 장에서 더 자세히 다루겠습니다.

4.4 마치며

4장에서는 TensorFlow.js로 회귀 문제를 해결하는 방법을 살펴봤습니다. 회귀 문제는 많은 머신러닝 애플리케이션에서 흔히 등장합니다. 이제 관련 문제를 해결할 수 있는 애플리케이션을 작성할 수 있게 되었습니다.

먼저 회귀 문제가 무엇인지와 문제 해결을 위해 다항 회귀 모델을 어떻게 적용할 수 있는지 배웠습니다. 다항 회귀는 연속적인 목푯값을 예측하는 간단한 수학적 모델입니다. 간단하지만 애덤처럼 잘 튜닝된 옵티마이저를 사용하면 꽤 훌륭한 성능을 낼 수 있습니다. 따라서 반복 최적화 과정이 어떻게 동작하는지도 이해해야 합니다. 관련 내용은 책 전반에 걸쳐서 계속 살펴볼 것입니다.

회귀 문제는 다양한 형태로 나타나지만, 단순함을 위해 사인 곡선을 피팅하는 문제를 예제로 살펴봤습니다. 예제에서는 결과를 그래프로 시각화해보면서 모델이 목표 곡선을 제대로 피팅하는지 확인했습니다. 예제에서 사용한 모델은 당연히 코사인 곡선, 그리고 그 외에도 임의 차원 공간에서 그려지는 모든 곡선을 피팅할 수 있습니다.

회귀 문제 외에 일반적으로 분류 문제에도 머신러닝을 적용할 수 있습니다. 5장에서는 TensorFlow.js를 사용하여 분류 문제를 효율적으로 해결하는 방법에 대해 살펴봅니다.

4.5 연습 문제

1. 사인 곡선 피팅 문제에서는 SGD(확률적 경사 하강법)와 애덤 옵티마이저 중 어떤 방법이 더 좋은 성능을 보일까요?

2. 다음 중 하이퍼파라미터값으로 사용하기에 가장 좋은 값을 찾아보세요.
   - 학습률 0.01, 0.1, 1.0

3. 사인 곡선을 피팅하는 5차 다항 모델을 학습시킨 후, 아래 질문에 답해보세요.
   - 매 반복마다 모델이 반환하는 비용(손실값)은 어떻게 변하나요?
   - 데이터셋을 키우면 어떤 현상이 벌어질까요?

4. 노이즈를 적용하지 않은 사인 곡선을 사용했을 때 예측 결과는 어떻게 변할까요?

4.6 더 읽을거리

- **확률적 경사 하강법**: *https://en.wikipedia.org/wiki/Stochastic_gradient_descent*

- **TensorFlow.js 옵티마이저**: *https://js.tensorflow.org/api/latest/#Training-Optimizers*

- Sutskever, Ilya, et al. 'On the importance of initialization and momentum in deep learning.' International conference on machine learning(2013): *http://www.cs.toronto.edu/~fritz/absps/momentum.pdf*

- **편향–분산 트레이드오프**: *https://ko.wikipedia.org/wiki/편향-분산_트레이드오프*

로지스틱 회귀를 사용한 분류

로지스틱 회귀는 가장 흔한 선형 분류 모델입니다. 로지스틱 회귀 알고리즘이 만들어진 지는 오래됐지만, 여전히 실제 산업 분야에서 널리 활용되고 있습니다. 이 알고리즘은 강력할 뿐만 아니라 원리도 매우 단순하기 때문에 머신러닝의 분류 문제를 해결하는 데 자주 쓰입니다.

분류 문제는 지도학습 문제로 분류하며, 머신러닝 분야에서는 가장 흔한 문제 분야이기도 합니다. 분류 문제에서는 과거 관측값을 사용하여 새로 들어온 인스턴스에 레이블을 다는 것을 목적으로 합니다. 이때 레이블은 이전 장에서 다뤘던 연속값이 아니라, 순서가 없는 이산값에 해당합니다. 이번 장에서는 이진 분류 문제를 해결하는 과정을 살펴보면서 강력한 전통 알고리즘인 로지스틱 회귀를 배울 것입니다. 5장에서 배우게 될 내용은 자연스럽게 다중 클래스 분류 문제에도 확장하여 적용할 수 있습니다.

5장은 다음의 주제를 다룹니다.

- 이진 분류
- 로지스틱 회귀란?
- 2차원 군집 분류하기

5.1 개발 환경

5장에서는 다음과 같은 개발 환경이 필요합니다.

- TensorFlow.js
- 자바스크립트/타입스크립트
- Node.js
- 웹 브라우저(크롬 권장)

5.2 이진 분류의 배경

분류classification는 지도학습의 한 종류입니다. 새로운 인스턴스에 맞는 레이블을 예측하려면 머신러닝 모델이 필요합니다. 예를 들어 손글씨 숫자 이미지 인식 문제가 분류 문제에 해당합니다. 손글씨 숫자 데이터로 가장 잘 알려진 데이터셋은 MNIST 데이터셋으로, 인공지능 연구 호황을 이끈 공으로 2018년에 튜링상을 수상한 얀 르쿤Yann LeCun이 개발했습니다. 다음 그림은 TensorFlow.js를 사용하여 손글씨 숫자를 인식한 결과를 보여줍니다.

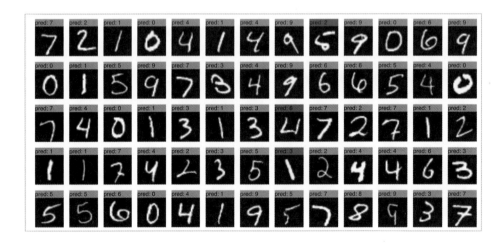

손글씨 숫자 인식 문제는 다중 레이블 분류 문제이지만, 이번 장에서는 이진 분류를 다룹니다. 이진 분류에서 예측해야 하는 타깃 레이블은 종류가 두 개뿐입니다. 다음 예시에서는 마름모와 동그라미의 두 클래스가 존재합니다. 만약 선 하나를 그려서 두 클래스를 구분할 수 있다면 이들은 **선형 분리 가능**^{linearly separable}한 것입니다. 다음 그래프는 선형 분리 가능한 상황을 나타냅니다.

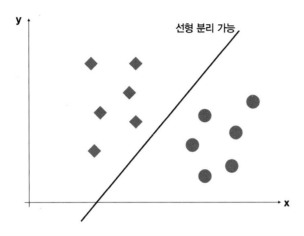

선형 분리 가능한 공간은 2차원 공간으로 나타내기 쉬울 뿐만 아니라, 로지스틱 회귀 모델을 적용하고자 할 때에도 유리한 몇 가지 속성을 지닙니다. 그렇다면 로지스틱 회귀가 무엇인지 살펴봅시다.

5.3 로지스틱 회귀란?

로지스틱 회귀^{logistic regression}는 선형 분류나 이진 분류 문제를 해결할 수 있는 간단하고도 강력한 모델입니다. 알고리즘이 단순하기 때문에 실제 산업 분야에서도 많이 사용합니다. 모델은 구현하기는 쉬우면서도 선형 분리 가능한 데이터셋만 있으면 엄청난 힘을 발휘합니다.

로지스틱 회귀 모델은 일반적으로 입력 벡터와 그에 해당하는 파라미터 간의 선형 관계로 설명합니다. 모델을 어떻게 구성하는지 보겠습니다.

$$p(C_1|\mathbf{x}) = \sigma(\mathbf{w}^T\mathbf{x})$$
$$p(C_2|\mathbf{w}) = 1 - p(C_1|\mathbf{w})$$

$p(C_1|\mathbf{x})$와 $p(C_2|\mathbf{x})$는 입력 벡터가 타깃 클래스에 어떻게 포함되는지를 나타내는 조건부 확률입니다. 예를 들어 $p(C_1|\mathbf{x})$가 0.9라면, $\mathbf{x}$는 C_1 클래스에 속할 확률이 매우 높겠죠. 타깃 클래스가 두 개뿐이므로, 두 확률의 합은 항상 1이 되어야 합니다. σ는 0과 1 사이의 값을 반환하는 **로지스틱 시그모이드 함수**logistic sigmoid function입니다. 이 함수는 본래 통계학자들이 인구 증가 현상을 설명하기 위해 만들었습니다. 입력 실수값을 0과 1 사이의 범위로 매핑할 수 있는 S자 모양의 곡선입니다.

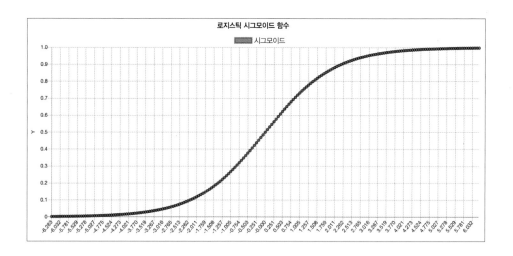

이 함수를 사용하여 얻을 수 있는 가장 큰 이점은 특정 조건에서의 확률을 나타낼 수 있다는 점입니다. 출력값이 0과 1 사이의 범위에 있기 때문에 확률 마커로 사용할 수 있는 것입니다.

하지만 모델이 입력 벡터($\mathbf{x}$)와 가중치 파라미터 간의 선형 관계로 설명할 수 있다고 가정할 수 있는 이유가 무엇일까요? 다음 절에서 이를 살펴보겠습니다.

5.3.1 확률적 생성 모델의 양상

타깃 클래스 C_1과 C_2가 있다고 가정해봅시다. 베이즈 정리에 의하면 C_1의 사후 확률은 다음과 같이 나타낼 수 있습니다.

$$p(C_1|\mathbf{x}) = \frac{p(\mathbf{x}|C_1)p(C_1)}{p(\mathbf{x}|C_1)p(C_1) + p(\mathbf{x}|C_2)p(C_2)}$$
$$= \frac{1}{a + \exp(-a)}$$
$$= \sigma(a)$$

위 식에서는 로지스틱 시그모이드 함수 σ를 사용했으며, 여기서 a는 다음과 같이 정의합니다.

$$a = \ln \frac{p(\mathbf{x}|C_1)p(C_1)}{p(\mathbf{x}|C_2)p(C_2)} = \ln \frac{\sigma}{1-\sigma}$$

로지스틱 시그모이드 함수의 역함수는 **로짓 함수**logit function라고 부르며, 두 클래스에 속할 확률 간의 비율을 나타냅니다. 로그 스케일에서의 비율odds이라고도 볼 수 있습니다. 이제 각 클래스의 조건부 확률을 로지스틱 시그모이드 함수로 표현할 수 있다는 것을 알았습니다. 하지만 모델을 입력 벡터와 가중치 파라미터 사이의 선형 관계로 나타내고 싶을 때는 어떠한 가정들이 필요할까요?

이를 위해서는 각 클래스의 가우시안 분포가 정확히 동일한 공분산 행렬covariance matrix을 가져야 하며, 이는 또한 각 분포의 형상이 같다는 것을 의미합니다. 모든 가우시안 분포가 동일한 공분산 행렬을 공유한다고 생각해봅시다.

$$p(\mathbf{x}|C_k) = \frac{1}{(2\pi)^{D/2}} \frac{1}{|\Sigma|^{1/2}} \exp\left\{ -\frac{1}{2}(\mathbf{x}-\mu_k)^T \Sigma^{-1}(\mathbf{x}-\mu_k) \right\}$$

위 식에서 $\mathbf{D}$는 차원의 크기를, μ_k와 $\sum$는 각각 클래스 k의 분포의 평균과 공분산 행렬을 나타냅니다. 이를 이전 수식에 대입하면 1에 해당하는 클래스의 사후 확률은 아래와 같은 조건에서 선형 관계로 나타낼 수 있습니다.

$$p(C_1|\mathbf{x}) = \sigma(\mathbf{w}^T\mathbf{x} + w_0)$$

$$\mathbf{w} = \Sigma^{-1}(\mu_1 - \mu_2)$$
$$w_0 = -\frac{1}{2}\mu_1^T \Sigma^{-1} \mu_1 + \frac{1}{2}\mu_2^T \Sigma^{-1} \mu_2 + \ln \frac{p(C_1)}{p(C_2)}$$

5장 후반부에서 더 살펴보겠지만, 위의 조건부 확률은 입력 벡터 $\mathbf{x}$의 선형 함수임을 알 수 있습니다. 입력 벡터에 상수 1을 덧붙이면, 이번 절의 초반부에서 봤던 함수와 유사한 함수가 될 것입니다.

$$\mathbf{x} = \begin{pmatrix} 1 \\ x_0 \\ \vdots \\ x_{D-1} \end{pmatrix}$$

$$\mathbf{w} = \begin{pmatrix} w_0 \\ w_1 \\ \vdots \\ w_D \end{pmatrix}$$

$$p(C_1|\mathbf{x}) = \sigma(\mathbf{w}^T\mathbf{x})$$

따라서 모든 샘플이 같은 공분산 행렬을 공유하는 가우시안 분포에서 생성되었다는 가정으로부터 로지스틱 회귀 모델의 입력 벡터의 선형 함수를 얻을 수 있습니다. 현실에서의 많은 사건이 가우시안 분포의 성질을 지닌다는 점을 생각하면 이러한 가정은 자연스럽게 느껴집니다.

이번 장 후반부에서도 더 설명하겠지만, 이와 같은 로지스틱 회귀의 성질은 여러 가지 이유로 파라미터 최적화를 할 때 유용합니다. 또한 이 가정은 실제 세계에서 흔히 볼 수 있는데, 데이터를 정규 분포로부터 추출하기 때문입니다. 클래스마다 같은 공분산 행렬을 가정해야 한다는 점이 조금 엄격해 보일 수도 있으나, 대부분의 경우 로지스틱 회귀가 잘 동작하는 것으로 알려져 있습니다.

5.3.2 최적화 과정

이전 장에서 봤듯이, 로지스틱 회귀 모델을 사용하여 문제를 풀기 위해서는 옵티마이저를 정의해야 합니다. 여기서는 다음 두 가지를 살펴보겠습니다.

- 최적화 알고리즘
- 손실 함수

최적화 알고리즘은 어떤 알고리즘을 선택하든 상관이 없기 때문에 일반 회귀 문제에서와 마찬가지로 간단합니다. 다항 회귀에서 사용했던 애덤 옵티마이저를 사용해도 됩니다. 생각해봐야할 것은 손실 함수입니다. 물론 평균 제곱 오차를 사용해도 되지만, 이진 분류에 더 적합한 손실 함수가 있습니다. 데이터셋이 $\{\mathbf{x_n}, t_n\}$으로 구성되어 있다고 가정합시다($t_n \in \{0, 1\}$은 데이터가 속하는 클래스의 레이블을 의미). 이때 우도(가능도)^likelihood^는 다음 함수로 구할 수 있으며, 모델이 옳은 결과를 반환할 확률을 나타냅니다.

$$p(\mathbf{t}|\mathbf{w}) = \prod_{n=1}^{N} p(C_1|\mathbf{x}_n)^{t_n}\{1 - p(C_1|\mathbf{x}_n)\}^{1-t_n}$$

이 함수를 최대화할 목적 함수로 사용할 수도 있지만, 반복 최적화 방법에 더 적합한 형태로 만들 수 있습니다. 이진 분류에서 흔히 사용하는 손실 함수는 **교차 엔트로피**^cross-entropy^ 손실 함수라고 불리며, 우도 함수로부터 도출할 수 있습니다.

$$E(\mathbf{w}) = -\ln p(\mathbf{t}|\mathbf{w}) = -\sum_{n=1}^{N}\{t_n \ln p(C_1|\mathbf{x}) + (1 - t_n)\ln(1 - p(C_1|\mathbf{x})\}$$

위 식과 같은 형태는 반복 최적화를 처리할 때 유용한 특별한 성질을 지닙니다. 기억할지 모르지만, 반복 시 갱신되는 값은 목적 함수의 기울기를 사용하여 계산하게 됩니다. 로지스틱 회귀 모델은 $p(C_1|\mathbf{x}) = \sigma(\mathbf{w}^T\mathbf{x})$로 나타내므로, 교차 엔트로피 손실 함수의 기울기는 다음과 같이 구할 수 있습니다.

$$\nabla E(\mathbf{w}) = \sum_{n=1}^{N}\{p(C_1|\mathbf{w}) - t_n\}\mathbf{x}_n$$

기울기의 영향이 예측 결과($p(C_1|\mathbf{x})$), 타깃 레이블(t_n)과 입력 벡터($\mathbf{x}_n$)의 곱과 차로 줄어들었습니다. 이진 분류 문제에서는 주로 교차 엔트로피 손실 함수를 사용하며, 이 책에서도 이후의 절들에서 사용할 것입니다.

이제 TensorFlow.js로 로지스틱 회귀 모델을 구현하는 방법을 배워봅시다.

5.4 2차원 군집 분류하기

이번 절에서는 TensorFlow.js의 Core API를 사용하여 로지스틱 회귀 모델을 구현하는 방법을 배워볼 것입니다. 이는 TensorFlow.js Core API가 제공하는 여러 커널 연산을 조합하여 모델을 구성할 것임을 의미하기도 합니다. 알고리즘을 밑바닥부터 구현해보면서 모델이 어떻게 동작하는지 완전히 이해하게 될 것입니다.

5.4.1 데이터셋 준비

이번 실습에서 다룰 데이터는 두 개의 2차원 군집입니다. 각 군집에 속하는 데이터 포인트는 정규 분포에서 샘플링한 것입니다. 각 군집을 생성하는 기반 분포는 모두 같은 표준 편차를 갖지만, 서로 다른 군집이 되도록 군집의 중심이 이동된 상태입니다. 이전에 설명한 대로, 로지스틱 회귀가 잘 동작하려면 각 군집 샘플은 같은 모양의 분포로부터 생성되어야 합니다. 다음 그림은 각 군집에 속하는 샘플들을 그린 것입니다.

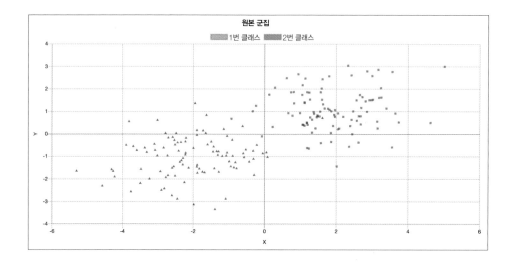

직사각형 모양의 샘플은 클래스 1에, 삼각형 모양의 샘플은 클래스 2에 속합니다. 두 클래스 모두 공분산 행렬을 공유하는 정규 분포에서 샘플링한 것입니다. 데이터 생성에는 randomNormal 함수를 사용합니다.

```
const N = 100;

// 평균이 (2.0, 1.0)인 정규 분포
const c1 = tf.randomNormal([N, 2]).add([2.0, 1.0]);

// 평균이 (-2.0, -1.0)인 정규 분포
const c2 = tf.randomNormal([N, 2]).add([-2.0, -1.0]);

// 1번 클래스의 레이블로 1을 할당
const l1 = tf.ones([N, 1]);

// 2번 클래스의 레이블로 0을 할당
const l2 = tf.zeros([N, 0]);
```

이 코드는 각 클래스마다 100개의 샘플을 생성합니다. 샘플링된 데이터에 상수를 더해줌으로써 분포의 평균을 이동시켰습니다. 시그모이드 함수의 출력값은 0 혹은 1이므로 클래스 1의 레이블은 1로, 클래스 2의 레이블은 0으로 설정합니다. bias 항에 해당하는 상수는 concat 연산을 사용하여 추가합니다.

```
const xs = c1.concat(c2);
const input = xs.concat(tf.ones([2*N, 1]), 1);
const ys = l1.concat(l2);
```

xs와 ys는 클래스 1과 클래스 2를 포함하는 원본 데이터셋에 해당합니다. input은 상수 1인 bias 항을 포함하는 벡터를 나타냅니다. 학습 과정에서 이 input 텐서를 입력으로 사용할 것입니다.

5.4.2 Core API를 사용한 로지스틱 회귀 모델의 구현

입력 벡터는 2차원 공간 위에 위치합니다. 가중치 파라미터는 2개의 요소를 가지는 변수로 정의되며, 정규 분포에서 샘플링한 후 [0.5, −0.5] 사이의 값을 가지도록 초기화합니다. variable() 함수로 이들을 텐서플로 변수로 지정해주면 옵티마이저가 이들을 학습해야 할 파라미터로 인식합니다. 입력 벡터가 편향 항을 포함하여 3개 요소로 구성되므로, 가중치 파라미터 역시 3개의 요소로 구성되어야 할 것입니다.

```
// 가중치 파라미터 초기화
const w = tf.randomNormal([3, 1]).sub(-0.5).variable();

// f(x) = sigmoid(w*x)
const f_x = x => {
  return tf.sigmoid(x.matMul(w));
}
```

모델은 입력 벡터와 가중치 파라미터의 곱을 시그모이드 함수에 통과하여 나온 값을 반환합니다. 이를 계산하는 함수는 앞서 살펴봤던 수식과 일치합니다.

$$p(C_1|\mathbf{x}) = \sigma(\mathbf{w}^T\mathbf{x})$$

다음으로는 손실 함수를 최적화하는 과정을 통해 $\mathbf{w}$의 최적값을 찾아야 할 것입니다.

5.4.3 교차 엔트로피 손실 함수를 사용한 최적화

마지막으로 남은 작업은 손실 함수를 정의하고 옵티마이저를 설정하는 일입니다. 우리는 이진 분류 문제에서는 교차 엔트로피 손실 함수를 쓰면 된다는 사실을 알고 있습니다. 다행히도 TensorFlow.js는 주요 손실 함수들을 제공합니다. 여기서는 손실 함수의 계산에 `tf.losses.sigmoidCrossEntropy` API를 사용해보겠습니다.

```
// 주어진 입력값과 모델 예측값 사이의 손실값을 반환하는 함수
const loss = (pred, label) => {
  return tf.losses.sigmoidCrossEntropy(pred, label).asScalar();
}

// 애덤 옵티마이저
const optimizer = tf.train.adam(0.07);
```

이제 일반적인 최적화 과정을 반복하면 됩니다. 다음은 최적화 과정을 100회 반복하여 수행하는 코드입니다.

```
for (let i = 0; i < 100; i++) {
  const l = optimizer.minimize(() => loss(f_x(input), ys), true);
  losses.push(l.dataSync());
}
```

아래 그래프는 앞서 봤던 데이터 그대로 입력으로 사용했을 때의 분류 결과를 보여줍니다. 보다시피 모델은 대부분의 경우 입력 벡터를 맞게 분류합니다.

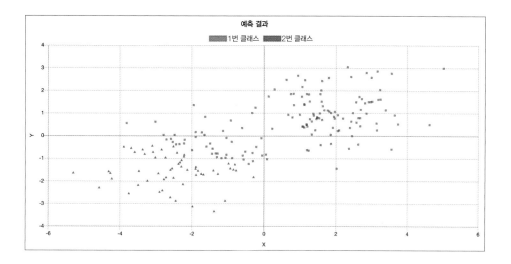

각 반복에서의 손실값이 지속적으로 감소하므로, 학습 과정이 올바르게 동작하고 있다고 볼 수 있습니다. 하지만 결과가 완벽해보이진 않는 것 같습니다.

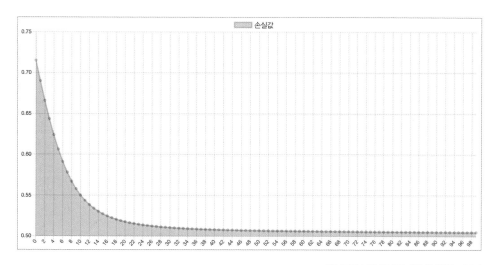

만약 군집을 이동하면 어떤 일이 일어날까요? 예를 들어 두 군집을 서로 더 가까워지도록 이동한다면 성능은 더 떨어질 겁니다. 로지스틱 회귀는 입력 벡터와 가중치 파라미터 간의 선형 관계에 굉장히 의존적이기 때문에 선형 분리 가능한 군집은 효과적으로 분류하지 못합니다.

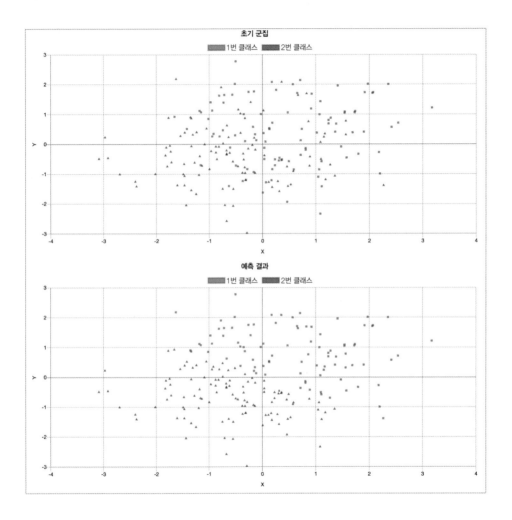

이전 실험에서는 100회 반복 후의 손실값이 0.56이었던 반면, 이번에는 0.67밖에 달성하지 못한 것을 알 수 있습니다.

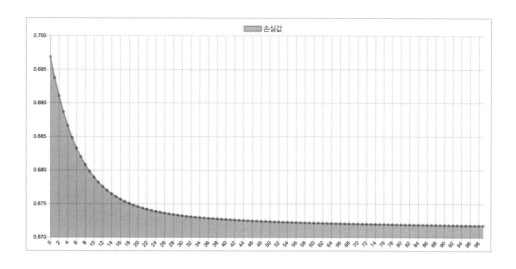

이 문제를 해결하기 위해 두 가지 방법을 더 시도해볼 수 있을 것입니다.

- 비선형 함수를 사용하여 입력 벡터를 다른 차원으로 투영하기
- 비선형 관계를 분류할 수 있는 모델을 사용하기

비선형 함수를 사용하여 원래의 입력 벡터를 다른 차원으로 매핑하면 입력 데이터는 선형 분리가 가능해집니다. 선형 분류기로 분류할 수 없는 복잡한 데이터셋에 선형 모델을 사용하는 것은 흔한 방법입니다.

여기까지 저수준 API인 Core API를 사용하여 로지스틱 회귀를 구현하는 방법을 살펴봤지만, 이를 실현할 수 있는 방법이 한 가지 더 존재합니다. 다음으로는 Layers API를 사용하여 로지스틱 회귀 모델을 구성해보겠습니다.

5.4.4 Layers API를 사용한 로지스틱 회귀 모델의 구현

Core API를 사용하면 모델 구성을 유연하게 할 수 있습니다. 이상적으로는 만들고자하는 모델에 대해 수학적 이해만 있다면 어떠한 머신러닝 모델이든 만들 수 있는 셈이죠. 하지만 경우에 따라 많은 양의 코드를 작성하지 않고 로지스틱 회귀와 같은 간단한 모델을 만들고 싶을 수도 있습니다.

Layers API는 유연성과 편의성 간의 좋은 균형을 얻을 수 있는 직관적인 방법입니다. 이번 절

에서는 Layers API를 사용하여 로지스틱 회귀를 구현하는 방법을 살펴보겠습니다. 로지스틱 회귀 모델은 입력 벡터에 하나의 출력이 연결된 단층 신경망으로도 볼 수 있습니다.

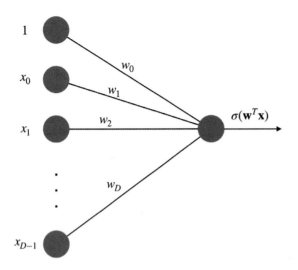

입력 벡터는 (D+1)개의 요소를 가지며, 각 요소는 가중치 파라미터를 통해 출력과 연결됩니다. 초기 출력은 w와 x의 내적값이 될 것이며, 이 후 시그모이드 함수를 통과하여 모델의 최종 출력이 됩니다. 다층 신경망을 만들 때 순차 모델을 사용할 수 있습니다. 순차 모델은 작성하고자 하는 모델이 여러 층의 단순한 스택으로 구성되어 있으면 잘 동작합니다. 모든 층의 입력은 이전 층의 출력이어야 합니다.

```
// 순차 모델 생성하기
const model = tf.sequential();

// 완전 연결 층
model.add(tf.layers.dense({units: 1, batchInputShape: [null, 2]}));
```

add 함수를 사용하여 각 층을 추가할 수 있습니다. 밀집 층dense layer은 입력과 출력 뉴런이 서로 완전 연결된 층을 뜻합니다. units는 출력 크기를, batchInputShape는 배치 크기가 정해진 입력 텐서의 형상을 나타냅니다.

Core API를 사용할 때와 동일한 손실 함수를 사용할 수 있습니다. 모델 생성을 완료하려면 손실 함수와 옵티마이저를 명시하여 compile 함수를 호출해야 합니다. 여기에서는 adam 옵티마이저를 사용했습니다. 각 반복에서 모델의 정확도를 평가하려면 평가 메트릭 함수를 같이 전달하면 됩니다. accuracy는 원래 레이블이 예측된 레이블과 일치하는 샘플 수를 계산하는 메트릭입니다.

```javascript
const loss = (pred, label) => {
  return tf.losses.sigmoidCrossEntropy(pred, label).asScalar();
}

model.compile({
  loss: loss,
  optimizer: 'adam',
  metrics: ['accuracy']
});
```

모델을 학습시킨 후의 결과를 보려면 학습 함수에 await 키워드를 사용하여 비동기로 호출해야 합니다. fit 함수가 반환하는 값이 프라미스이기 때문입니다. fit 함수가 반환하는 또 다른 값인 history는 반복 과정에서 계산하는 손실값와 메트릭에 관한 정보를 포함합니다. 모델은 이전과 같이 100회 반복하여 학습시킵니다. history 객체는 다음과 같은 속성을 포함합니다.

- epoch: 각 반복의 인덱스
- history:
  - loss: 손실값 히스토리
  - acc: 정확도값 히스토리
- params: 최적화 과정에서 사용하는 파라미터(배치 크기 등)

이는 100회 반복 수행의 손실값 기록이 history.history.loss에 포함되어 있다는 것을 의미합니다.

```javascript
async function training() {
  console.log("start training...")
  const history = await model.fit(xs, ys, {
    epochs: 100
  });

  const ctx1 = document.getElementById('original');
  renderOriginal(ctx1, c1, c2);
  const ctx2 = document.getElementById('prediction');
```

```
    renderPrediction(ctx2, xs, model.predict(xs));
    const ctx3 = document.getElementById('loss');
    renderLoss(ctx3, history.epoch, history.history.loss);
}

training();
```

training 함수가 메인 스레드를 블로킹하지는 않기 때문에 학습 프로세스를 전부 기다릴 필요 없이 애플리케이션은 동작하게 하는 것이 가능합니다. TensorFlow.js에서는 학습 프로세스를 프라미스 객체를 반환하는 **async** 함수로 구현합니다. 다음과 같은 결과 그래프를 비동기로 렌더링하도록 코드를 작성할 수 있습니다.

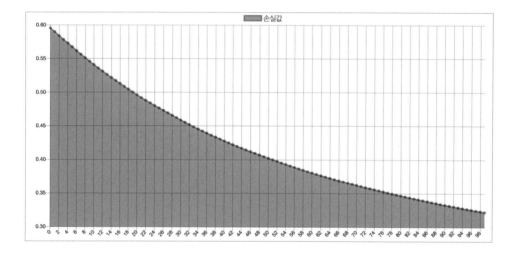

그래프에서 확인할 수 있듯이 학습 프로세스가 끝난 후 최종 손실값은 0.33으로 이전 결과보다 낮아졌습니다.

로지스틱 회귀 모델은 단층 신경망으로 쉽게 나타낼 수 있기 때문에 작성해야 하는 코드 양 측면에서 Core API와 비교하여 Layers API가 별다른 이점이 없다고 느껴질 수 있습니다. 그러나 더 복잡한 신경망 모델(합성곱 신경망 등)을 구현해야 할 때는 Layers API가 모델 구현에 소요되는 시간을 많이 줄여줄 것입니다.

다음 절에서는 더 고수준의 라이브러리인 machinelearn.js를 사용하여 로지스틱 회귀 모델을 구현하는 예시를 살펴보겠습니다.

5.4.5 machinelearn.js를 사용한 로지스틱 회귀 모델의 구현

소프트웨어 엔지니어들은 애플리케이션을 항상 밑바닥부터 구현하지는 않습니다. 요구조건에만 맞으면 기존 라이브러리 혹은 서비스를 사용하는 데 개발 시간을 단축하고 애플리케이션 자체에 더 집중할 수 있기 때문입니다. 머신러닝 애플리케이션의 구현에 있어서도 마찬가지입니다.

machinelearn.js는 알려진 머신러닝 알고리즘들의 다양한 구현을 포함하는 라이브러리입니다. 이 라이브러리는 모든 머신러닝 애플리케이션에서 맥가이버칼 같은 도구로 사용할 수 있어야 합니다. 가장 먼저 본인이 사용하기 편한 알고리즘을 찾아야 합니다. 라이브러리를 사용하기 위해 package.json의 디펜던시로 주입합시다.

```json
{
  "name": "your-project",
  "version": "1.0.0",
  "description": "",
  "main": "index.js",
  "scripts": {
    "test": "echo \"Error: no test specified\" && exit 1"
  },
  "dependencies": {
    "@tensorflow/tfjs": "^1.1.2",
    "@types/chartjs": "^0.0.31",
    "chart.js": "^2.8.0",
    "machinelearn": "^2.1.3",
    "p5": "^0.8.0"
  }
}
```

앞서 작성했던 코드를 많이 수정하지 않고 machinelearn.js의 로지스틱 회귀 모델을 사용할 수 있습니다.

```
async function training() {
  // TypedArray를 JavaScript 배열로 변환
  const xsData = tf.util.toNestedArray([N * 2, 2], xs.dataSync()) as number[][];
  const ysData = tf.util.toNestedArray([N * 2], ys.dataSync()) as number[];

  console.log("start training...")
  await model.fit(xsData, ysData);
```

```
    const ctx1 = document.getElementById('original');
    renderOriginal(ctx1, c1, c2);
    const ctx2 = document.getElementById('prediction');
    renderPrediction(ctx2, xs, model.predict(xsData));
  }
```

machinelearn.js의 모델은 TensorFlow.js의 텐서 데이터 형식과 TypedArray를 인식하지 못합니다. 따라서 원래 형상을 보존하면서 텐서를 자바스크립트 배열로 변환해줘야 합니다. TensorFlow.js는 toNestedArray라는 유틸리티를 제공하므로, 이를 사용하여 TypedArray를 특정 형상을 가진 자바스크립트 배열로 변환하는 것이 가능합니다. 예를 들어 [1, 2, 3, 4]를 요소로 가지는 Float32Array(original)는 tf.util.toNestedArray([2, 2], original)를 호출하여 정사각 형상으로 변환할 수 있습니다. 단, 이 함수를 사용할 때는 형 변환에 주의해야 합니다. 함수가 반환하는 데이터 형식은 number 혹은 any[]이며, 로지스틱 회귀 모델에 바로 전달할 수 없습니다. 따라서 형식을 숫자 배열로 잘 변환해줘야 합니다.

모델은 toJSON 함수를 사용하여 JSON 형식으로 저장할 수 있습니다.

```
start training...
▼Object ⓘ
   learning_rate: 0.001
  ▼weights: Array(2)
     0: 1.6921625137329102
     1: 1.9352831840515137
     length: 2
   ▶__proto__: Array(0)
 ▶__proto__: Object
```

저장된 JSON 객체는 가중치 파라미터뿐만 아니라 옵티마이저가 사용하는 하이퍼파라미터도 포함합니다. 따라서 다른 라이브러리와 호환되는 표준화된 범용 형식까지는 아니더라도 JSON 문자열로부터 모델을 복원하는 것을 가능하게 합니다.

5.5 마치며

5장에서는 로지스틱 회귀 모델의 이론과 모델을 사용하여 이진 분류 문제를 어떻게 해결하는지 살펴봤습니다. 이진 분류는 가장 근본적인 문제라고 할 수 있으며 로지스틱 회귀를 다중 클래스 분류 문제로 자연스럽게 확장할 수 있습니다.

로지스틱 회귀 모델을 웹에서 구현할 수 있는 세 가지 다른 방법을 배웠습니다. 먼저 Tensor Flow.js Core API는 알고리즘을 원하는 대로 자유롭게 구현하고자 할 때 적합하며 연산 그래프로 해결할 수 있는 사례는 모두 구현할 수 있습니다. 다음으로 살펴본 Layers API는 단순한 신경 층의 스택으로 구성된 모델을 만들 때 유용하며, 로지스틱 회귀 모델을 구현할 때뿐만 아니라 딥러닝 애플리케이션에서도 이점을 가집니다. 마지막으로 살펴본 machinelearn.js는 고수준 라이브러리로 애플리케이션 자체의 핵심에 집중할 수 있게 해줍니다. 이미 다양한 종류의 모듈을 지원하기 때문에 애플리케이션에 machinelearn.js를 사용한다면 항상 무난한 선택이 될 겁니다.

6장에서는 비지도학습에 관해 배워보겠습니다.

5.6 연습 문제

1. 각 군집의 생성에 사용된 정규 분포가 같은 공분산 행렬을 공유한다는 가정 하에 로지스틱 회귀에서의 입력 벡터와 모델의 선형 관계를 증명해보세요.

2. 옵티마이저의 학습률을 변경했을 때 손실값이 매 반복마다 어떻게 변화하는지 관찰해보세요.

3. 선형 분리 불가능한 샘플들을 선형 분리 가능한 데이터로 변환하는 매핑 함수로 어떤 게 있을까요?

4. 편향 벡터를 입력 데이터에 추가해주지 않으면 어떤 일이 일어날까요?

5. 손실 함수를 변경하면 어떻게 될까요? 다음 손실 함수들을 각각 사용해보세요.

   – 평균 제곱 오차(tf.losses.meanSquaredError)

   – 절대 오차(tf.losses.absoluteDifference)

   – 가중 손실(tf.losses.computeWeightedLoss)

6. 3개 클래스를 분류할 수 있는 다중 클래스 로지스틱 회귀 모델을 구현해보세요.

   – 힌트: 두 개의 로지스틱 회귀 모델을 조합하여 이진 분류를 두 번 수행하면 됩니다.

7. machinelearn.js 라이브러리를 사용하여 로지스틱 회귀 모델을 저장하고 불러와보세요.

5.7 더 읽을거리

- **MNIST 데이터셋**: *http://yann.lecun.com/exdb/mnist/*

- **TensorFlow.js의 손글씨 인식기**: *https://storage.googleapis.com/tfjs-examples/mnist/dist/index.html*

- **machinelearn.js의 linear_model.LogisticRegression 모듈**: *https://github.com/machinelearnjs/machinelearnjs/blob/master/src/lib/linear_model/logistic_regression.ts*

- **TensorFlow.js에서 지원하는 손실 함수**: *https://js.tensorflow.org/api/latest/#Training-Losses*

## CHAPTER 6

비지도학습

이제까지는 다양한 회귀와 분류 문제를 다루면서 지도학습의 원리에 대해 배웠습니다. 지도학습에서는 예측해야 하는 값의 정답을 이미 알고 있었습니다. 6장에서는 비지도학습을 소개할 것입니다. 비지도학습에서는 데이터셋이 목푯값을 포함할 필요가 없으며 명시적인 목표가 없는 상태에서 숨겨진 패턴을 찾아야 합니다.

군집화 문제는 비지도학습의 대표적인 예시입니다. 군집화 기법은 자연스러운 방법으로 데이터 그룹을 만드는 것을 목표로 합니다. 6장에서는 k-평균 알고리즘의 구현을 중점적으로 다뤄보면서 데이터 샘플들을 그룹화하는 방법과 알고리즘을 배워볼 것입니다.

6장은 다음의 주제를 다룹니다.

- 비지도학습이란?
- k-평균 알고리즘의 동작 원리
- EM 알고리즘을 사용한 k-평균 알고리즘의 일반화
- 2차원 공간에서 두 그룹을 군집화하기

6.1 개발 환경

6장에서는 다음과 같은 개발 환경이 필요합니다.

- 자바스크립트/타입스크립트
- Node.js 환경
- 웹 브라우저(크롬 권장)

6.2 비지도학습이란?

앞서 언급한 것처럼 사람들은 종종 별도의 지시사항 없이 무언가를 배웁니다. 주어진 환경에서 스스로 어떤 패턴들을 찾은 후 자신이 발견한 것을 새로운 관찰에 자연스럽게 적용합니다. 이는 우리가 알아내고자 하는 지식에 있어서 유의미한 진척을 이루고자 하는 동기와 창의성 때문에 가능한 것입니다. 이전 장들에서 머신러닝 모델은 주어진 목푯값을 예측하도록 학습되어야 한다고 배웠습니다. 이 때문에 컴퓨터는 인간이 별도의 정답을 제공해주지 않는 한 아무것도 학습하지 못한다고 생각할 수도 있습니다.

비지도학습unsupervised learning은 학습 단계에서 별도의 정답이 주어지지 않은 상태에서 특정 패턴을 스스로 찾아내는 머신러닝 문제의 일종입니다. 이러한 종류의 문제는 예측할 명확한 답이 없는 상황에서뿐만 아니라 애초에 특정 레이블을 예측하는 일이 목적이 아닐 경우에도 발생합니다. 비지도학습이 활용되는 두 가지 일반적인 사용 사례가 있습니다.

- 차원 축소
- 군집 분석

차원 축소는 분류 정확도를 높이거나, 예측 과정 자체를 더 효율적으로 만들어 정확도는 크게 희생하지 않으면서 데이터 샘플의 수를 줄이고자 할 때 사용됩니다. 차원 축소의 목표는 각 데이터를 고유하게 만드는 데이터 샘플들의 주요 특성을 찾는 것입니다. 만약 분류 결과에 거의 기여하지 않는 특성을 찾을 수 있다면 해당 특성을 축소함으로써 분류 모델의 성능에 덤으로 속도까지 높일 수 있습니다. 차원 축소 알고리즘으로는 가장 대표적으로 **주성분 분석**principal component analysis (PCA)과 **특이값 분해**singular value decomposition (SVD)가 사용됩니다.

군집 분석은 동일한 그룹에 속하는 데이터 샘플이 다른 그룹에 속하는 샘플보다 서로 더 유사한 그룹 집합을 찾는 알고리즘입니다. 이러한 문제 정의는 패턴 인식, 이미지 처리, 데이터 압축을 포함한 머신러닝 분야 전반에 걸쳐 종종 등장합니다. 세상의 모든 물체가 특정 기준으로 그룹화되어 있지만 각 그룹에 레이블은 명시되어 있지 않은 상황을 생각해봅시다. 각 카테고리의 명칭을 몰라도 아마 동물과 과일은 서로 다르다고 할 것입니다. 자동차의 경우도 마찬가지겠죠.

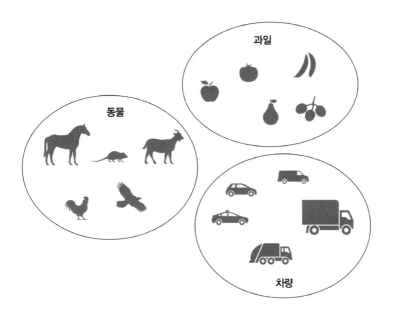

군집화 알고리즘을 사용하면 주어진 데이터셋의 내재된 그룹 구조를 찾을 수 있습니다. 위에서 든 예시에서도 알 수 있듯이 군집화 알고리즘은 학습 과정에서 목푯값을 필요로 하지 않으며, 이것이 지도학습과의 차이점입니다. 모델의 입력으로는 오로지 데이터 샘플의 특성들만 있으면 됩니다. k−평균 알고리즘이나 다른 통계적 군집 분석 알고리즘에서는 단순성과 효율성을 위해 데이터 샘플을 표준화된 숫자 공간으로 변환할 것을 요구하기도 합니다. 그러나 군집 분석은 근본적으로 각 데이터 샘플 간의 유사도를 정의할 수 있는 수학적 공간에서 수행되어야한다는 점을 기억해야 합니다.

다음으로는 그 유명한 k−평균 군집화 알고리즘을 살펴본 후 EM 알고리즘을 설명하겠습니다. EM 알고리즘은 k−평균 알고리즘의 일반화 버전이며 군집들의 확률을 고려합니다.

6.3 k-평균 알고리즘 동작 원리

k-평균 알고리즘은 군집화 알고리즘 중에서도 가장 잘 알려져 있으며, 분야와 상관없이 흔히 사용됩니다. 알고리즘의 단순성과 효율성 때문에 산업과 학계 모두에서 인기를 끌고 있기도 합니다. 이 알고리즘의 목적은 데이터셋의 각 샘플에 특정 그룹을 할당하는 것입니다. 더 구체적으로 설명하자면 N개의 샘플이 주어졌을 때 **각 샘플이 자신과 가장 가까운 군집의 평균에 속하도록** K개의 군집으로 나누는 것이 목적입니다.

군집화 문제는 원칙적으로 NP-난해[NP-hard] 문제입니다. k-평균 알고리즘은 손실 함수를 반복적인 최적화 과정을 거쳐 지역 최솟값에 빠르게 수렴합니다. 이는 알고리즘이 주어진 손실 함수를 단계별로 최소화해나간다는 것을 의미합니다. 그런 의미에서 k-평균 알고리즘은 앞서 배웠던 지도학습 방식과 굉장히 유사해보입니다. 지도학습과의 가장 큰 차이점이라면 별도의 명시적 레이블값이 없어도 손실 함수를 계산할 수 있다는 것입니다. 오히려 알고리즘이 레이블값을 새로 예측한다고 볼 수 있겠습니다.

k-평균 알고리즘의 잘 알려진 문제점은 사전에 군집의 수(K)를 지정해줘야 한다는 것입니다. 군집의 수를 지정해줌으로써 최적의 K개 군집을 찾게 됩니다. 군집의 수를 지정하기 위해서는 주어진 데이터에 관한 도메인 지식이나, 무차별 대입 방식을 사용하여 K값을 탐색하기 위한 컴퓨팅 성능이 필요할 겁니다. 좋은 K값을 찾기 위한 여러 방법들이 존재하지만 별도로 다루지는 않을 겁니다. 군집의 수는 사전에 제공되었다고 가정하겠습니다.

6.3.1 군집의 중심

어떤 군집을 대표하는 데이터 포인트를 가리켜 군집의 **중심**[centroid]이라고 부릅니다. 군집의 중심은 해당 군집에 속하는 샘플들의 중심이자 군집의 프로토타입이기도 합니다. k-평균 알고리즘의 목표는 데이터 표본을 잘 분할하는 적절한 중심점들을 찾는 것이라고 할 수 있습니다.

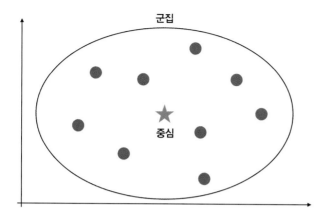

군집 중심은 해당 군집에 속하는 모든 데이터 포인트의 평균으로 계산합니다. 데이터셋의 데이터 샘플들을 $X = \{\mathbf{x}_1, \mathbf{x}_2, \ldots, \mathbf{x}_n\}$으로 나타낼 수 있는 크기 $\mathbf{N}$의 벡터라고 한다면 군집 C_k의 중심은 다음과 같이 나타낼 수 있습니다.

$$\mu_k = \frac{1}{n_k} \sum_{i \in C_k} \mathbf{x}_i$$

위 식은 단순히 군집 C_k에 속하는 모든 샘플들의 가중치 평균입니다. 알고리즘의 목표는 중심들의 적절한 위치를 찾는 것입니다. 하지만 중심점의 위치의 '적절성'은 어떻게 측정할 수 있을까요? 이미 예측했을 수도 있지만, 손실 함수가 중심들의 평가 시스템 역할을 합니다. k-평균 알고리즘에서는 각 데이터 샘플에 대해 해당 샘플이 속한 군집의 중심점과의 거리를 측정합니다. 다음 수식을 보고 손실 함수의 정의를 간단하고 직관적으로 이해할 수 있을 겁니다.

$$\text{SSE} = \sum_{i}^{n} \sum_{j}^{k} w^{i,j} ||\mathbf{x}_i - \mu_j||^2$$

SSE는 제곱 오차의 합_{sum of squared estimate of errors}을 나타내며, 군집의 각 데이터 포인트와 군집 중심 간의 거리를 계산합니다. 이에 따라 $w^{i,j}$는 데이터 포인트와 군집의 연결 관계를 나타냅니다.

$$w^{i,j} = \begin{cases} 1 & x_i \text{가 군집 } j \text{에 속할 경우} \\ 0 & \text{그 외의 경우} \end{cases}$$

그런 측면에서 다음 그림의 우측 그래프의 군집화 결과가 좌측보다 훨씬 좋다고 판단할 수 있습니다. 좌측 군집화 결과를 보면 각 군집 내에서의 전체 거리가 우측보다 훨씬 커보입니다. 보다시피 제곱 오차의 합을 사용한 손실 함수가 결과를 자연스럽게 도출해줍니다.

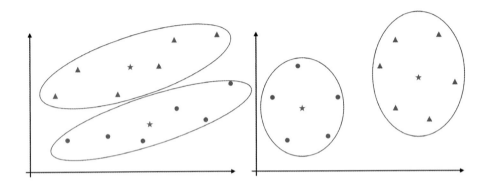

그러나 손실 함수에 한 가지 문제점이 있습니다. 손실 함수에서 할당 군집 $(w^{i,j})$와 중심점 (μ_j) 파라미터를 최적화해야 하는데, 둘은 서로 의존적입니다. 중심점의 위치는 각 데이터 포인트에 할당된 군집을 사용하여 계산하게 됩니다. 반면, 데이터 포인트에 할당할 군집은 해당 데이터와 데이터가 속하는 군집의 중심 사이의 거리에 의존적입니다. 하나의 반복에서 이 두 가지 파라미터를 모두 최적화할 수는 없기 때문에 번갈아가면서 최적화하게 됩니다. 이것이 k-평균 알고리즘의 동작 원리입니다.

6.3.2 알고리즘

k-평균 알고리즘은 매우 간단하기 때문에 100줄 내의 코드로 빠르게 구현할 수 있습니다. 알고리즘은 다음과 같은 단계를 거쳐 목표를 달성합니다.

1. 데이터 샘플들의 일부를 초기 중심점으로 선정합니다.

2. 선택된 중심점 외의 나머지 샘플들을 다음 공식에 따라 가장 가까운 중심점(μ_j)으로 할당합니다.

$$\mu_j, \ j \in \{1, \ldots, k\}$$

3. 군집의 중심을 새로운 할당에 따라 형성된 새로운 군집의 중심이 되도록 갱신합니다.

4. 군집 할당 결과가 바뀌지 않거나 최대 반복 수를 도달할 때까지 2번과 3번 과정을 반복합니다.

가장 먼저 데이터가 위치한 공간에서 임의의 중심점들을 선정합니다. 중심점을 임의로 생성해도 되지만, 기존 데이터 샘플에서 k개를 선택하는 것도 충분히 좋은 방법입니다.

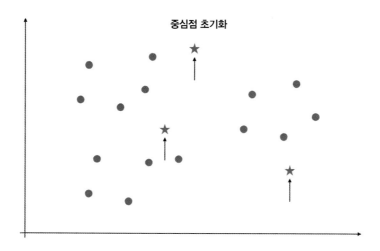

다음으로 각 샘플을 가장 가까운 중심점으로 할당합니다. 이는 샘플이 할당된 중심점이 대표하는 군집에 포함된다는 것을 의미합니다. 이 단계에서 각 샘플은 반드시 하나의 군집에만 속해야 합니다. 거리 측면에서 하나의 포인트가 여러 개의 군집에 가깝다고 하더라도 하나의 군집만 선택합니다. 이것이 k-평균 알고리즘에서 가장 주목해야 할 부분입니다.

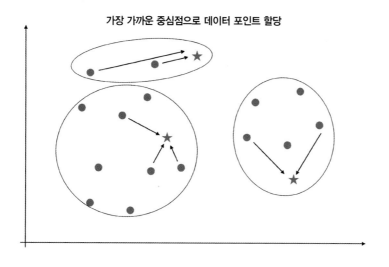

다음으로는 이전 단계에서 데이터에 할당했던 군집 정보를 바탕으로 중심점의 위치를 갱신합니다. 이 단계에서 중심점은 각 군집의 중심으로 이동하게 됩니다.

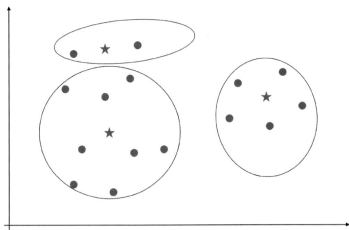

중심점 위치 갱신

이 후에는 중심점의 위치가 수렴할 때까지 2번에서 3번 단계를 반복합니다. 최종 군집 할당 결과는 아래와 같을 것입니다.

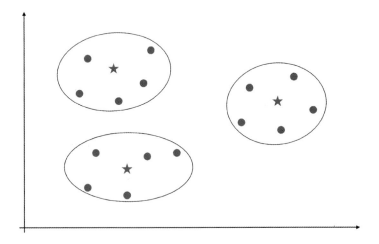

최종 군집 할당

각 점은 자연스럽게 군집에 속하게 됩니다. 이번 예시에서와 같이 2차원 공간에서 결과를 시각화할 수 있다면 군집 결과가 자연스러운 것처럼 보일 겁니다. 하지만 항상 결과가 자연스러운 것은 아닙니다. 만약 데이터셋이 더 고차원의 공간에 위치해서 가시적인 형태로 결과를 볼 수 없을 때는 어떻게 해야 할까요? 이 경우에는 군집화된 결과를 측정할 수 있는 평가 메트릭을 고안해봐야 할 것입니다.

6.3.3 평가

k-평균 알고리즘의 결과를 평가하는 데 어려운 점은 없습니다. 간단히 손실 함수를 사용하여 직관적으로 군집화 알고리즘의 결과를 평가할 수 있습니다. 손실 함수는 제곱 오차의 합을 그대로 사용합니다.

$$\text{SSE} = \sum_{i}^{n} \sum_{j}^{k} w^{i,j} ||\mathbf{x}_i - \mu_j||^2$$

일반적으로 k-평균 알고리즘에서 가장 어려운 부분은 K값을 결정하는 일입니다. 알고리즘을 사용하려면 분할해야 할 군집의 수 K를 하이퍼파라미터로 제공해야 하지만, 사전에 적절한 K값을 결정하는 것은 쉽지 않습니다. 각 군집에 몇 개의 데이터 포인트가 속해야 적절할지 사전 정보가 주어지지 않는 경우가 허다합니다. 이런 경우에 유용한 메트릭이 제곱 오차의 합입니다. 무차별 대입 방식으로 여러 패턴을 시도해보는 것이 K값을 찾는 데 도움이 될 것입니다. 이러한 방식을 가리켜 **엘보우 방법**elbow method이라고 부릅니다. 엘보우 방법에서는 각 K값에 따른 손실값을 그래프로 그린 후, 충분히 일반적인 방법으로 최적의 값을 찾습니다. 먼저 주어진 데이터셋으로 특정 범위 내에서 K값을 변경해가면서 k-평균 군집화를 수행합니다. K값에 따른 손실 그래프를 그렸을 때 팔 모양과 유사하다면 엘보우 즉, 팔꿈치에 해당하는 위치의 K값을 최적의 값으로 선택합니다. 다음 그래프는 1에서 7 사이의 K값에 따른 손실값 변화를 보여줍니다.

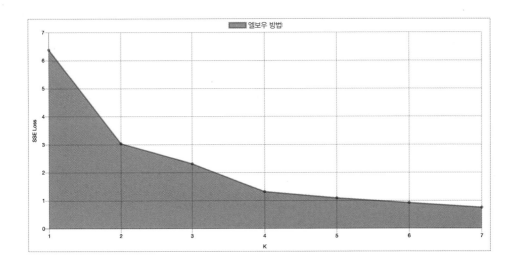

제곱 오차는 K값이 증가할수록 0에 가까워지는데, K가 데이터 샘플의 수와 같을 때의 제곱 오차가 0이기 때문입니다. 모든 데이터 샘플이 각자의 군집을 형성하는 셈입니다. 하지만 단순히 생각해봐도 이러한 군집 할당은 좋은 방법이라고 할 수 없습니다. 따라서 궁극적으로는 최종값만큼 작은 손실값을 가지는 K값을 찾아야 합니다. 위 그래프에서는 3 혹은 4가 최적의 K값이라고 볼 수 있습니다.

이번 절에서는 k-평균 알고리즘의 동작 원리를 설명했습니다. 이 알고리즘에서 주목해야 할 점은 각 데이터 샘플은 하나의 군집에만 할당된다는 점입니다. 이를 가리켜 **엄격한 군집 할당**hard cluster assignment이라고 부릅니다. 그러나 군집 할당을 명확하게 하기 어려운 상황들이 존재합니다. 보다 일반적인 군집화 알고리즘을 간단히 살펴봅시다.

6.4 기댓값-최대화 알고리즘을 사용한 k-평균 알고리즘의 일반화

기댓값-최대화expectation-maximization (EM) 알고리즘은 최대 우도 파라미터를 찾는 통계적 알고리즘입니다. EM 알고리즘은 데이터 샘플을 생성하는 가우시안 혼합 분포mixed Gaussian distribution가 어느 정도의 신뢰성을 갖고 동시에 여러 군집에 할당될 수 있다는 가정 하에 **관대한 군집 할당**soft cluster assignment을 가능하게 하기 때문에 k-평균 군집화 알고리즘의 일반화된 버전으로 볼 수 있습니다. 데이터를 생성하는 혼합 가우시안 분포는 여러 가우시안 분포 함수의 가중 합과 같습니다.

$$p(\mathbf{x}) = \sum_{k=1}^{K} \pi_k \mathcal{N}(\mathbf{x}|\mu_k, \Sigma_k)$$

각 가우시안 분포는 평균 μ_k, 공분산 행렬 Σ_k를 가집니다. π_k는 k번째 분포에 해당하는 가중치를 나타냅니다. 이제 군집 할당 과정을 나타낼 때 사용하는 잠재 변수latent variable를 살펴볼텐데, 여기서는 π_k를 사용합니다. z는 원 핫 인코딩one hot encoding[1] 벡터입니다. 데이터가 k번째 군집에 할당됐다면 벡터의 k번째 요소는 1의 값을, 나머지 요소들은 0의 값을 가지게 됩니다. z의 주변 확률 분포marginal distribution는 π_k를 사용하여 계산합니다. 데이터를 한 번 관측하고 나면, z의 사후 확률 분포posterior distribution는 세 번째 식과 같이 구할 수 있습니다.

$$\mathbf{z} = \begin{pmatrix} z_1 \\ z_2 \\ \vdots \\ z_K \end{pmatrix}$$

$$p(z_k = 1) = \pi_k, \text{ 사전 확률 분포}$$

$$p(z_k = 1|\mathbf{x}) = \frac{\pi_k \mathcal{N}(\mathbf{x}|\mu_k, \Sigma_k)}{\sum_{j=1}^{K} \pi_j \mathcal{N}(\mathbf{x}|\mu_j, \Sigma_j)}, \text{ 사후 확률 분포}$$

따라서 각 데이터 샘플에 부여된 실제 군집 레이블을 예측하기 위해서는 (실제 할당된 군집을 나타내는) 잠재 변수 z를 예측하는 것이 알고리즘의 목표가 됩니다. 사후 확률 분포는 k번째 분포가 관측된 데이터를 얼마나 잘 설명하는지를 나타낸다고 볼 수 있습니다. 이를 가리켜 관측된 데이터에 대한 클러스터의 **책임값**responsibility이라고도 부릅니다. EM 알고리즘은 주어진 데이터셋에 맞는 최적의 책임값들을 찾는 것을 목표로 합니다.

EM 알고리즘은 할당 군집에 관한 정보를 나타내는 잠재 변수가 데이터가 해당 군집에 속할 확률을 나타낸다는 점에서 k-평균 알고리즘과는 차이가 있습니다. 즉, $z_1 \sim z_k$는 0과 1 사이의 값을 가질 수 있음을 의미합니다. 그런 점에서 EM 알고리즘은 더 일반적인 방식으로 군집화 문제를 풀어낼 수 있습니다. EM 알고리즘은 k-평균 알고리즘에서도 동일하게 사용되는 가

---

1 옮긴이_ 원 핫 인코딩은 집합의 크기를 벡터의 차원으로 하고, 나타내고자 하는 요소에 해당하는 인덱스에는 1의 값을, 다른 인덱스에는 0의 값을 부여함으로써 집합을 벡터로 표현하는 방법입니다.

우시안 분포의 위치(또는 평균)를 나타내는 파라미터인 μ_k를 최적화합니다. 이에 추가로, 관대한 군집 할당과 관련된 파라미터인 z도 함께 최적화합니다. 본 책의 범위에서는 문제를 간단히 하기 위해 각 요소가 같은 공분산 행렬을 공유한다고 가정합니다.

6.4.1 EM 알고리즘

EM 알고리즘은 반복적인 방식으로 각 파라미터를 최적화한다는 점에서 k−평균 알고리즘과 상당히 유사합니다. 각 단계를 들여다봅시다.

1. 먼저 각 가우시안 분포의 위치와 사전 확률 분포 파라미터인 π_k를 초기화합니다.
2. **기댓값 단계(Expectation)**: π_k 값을 예측함으로써 z의 기댓값을 예측합니다.
3. **최대화 단계(Maximization)**: 가우시안 분포의 평균값들을 군집 할당 과정으로 새롭게 형성된 각 군집들의 중심값으로 갱신해줍니다.
4. 군집 할당 결과에 변화가 없거나(군집의 수렴), 최대 반복 수에 도달할 때까지 단계 2~3을 반복합니다.

단계 2에서 책임값의 예상값을 예측하기 때문에 기댓값 단계라고 부릅니다. 예측 과정의 증명은 생략하겠지만, 책임값은 k번째 클러스터에 얼만큼의 데이터 샘플이 효율적으로 할당되었는지를 나타냅니다. N_k는 관대한 군집 할당 측면에서 확률값이라고 이해하면 되겠습니다.

$$p(z_k = 1|\mathbf{x}) = \frac{\pi_k \mathcal{N}(\mathbf{x}|\mu_k, \Sigma_k)}{\sum_{j=1}^{K} \pi_j \mathcal{N}(\mathbf{x}|\mu_j, \Sigma_j)}$$

$$N_k = \sum_{n=1}^{N} p(z_k = 1|\mathbf{x}_n)$$

$$\pi_k = \frac{N_k}{N}$$

한 번 책임값을 계산한 후에는 각 요소를 이동하여 목푯값을 최대화할 수 있습니다. 여기서 가우시안 분포의 평균은 모든 데이터 샘플의 예상 중심점이라고 추정할 수 있습니다.

$$\mu_k = \frac{\sum_{n=1}^{N} p(z_k = 1|\mathbf{x}_n)\mathbf{x}_n}{\sum_{n=1}^{N} p(z_k = 1|\mathbf{x}_n)}$$

위와 같이 EM 알고리즘은 기댓값 단계와 최대화 단계를 반복적으로 수행합니다.

6.4.2 k-평균 알고리즘과의 관계

앞서 설명한 과정을 보고 유추할 수 있듯이 기댓값 단계는 k-평균 알고리즘에서의 군집 할당 단계, 최대화 단계는 다음 군집 중심을 계산하는 단계에 해당합니다. k-평균 알고리즘은 하나의 데이터 샘플이 오직 하나의 군집에만 속할 수 있는 엄격한 군집 할당 알고리즘이며 EM 알고리즘의 특수한 경우라고 할 수 있습니다.

먼저 각 가우시안 분포가 같은 공분산 행렬을 공유한다고 가정합시다. 이때 공분산 행렬은 단위 행렬 $\mathbf{I}$에 분산 조절 파라미터 ϵ를 곱한 $\epsilon\mathbf{I}$로 나타냅니다.

$$\mathcal{N}(\mathbf{x}|\mu_k, \Sigma_k) = \frac{1}{2\pi\epsilon}\exp\{-\frac{1}{2}||\mathbf{x} - \mu_k||^2\}$$

위 식을 사용했을 때 어떤 데이터 샘플의 k번째 요소의 책임값 $\mathbf{x}_n$은 다음과 같이 나타낼 수 있습니다.

$$p(z_k = 1|\mathbf{x}) = \frac{\pi_k \exp(-||\mathbf{x}_n - \mu_k||^2/2\epsilon)}{\sum_j \pi_j \exp(-||\mathbf{x}_n - \mu_j||^2/2\epsilon)}$$

수학적인 설명을 자세히 하지는 않겠지만 $\epsilon \to 0$으로 수렴한다고 가정했을 때 $||\mathbf{x}_n - \mu_k||^2$가 최소가 되면서 책임값은 k번째 요소에서 1로 수렴할 것입니다. 이는 어떤 데이터 샘플이 중심점이 가장 가까운 군집으로 할당된다는 것을 의미하며, k-평균 알고리즘의 목적과도 일치합니다.

반면, 각 가우시안 분포의 평균은 k-평균 군집화 알고리즘에서의 군집 중심의 정의와 호환되도록 재구성할 수 있습니다. 가우시안 분포의 평균은 k번째 군집에 속한 점들의 평균인데,

이는 정확히 k-평균 알고리즘에서도 드러납니다.

$$
\begin{aligned}
\mu_k &= \frac{\sum_{n=1}^{N} p(z_k = 1 | \mathbf{x}_n) \mathbf{x}_n}{\sum_{n=1}^{N} p(z_k = 1 | \mathbf{x}_n)} \\
&= \frac{\sum_{n=1}^{N} w_{n,k} \mathbf{x}_n}{\sum_{n=1}^{N} w_{n,k}} \\
&= \frac{\sum_{n=1}^{N} w_{n,k} \mathbf{x}_n}{N_k}
\end{aligned}
$$

이러한 과정으로부터 k-평균 알고리즘은 EM 알고리즘의 특수한 버전이며 엄밀한 군집 할당을 담당한다는 결론을 내릴 수 있습니다. 실제로 k-평균 알고리즘뿐만 아니라 가우시안 혼합 모델을 이용한 EM 알고리즘을 많이 사용하는데, 잠재 변수의 최적값을 찾는 강력한 방법이기 때문입니다. 알고리즘을 직접 구현해보는 것도 좋은 연습이 될 것입니다.

6.5 2차원 공간에서 두 그룹을 군집화하기

앞서 배운 알고리즘들의 이론을 이해하는 것은 중요한 작업입니다. k-평균 군집화 알고리즘을 수행하여 2차원 공간에서 세 개의 군집을 분리해봅시다.

6.5.1 세 개의 군집

세 개의 군집은 가우시안 분포로부터 생성합니다. 이전 장에서와 동일하게 가우시안 분포로부터 데이터를 샘플링하는 데 TensorFlow.js의 `tf.randomNormal` 함수를 사용할 수 있습니다. 2차원 공간에서 분포의 평균은 [0, 0]입니다. 상수를 더해 중심을 옮겨주겠습니다.

```
const N = 30;

const c1 = tf.randomNormal([N, 2]).add([2.0, 1.0]);
const c2 = tf.randomNormal([N, 2]).add([-2.0, -1.0]);
```

```
const c3 = tf.randomNormal([N, 2]).add([-2.0, 2.0]);

const xs = c1.concat(c2).concat(c3);
```

세 개의 군집은 다음과 비슷하게 나타날 것입니다.

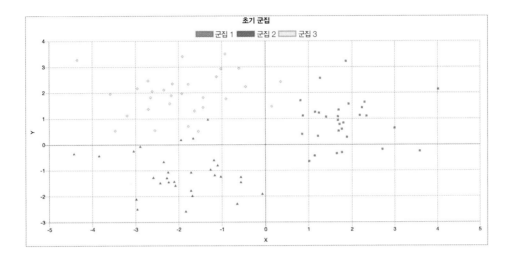

군집화 문제는 비지도학습의 일종이므로, 특별히 예측해야 하는 목푯값이 따로 존재하지 않습니다. k-평균 알고리즘을 사용할 때는 기본적으로 군집화할 데이터 샘플 xs와, 하이퍼파라미터에 해당하는 희망 군집수를 입력으로 전달해야 합니다. 데이터와 하이퍼파라미터 설정이 완료되면 최적화 과정은 반복적으로 이루어집니다.

```
// 기존의 구현 모델을 초기화
const model = new KMeans(xs, 3);

const losses = [];
for (let i = 0; i < 10; i++) {
  const loss = model.update();
  losses.push(loss.dataSync());
}
```

각 반복에서 KMeans 함수는 최적 군집 할당을 찾아가면서 군집 중심의 위치를 갱신합니다. 이는 앞서 살펴본 단계 2와 단계 3에 해당합니다.

6.5.2 k-평균 알고리즘의 구현

KMeans 함수의 구현은 다음과 같은 구성 요소를 지닙니다. 입력 데이터의 형상은 [배치 크기, 차원]이라고 가정하며, 이번 예제에서는 [90, 2]가 될 것입니다.

```
export class KMeans {
  // 원하는 군집의 수
  k: number;
  // 데이터 샘플이 속하는 공간의 차원
  dim: number;
  centroids: tf.Tensor;
  // 주어진 데이터 샘플
  xs: tf.Tensor;
  clusterAssignment: tf.Tensor;

  constructor(xs: tf.Tensor, k: number) {
    this.dim = xs.shape[1];
    this.k = k;
    // K개의 임의 점들을 선택하여 군집 중심을 초기화
    this.centroids = tf.randomNormal([this.k, this.dim]);
    this.xs = xs;
  }
}
```

clusterAssignment는 각 데이터 샘플이 할당되는 군집의 인덱스를 저장하는 텐서이며, 이에 따라 형상은 [N, 1]이 될 것입니다. N은 데이터 샘플의 수에 해당합니다. 이제 알고리즘의 초기화를 완료했으니, 다음으로 반복 최적화에서 사용할 함수를 살펴봅시다.

closestCentroids는 각 데이터 샘플을 가장 가까운 군집 중심으로 할당하는 함수입니다.

```
closestCentroids() {
  const expandedXs = tf.expandDims(this.xs, 0);
  const expandedCentroids = tf.expandDims(this.centroids, 1);

  const d = expandedXs.sub(expandedCentroids).square().sum(2);

  this.clusterAssignment = d.argMin(0);
  return d.min(0).mean();
}
```

expandDims는 주어진 텐서에서 지정한 차원 위치에 차원을 추가합니다. 형상이 [N, 2]인 입력 텐서 xs가 있다고 가정합시다. tf.expandDims(this.xs, 0)은 결괏값으로 [1, N, 2]의 형상을 가지는 새로운 텐서를 반환할 것입니다. 함수를 사용하여 인덱스 0에 해당하는 위치에 차원이 추가되었죠. 같은 방식으로, expandedCentroids는 인덱스 1에 해당하는 위치에 새로운 차원이 추가되었으므로 [3, 1, 2]의 형상을 가질 것입니다. 그렇다면 이 두 텐서 사이의 뺄셈은 어떻게 계산될까요? sub 함수는 더 높은 차원에 맞추도록 값을 복제하는 차원 브로드캐스팅broadcasting을 지원합니다.

```
expandedXs.sub(expandedCentroids)
```

이 코드를 수행하여 구해진 텐서는 [3, N, 2]의 형상을 가지며, 각 데이터 샘플과 군집 중심 간의 차이를 나타냅니다. 이후 square().sum(2)를 수행하여 유클리드 거리를 계산할 수 있습니다. 여기서 sum(2)는 인덱스 2에 해당하는 위치의 차원을 기준으로 계산을 수행함을 의미하며, 최종 형상은 [3, N, 1]이 될 것입니다.

$$\mathbf{x} = \begin{pmatrix} x_1 \\ y_1 \end{pmatrix}$$
$$\mathbf{y} = \begin{pmatrix} x_2 \\ y_2 \end{pmatrix}$$
$$d = \sqrt{(x_1 - x_2)^2 + (y_1 - y_2)^2}$$

다음으로 argMin(0)을 수행하여 가장 가까운 군집의 인덱스를 찾습니다. 데이터 샘플과 최소 거리를 가지는 군집의 인덱스를 찾기 위해 0을 입력으로 전달하는 이유는 주어진 텐서에서 인덱스 0에 해당하는 차원에 군집의 인덱스가 담겨 있기 때문입니다. 함수의 반환값은 제곱 오차의 합에 해당하며, 알고리즘의 손실 함수로 사용합니다.

하나의 반복에서 수행해야 할 다음 단계는 군집 중심의 위치를 갱신하는 것입니다.

```
updateCentroids() {
  const centers = [];
  for (let i = 0; i < this.k; i++) {
    // i번째 군집에 할당된 데이터 샘플을 저장
    const cond = this.clusterAssignment.equal(i).dataSync();
```

```
    let index = [];
    for (let j = 0; j < cond.length; j++) {
      if (cond[j] == 1) {
        index.push(j);
      }
    }
    const cluster = tf.gather(this.xs, index);
    const center = cluster.mean(0);
    centers.push(center);
  }

  this.centroids = tf.concat(centers).reshape([this.k, this.dim]);
}.
```

이 코드에서는 **tf.gather**함수에 특정 인덱스를 전달하여 해당 군집에 할당된 데이터 샘플을 가져옵니다. 이를 통해 수집한 데이터 샘플들의 평균이 군집 중심이 됩니다. 마지막으로, concat 함수로 다수의 텐서를 [3, **차원**]의 형상을 가지는 하나의 텐서로 만들어줍니다.

k-평균 알고리즘은 계속해서 번갈아가면서 closestCentroids와 updateCentroids 함수를 호출합니다.

```
update() {
  this.updateCentroids();
  return this.closestCentroids();
}
```

closestCentroids 함수가 제곱 오차의 합을 반환하므로, update 함수는 함수를 호출한 사용자가 반환값을 사용하여 최적화 과정을 그려볼 수 있도록 closestCentroids 함수를 바로 반환합니다. 다음 차트는 제곱 오차의 합 손실값이 반복이 진행됨에 따라 어떻게 변화하는지를 보여줍니다.

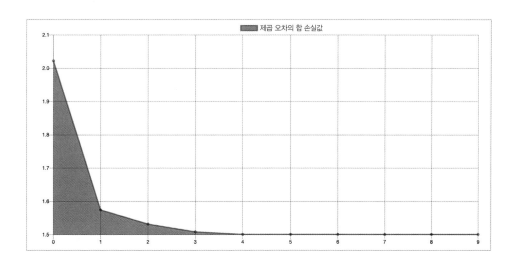

차트에서 확인할 수 있듯이, 손실값은 3~4 정도의 반복에서 충분히 감소합니다. 군집화를 수행한 최종 결과는 다음과 같습니다. 큰 동그라미가 각 군집의 중심을 나타냅니다.

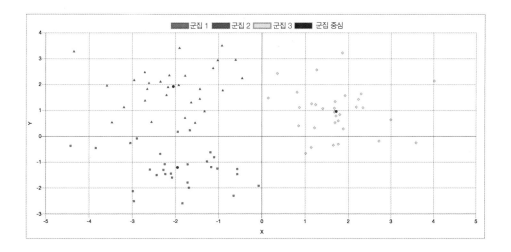

각 군집이 세 개의 군집 중심으로 보기 좋게 시각화되었습니다. 이로써 TensorFlow.js에서 k-평균 알고리즘이 어떻게 동작하는지 살펴봤습니다.

6.6 마치며

6장에서는 군집화 알고리즘이 비지도학습의 한 종류라는 점과, k-평균 알고리즘 및 EM 알고리즘의 동작 원리를 배웠습니다. EM 알고리즘은 k-평균 알고리즘의 일반화된 버전이기 때문에 이제 더 확장적인 상황에서 EM 알고리즘을 적용할 수 있을 것입니다. EM 알고리즘은 실제로 집약적인 컴퓨팅파워를 요구하기 때문에 먼저 k-평균 알고리즘을 사용하여 데이터 샘플의 구조를 대략적으로 파악한 후 EM 알고리즘을 수행합니다. 어떤 군집화 문제든 두 알고리즘을 조합하여 사용하는 것이 일반적입니다.

알고리즘의 동작 원리를 배운 후에는 TensorFlow.js를 사용하여 k-평균 알고리즘을 구현하는 방법을 배웠습니다. 2차원 공간에서의 군집화 예제를 살펴보면서 다수의 가우시안 분포에서 생성된 데이터 샘플들을 군집 중심으로 대표되는 군집들로 분리할 수 있다는 것을 확인했습니다. 여기서는 k-평균 알고리즘을 밑바닥부터 구현했지만 실제 군집화 알고리즘을 수행할 때는 기존에 존재하는 라이브러리를 사용하는 것이 더 적절할 것입니다. machinelearn.js 라이브러리에서도 k-평균 알고리즘을 제공하므로 라이브러리를 사용해보는 것도 실제 알고리즘을 익히는 데 좋은 기회가 될 것입니다. 7장에서는 순차 데이터를 분석하는 방법을 배우고, 머신러닝 애플리케이션에서 사용해보겠습니다.

6.7 연습 문제

1. 희망 군집수 K를 키우면 제곱 오차의 합이 0으로 수렴한다는 것을 증명해보세요.

2. 6장에서 다룬 예제를 바탕으로 군집 중심의 수를 변경하여 최종 결과가 어떻게 달라지는지 확인해보세요.

3. 각 군집을 서로 더 가깝게 만들면 무슨 일이 일어날까요?

4. k-평균 알고리즘을 초기화하는 더 좋은 방법들이 존재합니다. 다음 방법들을 사용하여 군집 중심을 초기화해보세요.

   - Forgy 방법: 데이터 샘플들 중 K개를 군집 중심으로 선택
   - 임의 분할 방법: 각 데이터 샘플을 임의로 군집에 할당

5. 6장에서 직접 구현한 k-평균 알고리즘을 `machinelearn.js` 라이브러리에서 제공하는 알고리즘으로 변경하여 수행해보세요.

6. k-평균 알고리즘은 항상 전역 최적해에 수렴한다고 보장할 수 없습니다. 알고리즘이 잘못된 결과만을 도출하는 상황을 생각해보세요.

6.8 더 읽을거리

- **k-평균 알고리즘**: *https://ko.wikipedia.org/wiki/K-평균_알고리즘*

- **기댓값 최대화 알고리즘**: *https://ko.wikipedia.org/wiki/기댓값_최대화_알고리즘*

- **tf.expandDims 함수**: *https://js.tensorflow.org/api/latest/#expandDims*

- **machinelearn.js의 cluster.KMeans 함수**: *https://github.com/machinelearnjs/machinelearnjs/blob/master/src/lib/cluster/k_means.ts*

## CHAPTER 7

순차 데이터 분석

지금까지 살펴본 데이터는 정적 데이터에 해당합니다. 시간 프레임이 동적으로 변함에 따라 함께 변할 수 있는 정보는 포함하지 않죠. 하지만 변하는 데이터도 다룰 줄 알아야 합니다. 이러한 데이터의 예시로는 오디오 데이터나 자연어natural language[1]가 있습니다. 순차 데이터는 각 시점의 데이터가 과거 시점의 데이터에 의존적이라는 특성을 지닙니다. 순차 데이터 내에서의 의존성을 고려하여 미래의 레이블을 예측하는 지도학습 방법도 존재하지만 여기서는 순차 데이터의 내부적인 구조에 초점을 맞출 것입니다.

7장에서는 순차 데이터를 분석할 때 사용할 수 있는 방법들을 살펴보겠습니다. 특히 푸리에 변환과 TensorFlow.js에서의 푸리에 변환 알고리즘의 구현 방법을 다룰 것입니다.

7장은 다음의 주제를 다룹니다.

- 푸리에 변환이란?
- 코사인 곡선 분해

---

1 옮긴이_ '자연어' 혹은 '자연 언어'는 사람들이 일상적으로 쓰는 언어를 인공적으로 만들어진 언어인 인공어와 구분하여 부르는 개념입니다(https://ko.wikipedia.org/wiki/자연어).

7.1 개발 환경

7장에서는 다음과 같은 개발 환경이 필요합니다.

- 자바스크립트/타입스크립트
- 웹 브라우저(크롬 권장)
- Parcel

7.2 푸리에 변환이란?

푸리에 변환 Fourier transform (FT)은 주어진 데이터 시퀀스를 각각 특정 주파수에 해당하는 여러 개의 성분으로 분해하는 기술입니다. 입력 데이터는 오디오 데이터와 같은 시계열 입력 신호일 것입니다. 푸리에 변환에서는 모든 주기함수는 사인이나 코사인 함수와 같은 단순한 곡선의 가중합으로 표현할 수 있다는 가정을 기본으로 하며, 기본적으로 특정 주파수에 해당하는 요소의 크기magnitude를 계산합니다. 테일러 급수 전개를 사용하면 어떠한 함수이든 다항함수로 근사할 수 있는 반면, 푸리에 변환은 주기함수를 여러 개의 코사인 함수 혹은 사인 함수로 분해합니다. 단순한 가정임에도 불구하고 주기성을 띄는 모든 종류의 신호값을 수학적으로 분석할 수 있는 강력한 방법이죠. 예를 들어 푸리에 변환을 사용하면 다음과 같이 시각적으로 복잡해보이는 신호를 단지 네 개의 사인 곡선의 합으로 표현할 수 있게 됩니다.

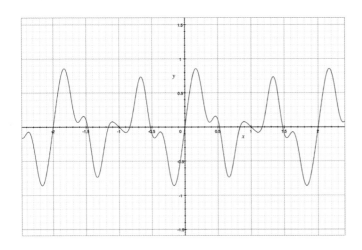

위 신호를 수학적으로 나타내면 다음과 같습니다.

$$y = 0.5 \sin(2\pi x) + 0.25 \sin(3\pi x) + 0.25 \sin(5\pi x) - 0.1 \sin(7\pi x)$$

식에서 확인할 수 있듯이 신호는 서로 다른 위상phase과 크기를 가지는 사인 곡선으로 구성되어 있습니다. 요약하자면 푸리에 변환은 각 주파수 성분의 크기(계수coefficient)를 결정하는 과정이라고 할 수 있습니다. 어떤 신호가 주어졌을 때, 푸리에 변환은 각 성분에 할당된 가중치를 찾습니다. 위 식의 경우 0.5, 0.25, 0.25와 −0.1이 각 곡선의 가중치에 해당합니다.

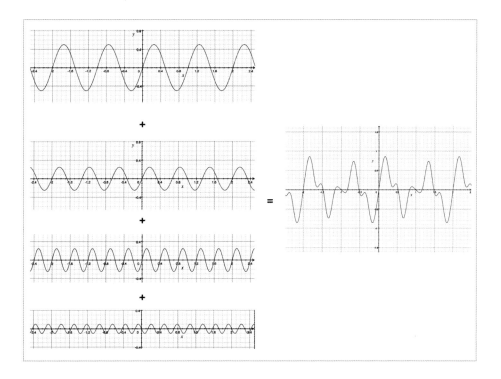

중요한 것은 특정 수학적 요구조건만 충족하면 푸리에 변환을 어떠한 종류의 함수에든 적용할 수 있다는 점입니다. 더 상세한 설명은 하지 않겠지만 머신러닝 분야에서 접하게 되는 대부분의 신호에 푸리에 변환을 적용할 수 있다는 점만 기억하기 바랍니다. 추가로 신호가 주기성을 띄지 않더라도 다수의 사인과 코사인 곡선으로 분해할 수 있으며 이 역시 무한급수에 해당합니다.

7.2.1 특성값으로써의 주파수 성분

일반적인 경우, 연속 데이터로부터 유의미한 특성을 추출하기가 어렵다는 점에서 원신호 그대로를 머신러닝 알고리즘에 적용하는 것은 적합하지 않습니다. 각 주파수 구성 성분은 원신호를 표현할 수 있기 때문에 원래의 데이터 시퀀스를 주파수 성분들로 변환한 후에는 일반적인 특성 벡터처럼 다루게 됩니다.

주파수 구성 성분을 특성값으로 사용하면 두 가지 이점을 얻을 수 있습니다.

- 시간 도메인의 데이터를 고정 크기의 특성 공간으로 변환함으로써 더 명확하고 직관적인 요소를 다룹니다. 이러한 형식을 사용하면 결정 트리와 같은 더 전통적인 머신러닝 알고리즘을 사용할 수 있게 됩니다.
- 푸리에 변환은 가역reversible 연산이기 때문에 변환된 주파수 구성 성분들로부터 원신호를 복구할 수 있습니다. 이는 주파수 성분들이 원 데이터를 설명하는 정보를 담고 있음을 의미합니다.

원신호를 복구하는 과정을 **푸리에 역변환**inverse Fourier transform(IFFT)이라고 부르며 푸리에 변환의 형제처럼 소개되곤 합니다. 모바일 센서에서 취득한 시계열 데이터 분석 용도로 개발된 DeepSense 알고리즘(7.6절 참고)에서도 알 수 있듯이, 푸리에 변환은 순환 신경망과 같이 더 심화된 알고리즘에서 사용하기 위해 원신호로부터 특성을 추출하는 데 사용됩니다.

푸리에 변환은 이론적으로는 연속값을 수학적으로 처리할 수 있습니다. 하지만 컴퓨터는 근본적으로 연속값을 인식할 수 없으며, 머신러닝 알고리즘도 입력 벡터가 유한 길이임을 가정하기 때문에 이산값을 분석하는 것입니다. 그러므로 푸리에 변환의 특수한 형태인 **이산 푸리에 변환**discrete Fourier transform(DFT)을 사용해야 합니다. 이산 푸리에 변환 알고리즘은 주어진 시퀀스에 속한 유한개의 샘플들로부터 각 주파수의 유한 크기를 계산합니다. TensorFlow.js뿐만 아니라, NumPy를 포함한 대부분의 주요 연산 라이브러리는 푸리에 변환 알고리즘 구현부에서 이산 푸리에 변환 알고리즘을 사용합니다.

그러면 이산 푸리에 변환 알고리즘의 동작 원리를 살펴봅시다.

7.2.2 이산 푸리에 변환

이산 푸리에 변환(DFT) 알고리즘은 이산값을 다루기 위한 목적으로 특별히 고안된 푸리에 변환 알고리즘의 일종입니다. 알고리즘의 목적은 유한개의 샘플들로부터 주파수 성분 구성을 찾는 것입니다. 입력 샘플들이 복소수 시퀀스 $\{\mathbf{x}_n\} = \{x_0, x_1, \ldots, x_{N-1}\}$로 이루어져 있다고 가정해봅시다. 주파수 $\omega_k = 2\pi k/N$에 해당하는 크기는 다음과 같이 계산할 수 있습니다.

$$F(\omega_k) = \sum_{n=0}^{N-1} x_n e^{-\frac{2\pi k}{N} ni} = \sum_{n=0}^{N-1} x_n e^{-\omega_k ni}$$

오일러 공식$^{\text{Euler's formula}}$ $\left(e^{ix} = \cos(x) + i\sin(x)\right)$을 사용하여 위 식을 풀어보면, $\{\mathbf{x}_n\}$으로 구성된 시퀀스가 여러 개의 사인이나 코사인 곡선으로 구성되어 있음을 알 수 있습니다. 정리하면 원 샘플들을 아래와 같이 나타낼 수 있을 것입니다.

$$
\begin{aligned}
x_n &= \frac{1}{N} \sum_{k=0}^{N-1} F(\omega_k) e^{i2\pi kn/N} \\
&= \frac{1}{N} \sum_{k=0}^{N-1} F(\omega_k)(\cos(2\pi kn/N) + i\sin(2\pi kn/N))
\end{aligned}
$$

다음 예시에서 $\mathbf{x}$는 네 개의 요소를 포함하는 샘플들로 구성된 시퀀스이며, 각 요소는 DFT로 계산합니다.

$$\mathbf{x} = \begin{pmatrix} 2 \\ 2+i \\ -i \\ -1+3i \end{pmatrix} = \begin{pmatrix} x_0 \\ x_1 \\ x_2 \\ x_3 \end{pmatrix}$$

$$
\begin{aligned}
F(\omega_0) &= 2e^{-i2\pi \cdot 0 \cdot 0/4} + (2+i)e^{-i2\pi \cdot 0 \cdot 1/4} + (-i)e^{-i2\pi \cdot 0 \cdot 2/4} + (-1+3i)e^{-i2\pi \cdot 0 \cdot 3/4} \\
&= 3 + 3i \\
F(\omega_1) &= 2e^{-i2\pi \cdot 1 \cdot 0/4} + (2+i)e^{-i2\pi \cdot 1 \cdot 1/4} + (-i)e^{-i2\pi \cdot 1 \cdot 2/4} + (-1+3i)e^{-i2\pi \cdot 3 \cdot 1/4} \\
&= -2i \\
F(\omega_2) &= 2e^{-i2\pi \cdot 2 \cdot 0/4} + (2+i)e^{-i2\pi \cdot 2 \cdot 1/4} + (-i)e^{-i2\pi \cdot 2 \cdot 2/4} + (-1+3i)e^{-i2\pi \cdot 2 \cdot 3/4} \\
&= 1 - 5i \\
F(\omega_3) &= 2e^{-i2\pi \cdot 3 \cdot 0/4} + (2+i)e^{-i2\pi \cdot 3 \cdot 1/4} + (-i)e^{-i2\pi \cdot 3 \cdot 2/4} + (-1+3i)e^{-i2\pi \cdot 3 \cdot 3/4} \\
&= 4 + 4i
\end{aligned}
$$

위에서 확인할 수 있듯이 DFT는 간단히 행렬 곱으로 계산할 수 있습니다. 각 요소 $F(\omega_k)$는 계수들과 입력 샘플들을 포함하는 선형 곱의 일종입니다. 만약 $\omega = e^{-i2\pi/4}$라고 가정하면, DFT 계산식을 다음과 같은 행렬 곱으로 나타낼 수 있을 것입니다.

$$\begin{pmatrix} F(\omega_0) \\ F(\omega_1) \\ F(\omega_2) \\ F(\omega_3) \end{pmatrix} = \begin{pmatrix} \omega^{0\cdot0} & \omega^{0\cdot1} & \omega^{0\cdot2} & \omega^{0\cdot3} \\ \omega^{1\cdot0} & \omega^{1\cdot1} & \omega^{1\cdot2} & \omega^{1\cdot3} \\ \omega^{2\cdot0} & \omega^{2\cdot1} & \omega^{2\cdot2} & \omega^{2\cdot3} \\ \omega^{3\cdot0} & \omega^{3\cdot1} & \omega^{3\cdot2} & \omega^{3\cdot3} \end{pmatrix} \begin{pmatrix} x_0 \\ x_1 \\ x_2 \\ x_3 \end{pmatrix}$$

위와 같이 나타낼 수 있다는 것은 행렬 연산에 최적화된 기존의 선형대수 프레임워크를 사용할 수 있다는 점에서 개발자에게는 좋은 소식입니다. 계산해야 할 행렬만 구하면 DFT 알고리즘을 손쉽게 구현할 수 있기 때문입니다.

하지만 DFT의 더 빠른 연산을 가능하게 하는 알고리즘이 존재합니다. TensorFlow.js를 포함한 대부분의 코드에서는 **고속 푸리에 변환**fast Fourier transform(FFT)을 사용합니다.

7.2.3 고속 푸리에 변환

TensorFlow.js는 푸리에 변환 알고리즘으로 고속 푸리에 변환(FFT)을 사용합니다. DFT를 그대로 구현하는 방식은 대부분의 경우 속도가 느리기 때문에 실용 분야에서는 대부분의 경우 FFT를 사용합니다. 행렬 곱 측면에서의 DFT의 시간 복잡도는 N이 데이터의 크기라고 했을 때 $O(N^2)$입니다. FFT를 사용하게 되면 시간 복잡도의 차수는 $O(N \log N)$까지 낮아집니다. 이는 긴 시퀀스일 때 특히 큰 차이를 유발합니다. FFT는 속도뿐만 아니라 정확도에서도 이점을 가지는데, 반올림 오차rounded-off error[2]를 없애주기 때문입니다. FFT 알고리즘은 다양한 방식으로 파생되어 구현됩니다. 오디오 처리, 음악, 과학, 이외에도 수많은 분야의 애플리케이션에서 FFT 알고리즘을 폭넓게 활용하고 있습니다.

FFT 알고리즘을 더 깊게 파고들진 않겠지만, 기본 원리는 분할 정복divide and conquer 방식에 있습니다. 분할 정복 방식은 크기가 N인 시퀀스를 $N = N_1 N_2$이라고 가정하고 크기가 각각 N_1과 N_2인 더 작은 단위의 문제로 쪼갠 후, 결국 작은 단위로 쪼개진 각 시퀀스에 DFT를 적용하는 방법을 의미합니다. 퀵 정렬과 같은 타 분할 정복 알고리즘과 유사합니다.

---

2 옮긴이_ 컴퓨터가 값을 유한 자릿수(비트)로 표현하기 때문에 발생하는 오차를 반올림 오차라고 합니다.

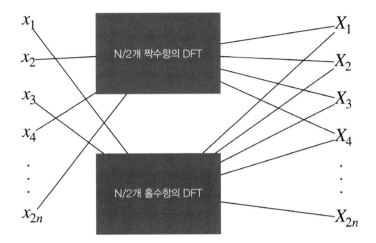

위 그림의 개략적인 도식에서 나타나듯이, 원본 시퀀스의 절반에 해당하는 만큼씩(짝수항, 홀수항)의 데이터에 DFT를 적용한 후 그 결과를 결합하여 주파수의 최종 크기를 구합니다. 이러한 과정을 반복하면 $O(N \log N)$의 시간 복잡도가 나옴을 알 수 있습니다.

FFT의 목적을 다시 정리해봅시다. FFT는 유한개의 데이터 샘플들로부터 각 주파수에 해당하는 주기 성분의 크기를 찾기 위해 고안된 알고리즘입니다. 이때 분할 정복 방식의 접근을 사용하여 $O(N \log N)$의 시간 복잡도를 달성할 수 있습니다.

7.3 코사인 곡선 분해

이번에는 TensorFlow.js API를 사용하여 실제로 FFT 프로그램을 구현해보겠습니다. TensorFlow.js는 파생 버전의 FFT 알고리즘을 몇 가지 제공합니다.

- tf.spectral.fft
- tf.spectral.ifft
- tf.spectral.rfft
- tf.spectral.irfft

TensorFlow.js는 원본 샘플 전체가 아닌, 창^{window} 단위로 이동해가면서 푸리에 변환을 적용하는 단시간 푸리에 변환^{short–time Fourier transform} (STFT)[3] 알고리즘도 지원합니다.

- tf.signal.stft

코사인 곡선 혹은 사인 곡선에 API의 각 함수들을 사용했을 때의 결과를 살펴보면서 각 알고리즘이 어떻게 동작하는지 살펴봅시다.

7.3.1 복소수 형식

푸리에 변환은 복소수 공간에서 완전히 일반화할 수 있습니다. 복소수는 실수와 허수의 쌍으로 표현되는 수입니다. 허수는 i로 표기하며, 제곱하면 음수가 되는 성질을 지닙니다. 허수는 복소 평면에서 점으로 나타내기 때문에 2차원 좌표계에서 복소수를 값의 쌍으로 표현할 수 있습니다.

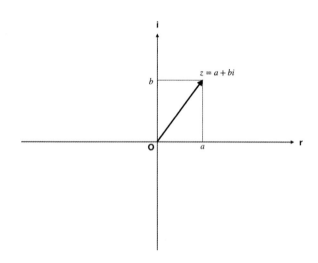

라이브러리에서 FFT 구현부를 온전히 활용할 수 있으려면 복소수 형식은 필수적으로 지원해야 합니다. TensorFlow.js는 FFT 관련 연산을 가능하게 하기 위한 목적으로 복소수 데이터 형식을 지원하기 시작했습니다.

---

3 옮긴이_ 푸리에 변환은 어떤 신호 내에 존재하는 주파수 성분들을 구할 수 있는 반면, 해당 주파수 성분들이 시간 축에서 어느 위치에 존재하는지는 알 수 없다는 한계를 지닙니다. 단시간 푸리에 변환은 창 단위로 시간 축을 이동해가면서 푸리에 변환을 적용한 후 이들을 결합함으로써 각 시간 단위에 어떤 주파수 성분이 존재하는지 분석하는 방법입니다.

복소수를 포함하는 텐서를 생성할 때는 **tf.complex**를 사용합니다.

```
const c1 = tf.complex([1.0, 2.0], [3.0, 4.0]);
```

이 코드는 복소수 값들 $[1 + 3i, 2 + 4i]$를 나타냅니다. 첫 번째 인수는 실수, 두 번째 인수는 허수부에 해당합니다. 생성된 텐서의 형상은 입력의 형상과 일치하므로, 실수와 허수부의 형상이 서로 일치해야 합니다.

tf.real과 **tf.imag**를 사용하면 복소수의 각 부분을 추출할 수 있습니다.

```
const r1 = tf.real(c1);
// -> [1.0, 2.0]
const i1 = tf.imag(c1);
// -> [3.0, 4.0]
```

이와 같은 복소수 값들은 실수와는 다르게 처리해야 합니다. 예를 들어 복소수의 덧셈은 각 부분별로 이루어지며, 복소수의 노름norm[4]은 각 요소의 제곱근으로 계산할 수 있습니다.

$$z_1 = a + bi$$
$$z_2 = c + di$$
$$z_1 + z_2 = (a + c) + (b + d)i$$
$$\|z_1\| = \sqrt{z_1 \overline{z_1}} = \sqrt{(a + bi)(a - bi)} = \sqrt{a^2 + b^2}$$

복소수 형식을 지원하는 연산들은 위와 같은 연산들을 기본적으로 지원합니다. FFT 연산도 마찬가지로 내부적으로 복소수의 기본 성질을 지원합니다.

따라서 FFT가 입력으로 받거나 반환하는 텐서는 **dtype=complex64** 형식을 갖습니다. 상세 verbose 모드에서 텐서를 출력하여 텐서의 **dtype**을 확인할 수 있습니다.

```
const c1 = tf.complex([1, 2], [3, 4]);
c1.print(true); // verbose = true

// 출력 내용
```

----

4 옮긴이_ 벡터의 크기를 일반화한 것이 노름이며, 복소수의 노름은 복소수 벡터의 크기를 뜻합니다.

```
//
// Tensor
//   dtype: complex64
//    rank: 1
//   shape: [2]
//   values:
//     [1 + 3j, 2 + 4j]

console.log(c1.dataSync());
// Float32Array(4) [1, 3, 2, 4]
```

데이터 레이아웃이 실수와 허숫값으로 사용한 요소들의 배열로 표시되는 것을 확인할 수 있습니다.

7.3.2 코사인 곡선

FFT로 분석해볼 데이터셋은 단일 코사인 곡선입니다. 파동의 위상은 원주율과 연속 범위를 곱한 xs로 표기합니다.

```
const doublePi = tf.scalar(2.0 * Math.PI);
const xs = tf.mul(doublePi, tf.range(-1.5, 1.5, 0.1));

const ys = tf.cos(xs);
```

원형 곡선은 다음과 같이 그려집니다. 데이터셋에는 30개의 샘플이 있으며, 샘플 개수는 tf.range 함수로 생성된 점의 개수에 의해 결정됩니다.

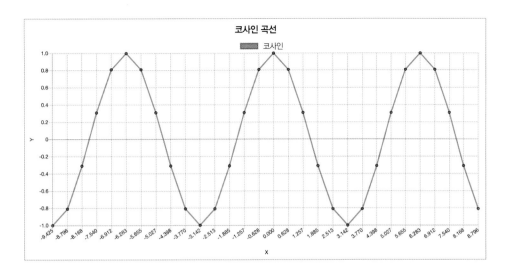

7.3.3 코사인 곡선의 푸리에 변환

`tf.fft` 함수의 인수로 복소수 형식을 전달해야 합니다. 그러나 여기서 다루는 코사인 곡선을 나타내는 시퀀스는 실수의 값만 포함합니다. 이번에는 2차원 공간에서 곡선을 그릴 것이므로 허수부는 고려하지 않겠습니다.

이 경우 허수부를 0으로 채워넣습니다. `tf.zerosLike` 함수는 입력 텐서와 형상이 동일하면서 0값이 채워진 텐서를 반환합니다.

```
const input = tf.complex(ys, ys.zerosLike());
```

이에 따라 최종적으로 허수부가 0이고 크기가 30인 N차원의 입력 텐서, 또는 벡터를 얻게 됩니다.

$$\text{input} = \begin{pmatrix} -1.0 + 0i \\ -0.8 + 0i \\ -0.3 + 0i \\ \vdots \\ -0.8 + 0i \end{pmatrix}$$

FFT의 사용법은 간단합니다. 벡터를 **tf.fft** 함수에 전달하기만 하면 됩니다.

```
const transformed = tf.fft(tf.complex(ys, ys.zerosLike()));
```

앞서 확인했듯이, DFT는 입력과 동일한 길이의 결과 시퀀스를 반환합니다. 따라서 **transformed**는 dtype이 **complex64**인 길이 30의 벡터가 됩니다. 벡터의 각 요소는 특정 주파수에 해당하는 크기를 나타냅니다. 이 크기값들을 보고 원신호가 FFT로 어떻게 분해되는지 확인할 수 있습니다.

그렇다면 어떤 주파수들이 원신호를 구성하는지 눈으로 확인해봅시다. 이를 위해서는 실수와 허수부로 구성된 주파수 성분의 크기값들로부터 노름값을 구해야 하는데, 복소수의 크기는 노름으로 정의하기 때문입니다. 앞서 복소수의 노름은 각 요소들의 제곱합의 제곱근임을 설명한 바 있습니다. 다음 코드는 텐서의 각 요소의 노름값을 계산합니다.

```
const real = tf.real(transformed);
const imag = tf.imag(transformed);

const norm = tf.sqrt(real.square().add(imag.square()));
```

실수와 허수부는 각각 **tf.real**과 **tf.imag**로 추출할 수 있습니다. 텐서는 특성상 연산 호출을 일련의 방식으로 할 수 있기 때문에 실수부의 제곱을 구하는 **real.square()**를 포함한 나머지 연산도 마찬가지로 일련의 방식으로 호출합니다.

이제 어떤 요소들이 원신호에 기여하는지 알았으니 이들을 그려봅시다.

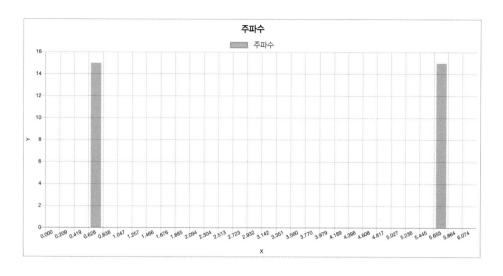

차트에서 두 개의 주파수가 존재함을 확인할 수 있습니다. 원신호는 하나의 코사인 곡선으로 구성되어 있었는데 왜 두 개의 주파수가 보이는 걸까요?

DFT 행렬을 다시 기억해봅시다. 아래는 샘플 수(N)가 4인 DFT 행렬을 나타냅니다.

$$\begin{pmatrix} \omega^{0 \cdot 0} & \omega^{0 \cdot 1} & \omega^{0 \cdot 2} & \omega^{0 \cdot 3} \\ \omega^{1 \cdot 0} & \omega^{1 \cdot 1} & \omega^{1 \cdot 2} & \omega^{1 \cdot 3} \\ \omega^{2 \cdot 0} & \omega^{2 \cdot 1} & \omega^{2 \cdot 2} & \omega^{2 \cdot 3} \\ \omega^{3 \cdot 0} & \omega^{3 \cdot 1} & \omega^{3 \cdot 2} & \omega^{3 \cdot 3} \end{pmatrix} = \begin{pmatrix} 1 & 1 & 1 & 1 \\ 1 & -i & -1 & i \\ 1 & -1 & 1 & -1 \\ 1 & i & -1 & -i \end{pmatrix}$$

$\omega^x \equiv \omega^x \bmod N$ 임을 고려했을 때 FFT 시퀀스는 다음과 같이 해석할 수 있습니다.

- 첫 번째 요소는 각 성분의 크기의 평균을 측정합니다.
- 두 번째 요소는 주파수 $2\pi i / N$에 대응되는 반면, 마지막(네 번째) 요소는 두 번째 요소의 켤레 복소수에 해당하는 주파수에 대응됩니다.

보통 첫 번째 요소를 가리켜 원신호의 DC 성분이라고 칭하는 반면, $F(\omega_k)$와 $F(\omega_{N-k})$는 각각 양의 주파수와 음의 주파수의 크기에 해당합니다. 만약 입력이 실수로 구성된 시퀀스라면 주파수는 켤레로 구성되어 있을 것입니다. 더 자세히 다루지는 않겠지만, 크기가 N인 신호는 음의 주파수와 양의 주파수 각각 $N/2$개씩의 주파수 성분을 가진다는 점을 기억하기 바랍니다.

```
const pi = tf.scalar(4.0 * Math.PI);
const xs = tf.mul(pi, tf.range(-1.5, 1.5, 0.05));
```

이 코드의 결과는 다음 그래프와 같습니다.

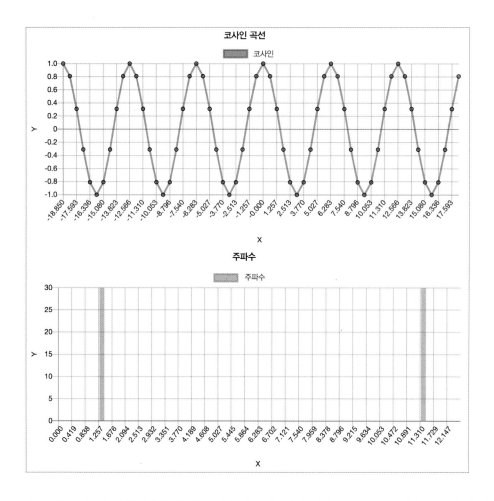

위는 원본 시퀀스의 주파수를 두 배로 키운 것이며, 이에 따라 FFT값도 두 배가 된 것을 확인할 수 있습니다.

7.3.4 복합 곡선의 푸리에 변환

다수의 코사인 곡선을 합하여 구성한 곡선을 분해해봅시다. 두 개의 코사인 곡선으로 구성된 곡선이 있다고 가정하겠습니다.

$$f(x) = \cos(2\pi x) + 0.3\cos(4\pi x)$$

첫 번째 곡선이 원래 곡선이라고 했을 때, 두 번째 곡선은 첫 번째 곡선의 두 배의 주파수를 가진 곡선에 0.3의 가중치를 곱한 것입니다.

```
const pi = tf.scalar(2.0 * Math.PI);

// 원래 주파수
const xs = tf.mul(pi, tf.range(-1.5, 1.5, 0.05));
// 두 배의 주파수
const xs2 = tf.mul(pi, tf.range(-1.5, 1.5, 0.05)).mul(2.0);

const ys = tf.cos(xs).add(tf.cos(xs2).mul(0.2));
```

이 복합 곡선을 FFT로 분해했을 때 크기가 다른 두 개의 주파수 성분이 나올 것으로 예상할 수 있습니다.

다음 그래프를 확인해봅시다.

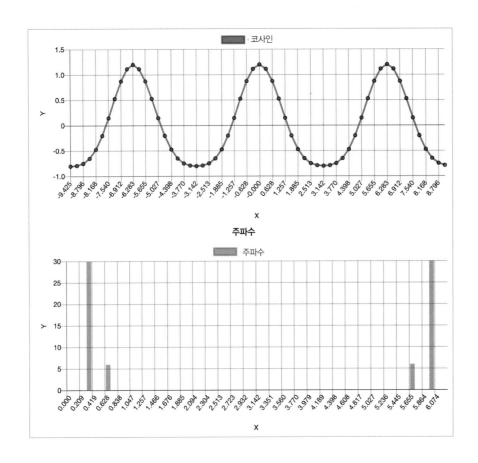

정확히 기대한 대로 결과가 나온 것을 볼 수 있습니다. FFT는 주어진 곡선을 구성하는 각 주파수 성분을 정확히 분해했습니다. 더 많은 코사인과 사인 곡선으로 구성된 더 복잡한 주기함수를 구성하여 FFT를 수행해보기 바랍니다. 주기함수의 숨겨진 특성을 찾아낼 수 있는 FFT의 위력을 알 수 있습니다.

7.3.5 푸리에 역변환

이번 절에서는 푸리에 역변환(IFFT)을 수행하여 원신호를 복원해볼 것입니다. 7장 초반에서 언급했듯이, 푸리에 변환에는 역연산이 존재합니다. 푸리에 변환과 유사한 연산을 수행함으로써 주파수 성분의 크기값들로부터 원래의 함수를 복원할 수 있습니다. TensorFlow.js는 이러한 연산을 가능하게 하는 API를 지원합니다. 입력과 출력은 서로 교환 가능하므로, `tf.fft` 함수의 출력값을 `tf.ifft` 함수에 바로 전달할 수 있습니다.

```
const pi = tf.scalar(2.0 * Math.PI);
const xs = tf.mul(pi, tf.range(-1.5, 1.5, 0.05));
const xs2 = tf.mul(pi, tf.range(-1.5, 1.5, 0.05)).mul(2.0);
const ys = tf.cos(xs).add(tf.cos(xs2).mul(0.2));

const transformed = tf.fft(tf.complex(ys, ys.zerosLike()));
const inversed = tf.ifft(transformed);
```

이 코드를 수행하면 처음에 FFT의 입력으로 받았던 곡선이 결과로 나오는 것을 확인할 수 있습니다.

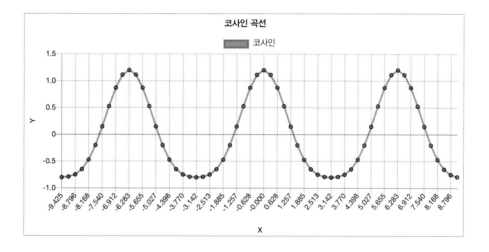

7.4 마치며

7장에서는 순차 데이터를 분석하는 전통적인 방법들을 소개했습니다. 푸리에 변환은 테일러 급수 전개와 유사하게 데이터를 여러 개의 요소로 펼치는 잘 알려진 방법입니다. 푸리에 변환에서 가장 중요한 점은 주기성을 띄는 순차 데이터의 핵심 구성 요소에 해당하는 주파수들을 찾아낼 수 있다는 점입니다.

TensorFlow.js는 푸리에 변환을 빠르게 수행할 수 있는 구현부를 제공합니다. 이를 사용하여 복합 코사인 곡선에 FFT와 IFFT를 수행한 후 결과를 분석해봤습니다. 8장에서는 차원 축소와 t-SNE를 살펴볼 것입니다.

7.5 연습 문제

다음 입력 샘플의 이산 푸리에 변환(DFT)을 직접 손으로 풀어보세요.

$$\mathbf{x} = \begin{pmatrix} 1 \\ 1+i \\ 2-i \\ 4i \end{pmatrix}$$

1. $y = x^2 + 1$와 같은 비주기함수에 DFT를 적용하면 무슨 일이 일어날까요?
2. (2, 3)의 형상을 가지는 복소수 타입의 텐서를 생성해보세요.
3. 샘플의 개수가 증가하면 DFT의 결과는 어떻게 달라질까요?
4. 다음 함수를 구성하는 각 주파수의 곡선과 크기를 그려보세요.
   - $y = 0.25\cos(3\pi x) + 1.25\cos(\pi x) - 0.5\sin(4\pi x)$
5. 만약 입력 샘플이 허수부를 포함한다면 주파수 축의 결과는 어떻게 될까요?

7.6 더 읽을거리

- DeepSense: $https://arxiv.org/abs/1611.01942$
- 이산 푸리에 변환: $https://ko.wikipedia.org/wiki/이산\_푸리에\_변환$
- tf.complex 함수: $https://js.tensorflow.org/api/latest/\#complex$
- DFT 행렬: $https://en.wikipedia.org/wiki/DFT\_matrix$

## CHAPTER 8

차원 축소

특성 벡터의 전처리 과정에도 머신러닝 기술을 적용할 수 있으며, 이는 굉장히 중요합니다. 실제 세상의 데이터는 일반적으로 난잡하고 노이즈가 많으며, 예측을 잘하려면 좋은 특성들을 골라야 합니다. 이 때문에 데이터를 정제하는 것이 중요합니다. 데이터 정제는 예측의 정확도를 높일 뿐만 아니라 입력 데이터의 크기를 줄여줌으로써 학습에 걸리는 시간을 단축시켜주기도 합니다. 8장에서는 원본 데이터로부터 의미 있는 특성을 추출하는 잘 알려진 방법 두 가지를 소개할 것입니다. 첫 번째 방법은 원본 데이터를 저차원의 공간으로 투영projection하는 비지도 학습 방법인 **주성분 분석**principal component analysis(PCA)을 살펴보겠습니다. 또 다른 방법으로는 자연어 처리(NLP) 분야에서 주로 t-SNE와 함께 사용하는 심화된 차원 축소 알고리즘인 임베딩 기술이 있습니다.

8장은 다음의 주제를 다룹니다.

- 왜 차원 축소를 해야 하는가?
- 주성분 분석의 이해
- 주성분 분석을 이용하여 3차원 좌표를 2차원 공간으로 투영하기
- 단어 임베딩

8.1 개발 환경

8장에서는 다음과 같은 개발 환경이 필요합니다.

- 자바스크립트/타입스크립트
- 웹 브라우저(크롬 권장)

8.2 왜 차원 축소를 해야 하는가?

특성 선택 알고리즘을 사용하면 학습에 사용할 특성의 개수를 줄일 수 있습니다. 특성 선택은 단순히 목푯값을 효율적으로 예측하는 데 도움이 될 것 같은 특성들을 고르는 일입니다. 이는 **차원의 저주**curse of dimensionality 문제를 어느 정도 해결해주기 때문에 예측의 정확도와 효율성의 개선에 기여합니다.

8.2.1 차원의 저주

차원의 저주는 데이터의 차원이 늘어나면서 궁극적으로는 더 많은 데이터를 필요로 하게 되는 흔한 문제를 일컫습니다. 1차원 공간과 3차원 공간에 각각 존재하는 두 데이터셋이 있다고 해 봅시다. 만약 열 개의 데이터를 포함하는 1차원 공간에서 충분히 괜찮은 정확도를 달성하고 싶다면 천 개 정도의 데이터를 모아야 할 것입니다. 다음 도식은 차원의 저주가 발생할 가능성이 높은 상황을 묘사합니다.

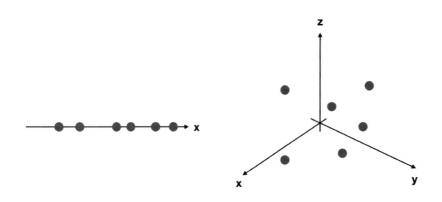

좌측에서는 데이터가 1차원 공간을 꽤 잘 채웠습니다. 하지만 우측과 같이 같은 개수의 데이터를 3차원 공간에 투영하면 데이터의 희소성이 커집니다. 이는 데이터가 3차원일 때의 모델링 정확도가 1차원일 때보다 더 좋지 않을 것임을 시사합니다. 따라서 데이터를 더 수집해야 할 것입니다.

하지만 데이터 수집은 굉장히 노동집약적인 일이기 때문에 모든 머신러닝 애플리케이션에서 가장 어려운 작업으로 간주합니다. 구글이나 아마존과 같이 방대한 양의 데이터를 수집하는 리소스를 가진 기술 중심의 기업과는 달리 일반적으로는 신뢰성 있는 데이터를 수집하고 정제할 인력을 고용해야 합니다.

반면 차원의 저주와 같은 상황에서의 이점도 존재합니다. 저차원 공간의 데이터를 사용하여 의미 있는 예측을 할 수 있다면 그 자체로 충분히 큰 가치가 있기 때문입니다. 특성 선택과 추출 과정을 사용하면 예측에 필요한 중요한 정보를 거의 잃지 않으면서도 특성의 개수를 줄일 수 있습니다. 특성 선택이 이미 존재하는 특성들 중에서 일부를 선택하는 과정이라면, 특성 추출은 원본 데이터를 새로운 공간에서 재구성합니다. 따라서 특성 추출은 원본 데이터를 분석한 결과를 바탕으로 새로운 특성들을 발굴하는 기술인 특성 공학feature engineering의 일종으로 볼 수 있습니다.

> **NOTE_** PCA와 같은 차원 축소 알고리즘은 비지도학습에 해당합니다. 차원 축소 알고리즘은 특성에 존재하는 통계적 구조에 기반하여 매핑 결과를 결정하기 때문에 원본 데이터에 레이블이 포함되어 있지 않아도 됩니다.

8.3 주성분 분석의 이해

주성분 분석(PCA)은 원본 데이터를 새로운 데이터 공간으로 변환하는 비지도학습 방법입니다. 다양한 분야에서 PCA를 활용하고 있지만 꼭 머신러닝 문제에 국한되지는 않습니다. PCA를 사용하여 데이터를 반드시 다른 차원의 공간으로 매핑해야 할 필요는 없지만 일반적으로는 차원 축소에 자주 쓰입니다. 이는 저차원 공간의 데이터를 활용하는 것이 예측 결과를 효율적으로 개선하기 때문입니다.

PCA는 관찰된 데이터를 표현하는 특성들 사이의 상관성을 기반으로 패턴을 찾는 유용한 방법입니다. PCA의 목적은 각 특성 간의 분산을 최대화하는 좌표들을 발견하는 데 있다고 할 수 있습니다.

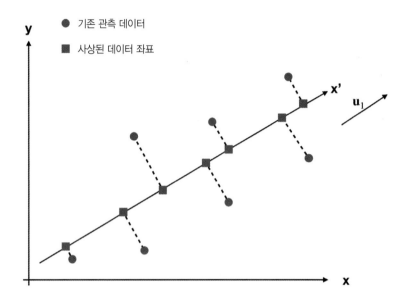

위 도식은 2차원 데이터를 1차원 공간으로 투영한 모습을 나타내는 예시입니다. 원본 데이터는 XY 좌표계에 존재합니다. 원본 데이터를 1차원 공간에 매핑했다고 가정했을 때, 어떤 방향의 차원 축을 분석과 예측에 사용해야 할까요?

직관적으로 봤을 때, 새로운 특성을 사용한 예측이 효율적으로 이루어질 수 있기 위해서는 각 데이터 샘플이 공간 전반에 걸쳐 골고루 분포되어 있는 것이 좋을 것입니다. 공간은 자연히 벡터들로 구성됩니다.

위 예시에서의 경우, u_1이 첫 번째 주성분에 해당합니다. 첫 번째 주성분에 매핑된 데이터는 가능한 최대 분산값을 갖습니다. 예시에서 확인할 수 있듯이 데이터가 존재하는 공간의 차원이 2에서 1로 축소되었으며, 이는 데이터의 크기를 성공적으로 줄였다는 것을 의미합니다.

하지만 데이터가 새로운 공간에서 최대의 분산을 가질 수 있게 하는 원리는 무엇일까요? PCA를 사용하여 새로운 차원의 공간을 구하는 방법을 배워봅시다.

8.3.1 분산의 최대화

N개의 데이터를 D차원의 벡터 $\{\mathbf{x}_n\}$으로 표현했다고 가정해봅시다. 이 데이터를 $M<D$를 만족하는 M차원의 공간으로 투영해볼 겁니다. 이때 M은 사전에 하이퍼파라미터로 주어집니다. 첫 번째 주성분을 먼저 찾아봅시다.

첫 번째 주성분은 원본 데이터의 분산이 최대가 되는 방향이 될 것입니다. 첫 번째 주성분을 찾은 후에는 그 성분의 분산값 다음으로 분산값이 큰 성분을 두 번째 주성분으로 선택합니다. 이후에는 첫 번째와 두 번째 주성분을 축으로 하는 2차원 공간으로 선형 투영linear projection이 이루어집니다. 이러한 원리를 기반으로 임의 개의 주성분을 선택하여 관측 데이터를 어떤 차원의 공간으로든 매핑할 수 있습니다.

주성분 분석에서의 또 다른 가정은 주성분 벡터의 크기가 1인 단위벡터unit vector라는 점입니다. 일반성을 보존하면서 $|\mathbf{u}_1| = 1$로 만드는 것이 가능한데, 이는 벡터의 내적값이 1이라는 것을 의미합니다.

$$\mathbf{u}_1^T \mathbf{u}_1 = 1$$

위의 식을 보면, 단위벡터이지만 하면 주성분 벡터를 행벡터 또는 열벡터로 나타낼 수 있음을 알 수 있습니다. 이러한 가정을 기반으로 주성분에 투영된 새로운 데이터 좌표는 기존 샘플 벡터와 주성분의 곱으로 나타낼 수 있습니다.

$$y_n = \mathbf{u}_1^T \mathbf{x}_n$$

y_n은 벡터 $\mathbf{u}_1$에 의해 결정된 투영 공간상의 위치를 나타냅니다. 현재는 y_n이 하나의 성분만으로 투영된 스칼라값이지만, 다수의 주성분으로 구성된 n차원의 공간에도 일반화할 수 있습니다.

이제 새로운 공간에 투영된 데이터 샘플들의 분산을 계산할 수 있습니다.

$$\frac{1}{N} \sum_{n=1}^{N} (\mathbf{u}_1^T \mathbf{x}_n - \mathbf{u}_1^T \overline{\mathbf{x}}) = \mathbf{u}_1^T \mathbf{S} \mathbf{u}_1$$

식에서 $\bar{\mathbf{x}}$는 데이터 샘플의 평균을, $\mathbf{S}$는 공분산 행렬을 나타냅니다.

$$\bar{\mathbf{x}} = \frac{1}{N} \sum_{n=1}^{N} \mathbf{x}_n$$

$$\mathbf{S} = \frac{1}{N} \sum_{n=1}^{N} (\mathbf{x}_n - \bar{\mathbf{x}})(\mathbf{x}_n - \bar{\mathbf{x}})^T$$

앞서 설명했듯이, 주성분 분석의 목적은 투영된 공간인 $\mathbf{u}_1^T \mathbf{S} \mathbf{u}_1$에서의 분산을 최대화하는 것입니다. 라그랑주 승수법Lagrange multiplier method[1]을 사용하여 문제를 다음과 같이 구성할 수 있습니다.

$$\mathbf{u}_1^T \mathbf{S} \mathbf{u}_1 + \lambda_1 (1 - \mathbf{u}_1^T \mathbf{u}_1)$$

라그랑주 승수항에 해당하는 두 번째 항은 주성분 벡터의 크기 조건인 $\mathbf{u}_1^T \mathbf{u}_1 = 1$에서 유도할 수 있습니다. 이 문제에서는 분산값을 최대화해야 하므로, 위 식을 $\mathbf{u}_1$로 미분한 값을 0으로 두고 풀면 다음과 같은 결과를 얻을 수 있습니다.

$$\mathbf{S} \mathbf{u}_1 = \lambda_1 \mathbf{u}_1$$

위 식은 $\mathbf{u}_1$이 공분산 행렬 $\mathbf{S}$의 **고유 벡터**eigenvector[2]라는 점을 증명합니다. 따라서 고유 벡터와 고윳값의 정의에 의하면 주성분 $\mathbf{u}_1$은 고유 벡터에 해당하며, λ_1은 원본 데이터의 공분산 행렬의 $\mathbf{u}_1$에 대응하는 고윳값이라고 할 수 있습니다. 주어진 행렬의 고유 벡터를 수학적으로 계산하는 것은 쉽습니다. $\mathbf{u}_1$의 크기가 1이라는 점을 고려하면 새로운 투영 공간에서의 분산은 고윳값이 됩니다.

---

1 옮긴이_ 라그랑주 승수법은 제약조건이 있는 최적화 문제를 푸는 방법입니다. 최적화 대상이 되는 값에 형식적인 라그랑주 승수(Lagrange multiplier) 항을 더하여, 제약조건이 있는 문제를 제약조건이 없는 문제로 바꿉니다(*https://ko.wikipedia.org/wiki/라그랑주_승수법*).

2 옮긴이_ 선형 투영의 고유 벡터는 투영이 일어난 후에도 방향이 변하지 않는 영벡터가 아닌 벡터를 의미합니다. (*https://ko.wikipedia.org/wiki/고윳값과_고유_벡터*).

$$\begin{aligned}
\mathbf{u}_1^T \mathbf{S} \mathbf{u}_1 &= \mathbf{u}_1^T \lambda_1 \mathbf{u}_1 \\
&= \lambda_1 \mathbf{u}_1^T \mathbf{u}_1 \\
&= \lambda_1
\end{aligned}$$

분산값은 고윳값이 최대가 되는 고유 벡터를 선택할 때 최대가 되므로, 공분산 행렬의 최대 고 윳값들 중에서 여러 개의 고유 벡터를 선택하면 됩니다. 선택한 고유 벡터를 $\mathbf{u}_1, \mathbf{u}_2, \dots, \mathbf{u}_M$ 이라고 가정하고, 이들로 구성된 투영 행렬을 사용하면 최대 분산값을 가지는 새로운 공간으로 의 선형 투영을 할 수 있게 됩니다.

$$U = \begin{pmatrix} \mathbf{u}_1 & \mathbf{u}_2 & \dots & \mathbf{u}_M \end{pmatrix}$$

행렬의 (D, M)의 형상을 가집니다. 이제 D차원 공간에 존재했던 원래 데이터를 M차원 공간 으로 변환할 수 있습니다.

$$\begin{aligned}
X &= \begin{pmatrix} \mathbf{x}_1 & \mathbf{x}_2 & \dots & \mathbf{x}_n \end{pmatrix}^T \\
X' &= XU
\end{aligned}$$

여기서 모든 데이터 샘플의 차원이 D에서 M으로 축소되었다면 투영된 데이터셋 X'이 (N, M) 의 형상을 가져야 할 것입니다. 이제 원본 데이터의 차원을 축소하는 전처리 과정을 이해했습 니다. PCA로 매핑되는 새로운 구조는 모든 머신러닝 프로세스에서 유용하게 사용됩니다.

TensorFlow.js를 사용하여 PCA 알고리즘을 수행해봅시다. 유감스럽게도 TensorFlow.js에 서는 PCA의 직접적인 구현부를 제공하지는 않습니다. 원하는 결과를 얻기 위해서는 몇 가지 라이브러리를 결합해야 합니다.

8.4 주성분 분석을 이용하여 3차원 좌표를 2차원 공간으로 투영하기

이번 절에서는 3차원 공간에 존재하는 데이터셋으로 PCA 실습을 해보겠습니다. 3차원 공간에서 생성되는 데이터 샘플들은 2차원 좌표계에서는 렌더링할 수 없습니다.

8.4.1 3차원 군집

6장에서 정규 분포로부터 데이터셋을 생성하는 방법을 배웠습니다. 원본 데이터셋의 차원을 축소하기 위해서는 (배치 크기, 3)의 형상을 만들어야 합니다.

```
const N = 30;
const D = 3;

// tf.randomNormal 함수는 정규 분포로부터 주어진 텐서와 동일한 형상의 텐서를 생성
const c1 = tf.randomNormal([N, D]).add([1.0, 0.0, 0.0]);
const c2 = tf.randomNormal([N, D]).add([-1.0, 0.0, 0.0]);
const c3 = tf.randomNormal([N, D]).add([0.0, 1.0, 1.0]);

const xs = c1.concat(c2).concat(c3);
```

각 군집은 30개의 데이터 샘플을 포함합니다. concat 함수를 사용하여 이들을 (90, 3)의 형상을 가지는 하나의 데이터셋으로 합쳐줍니다. 2차원 좌표계에서 데이터를 시각화하려면 각 데이터 조각을 좌표 공간에 투영해야 합니다. gather 연산을 사용하면 데이터 좌표의 특정 요소만 추출할 수 있습니다.

```
// 각 데이터 좌표의 첫 번째, 두 번째 요소를 추출
const xs1 = xs.gather([0, 1], 1);

// 각 데이터 좌표의 첫 번째, 세 번째 요소를 추출
const xs2 = xs.gather([0, 2], 1);

// 각 데이터 좌표의 두 번째, 세 번째 요소를 추출
const xs3 = xs.gather([1, 2], 1);
```

다음은 첫 번째와 두 번째 요소로 구성된 xs1을 나타내는 그래프입니다.

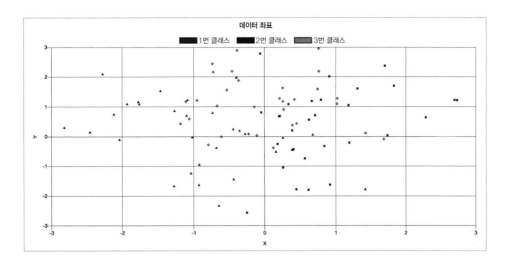

다음으로는 3차원 원본 데이터의 주성분을 찾아봅시다.

8.4.2 주성분 계산

앞서 살펴봤듯이 PCA 과정은 두 단계로 설명할 수 있습니다.

1. 원본 데이터의 공분산 행렬을 계산합니다.
2. 투영 행렬을 구성할 고윳값들을 선택합니다.

공분산 행렬을 어떻게 표현했는지 다시 떠올려 봅시다. 데이터 좌표들과 이들의 평균값 간 차이의 곱으로 나타냈었죠.

$$\mathbf{S} = \frac{1}{N} \sum_{n=1}^{N} (\mathbf{x}_n - \overline{\mathbf{x}})(\mathbf{x}_n - \overline{\mathbf{x}})^T$$

원본 데이터의 각 차원의 평균은 mean 연산을 사용하여 구할 수 있습니다.

```
const batch = xs.shape[0];
const meanValues = xs.mean(0);
```

`mean` 연산의 인수로 전달되는 `axis`(축) 정보와 같은 축소 연산의 인수는 축소가 실제로 수행되는 차원을 나타냅니다. `axis`가 0일 경우 행 단위 연산을, 1일 경우 열 단위 연산을 의미합니다. `axis` 인수는 축소 연산의 결과가 어떻게 나타날지 결정합니다. 여기서는 각 열의 평균값을 구할 것이므로 `axis` 인수로 0을 전달해줍니다. (N, D) 형상이었던 데이터셋은 (1, D) 형상의 행렬로 변환될 것입니다.

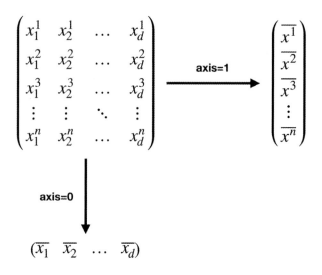

`xs.mean(0)`을 수행하면 (1, 3) 형상의 행렬을 반환합니다. 결과에서 확인할 수 있듯이 각 요소는 원본 데이터셋에서 대응되는 각 특성값들의 평균입니다.

```
const x = tf.randomNormal([5, 3]);
x.print();

// Tensor
//     [[-1.4045854, 0.7128999 , -0.0510314],
//      [-0.3591872, 0.7678196 , -0.7086825],
//      [0.891787 , -0.2265666, -0.9310723],
//      [1.079685 , 0.5257578 , 0.9313632 ],
//      [0.1935443 , -0.1113114, -1.0499427]]

x.mean(0).print();
// Tensor
//     [0.0802487, 0.3337199, -0.3618731]
```

데이터 좌표들과 평균값 벡터 간의 차이는 sub 연산을 사용하여 계산할 수 있습니다. 이때 meanValues 벡터의 형상은 자동으로 브로드캐스팅됩니다.

```
const sub = tf.sub(xs, meanValues);
```

공분산 행렬은 sub 행렬과 sub 행렬의 전치행렬의 곱으로 표현합니다. 이 행렬은 (N, D)의 형상을 가지는데, 이는 전치행렬이 (D, N)의 형상임을 의미하기도 합니다. matMul 연산의 최종 결과 행렬의 형상은 (D, D)일 것입니다. 이는 예상했던 형상과 일치하며 모든 특성들과 상관성이 있다는 점을 의미합니다.

```
console.log(tf.matMul(sub.transpose(), sub).shape);

// [3, 3]
```

이제 공분산 행렬을 완성했으니 이 행렬에서 고유 벡터를 찾을 수 있을 것입니다. 유감스럽게도 TensorFlow.js에서는 주어진 텐서에서 고유 벡터를 찾는 함수는 제공하지 않습니다. 하지만 관련 커뮤니티에서 선형대수 연산을 기반으로 이 기능을 확장할 계획을 갖고 있습니다. 여기서는 numeric이라는 라이브러리를 사용하여 선형대수 계산을 수행해보겠습니다. 프로젝트의 package.json 파일의 디펜던시 목록에 라이브러리를 추가해두기 바랍니다.

```
{
  "dependencies": {
    // ...
    "numeric": "^1.2.6",
    // ...
  }
}
```

numeric 라이브러리는 TensorFlow.js의 텐서 형식을 인식하지 못하므로, 텐서를 자바스크립트 배열로 변환해주어야 합니다. 하지만 이 과정에서 약간의 오버헤드가 발생할 수 있습니다. tf.util.toNestedArray는 텐서를 형상 그대로 유지하면서 자바스크립트 배열로 변환하는 기능을 제공합니다. 공분산 행렬을 담을 배열은 (D, D)의 형상을 가져야 합니다.

```
// 텐서를 같은 형상의 자바스크립트 배열로 변환
const covarianceData = tf.util.toNestedArray([D, D], covariance.dataSync()) as
number[][];

// 고유 벡터를 계산
const eig = numeric.eig(covarianceData);
```

numeric.eig 함수는 입력 텐서의 고윳값과 고유 벡터를 반환합니다. eig.E에 접근하여 고유 벡터를 얻을 수 있습니다.

```
// numeric 라이브러리의 eig 함수 명세
eig(A: Matrix, maxiter?: number): { lambda: Tensor; E: Tensor };
```

numeric 라이브러리가 반환하는 데이터 형식은 TensorFlow.js와 호환이 불가능합니다. 따라서 TensorFlow.js에서 동작하도록 하기 위해 다시 텐서로의 변환 작업을 거쳐야 합니다. 고유 벡터 배열은 eig.E.x로 바로 접근할 수 있습니다. 첫 n개의 벡터를 잘라내는 것은 n개의 가장 큰 고윳값을 갖는 고유 벡터를 취하는 것을 의미합니다. 잘라낸 행렬을 선형 투영하면 큰 분산값을 가지는 새로운 공간에 데이터를 새롭게 배치하는 것과 같습니다.

```
const eigenvectors = tf.tensor(eig.E.x).slice([0, 0], [-1, nComponents]);
const newXs = tf.matMul(sub, eigenvectors);
```

여기까지 살펴본 내용을 정리하면 PCA 함수를 다음과 같이 구현할 수 있을 것입니다. 함수는 원본 데이터를 포함하는 텐서와 새로운 특성 공간을 구성할 주성분의 개수를 입력으로 받습니다.

```
async function pca(xs: tf.Tensor, nComponents: number) {
  const batch = xs.shape[0];
  const meanValues = xs.mean(0);
  const sub = tf.sub(xs, meanValues);
  const covariance = tf.matMul(sub.transpose(), sub);
  const covarianceData = tf.util.toNestedArray([D, D], covariance.dataSync()) as
number[][];
  const eig = numeric.eig(xsData);
  const eigenvectors = tf.tensor(eig.E.x).slice([0, 0], [-1, nComponents]);
  return tf.matMul(sub, eigenvectors);
}
```

8.4.3 투영된 데이터셋의 분산

투영하기 전과 후의 데이터 분산값을 서로 비교해보면 PCA를 사용하여 데이터를 저차원의 공간으로 투영했을 때도 큰 분산값이 유지되는지 확인할 수 있을 것입니다. 데이터의 분산은 데이터 좌표와 각 특성 평균 간 차이의 유클리드 거리입니다. 이전에 살펴봤듯이, 각 특성의 평균값은 xs.mean(0)으로 구할 수 있습니다.

```
function variance(xs: tf.Tensor) {
  const v = xs.sub(xs.mean(0)).pow(2).mean();
  console.log(v.dataSync());
}
```

데이터를 네 가지 방법으로 투영하여 분산이 어떻게 변화하는지 봅시다.

- 0, 1번째 특성값을 사용한 투영

- 0, 2번째 특성값을 사용한 투영

- 1, 2번째 특성값을 사용한 투영

- PCA를 사용한 투영

다음 코드를 사용하여 분산의 차이를 확인할 수 있습니다.

```
console.log("Variance of xs1");
variance(xs1);

console.log("Variance of xs2");
const xs2 = xs.gather([0, 2], 1);
variance(xs2);

console.log("Variance of xs3");
const xs3 = xs.gather([0, 2], 1);
variance(xs3);

console.log("Variance by pca");
const pcaXs = await pca(xs, 2);
variance(pcaXs);
```

결과를 보면 PCA를 사용했을 때의 분산이 가장 큰 값(1.762)을 확인할 수 있습니다. 직접 다양한 투영 행렬을 구성하여 분산이 어떻게 달라지는지 확인해보기 바랍니다. 그러면 PCA가 항상 큰 분산값을 갖는다는 것을 알 수 있을 겁니다.

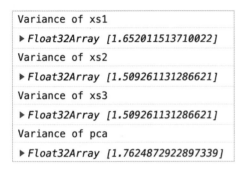

```
Variance of xs1
▶ Float32Array [1.652011513710022]
Variance of xs2
▶ Float32Array [1.509261131286621]
Variance of xs3
▶ Float32Array [1.509261131286621]
Variance of pca
▶ Float32Array [1.7624872922897339]
```

다음 그래프는 PCA를 적용했을 때 각 점이 2차원 공간에서 어떻게 그려지는지를 보여줍니다. 다른 투영 결과들과 차이가 아주 큰 것은 아니지만, 데이터의 분산은 최대화됩니다.

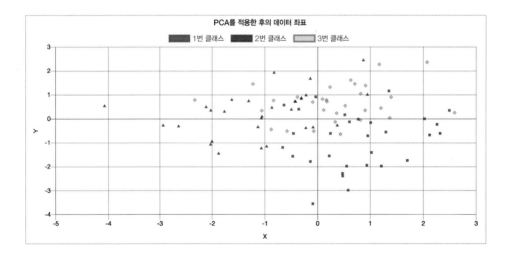

8.5 단어 임베딩

PCA는 주로 구조화된 데이터의 특성의 차원을 줄이는 데 사용됩니다. 그러나 비지도학습의 특성상, 타깃 레이블과 애플리케이션마다 달라질 수 있는 평가 지표들을 고려하도록 설계되지는 않았습니다. 따라서 PCA와 같은 전통적인 방법들은 자연어 처리와 같은 더 복잡한 문제에서는 예상대로 동작하지 않는 경우들도 종종 발생합니다.

이번 절에서는 자연어나 오디오와 같은 더 고차원의 데이터의 시맨틱semantic(의미)을 어느 정도 유지하면서 고정된 차원의 공간으로 임베딩하는 기술을 소개할 것입니다.

8.5.1 단어 임베딩이란?

단어 임베딩은 자연어 처리 분야에서 사용되는 특성 공학 기법으로 각 단어를 고정된 길이의 실수 벡터로 매핑하는 방법입니다. 일반적으로 자연어 처리에서는 하나의 단어를 이산 원자값discrete atomic value으로 취급합니다. 이러한 인코딩 방식은 임의적일 수 있으며 단어 간의 관계를 나타내는 유용한 정보를 제대로 담지 못합니다. 또한 통계 모델을 성공적으로 학습시키기 위해 더 많은 학습 데이터가 필요한 희소 데이터sparse data 문제를 야기할 수 있습니다. 여기서는 이산값의 시맨틱을 유지하면서 연속 벡터 공간으로 변환해주는 벡터 공간 모델vector space model을 사용하는 단어 임베딩 방식을 살펴보겠습니다. 다음 데이터셋은 5차원으로 임베딩된 영어 단어 목록을 나타냅니다.

```
yellow: [0.13412, 0.12412, 0.53312, -0.51343, 0.72346]
dog: [0.62351, 0.72341, -0.12451, 0.13451, 0.13623]
green: [0.67234, 0.62341, 0.72454, -0.72511, -0.41352]
cat: [0.72141, -0.41341, -0.71121, -0.11412, -0.61124]
```

이 중 어느 차원도 내재적 의미를 담고 있지 않습니다. 그러나 상대적 패턴을 전체적으로 살펴보면 단어들의 시맨틱 구조를 나타내고 있음을 알 수 있습니다. 임베딩은 모델의 입력값뿐만 아니라 출력값으로써도 굉장히 중요합니다. 객체 간의 유사도를 측정할 수 있다는 임베딩의 특성 때문에 많은 애플리케이션에서는 근접 이웃을 찾는 데 임베딩 결과를 사용하기도 합니다. 또한 임베딩을 시각화 도구로 사용하면 이산 공간에서 훨씬 더 수월하게 데이터셋을 분석할 수 있습니다. 8장 뒷부분에서 임베딩을 시각화하는 방법도 다룰 것입니다.

8.5.2 IMDb 데이터셋 불러오기

IMDb 감성 데이터셋은 가장 잘 알려진 영화 리뷰 데이터셋으로 영화 평가에 사용할 수 있는 긍정/부정적인 감성을 담은 텍스트를 포함합니다.

먼저 전처리된 데이터셋과 **tfjs-examples**의 코드를 사용하여 IMDb 데이터셋을 불러올 겁니다. **tfjs-examples** 모듈은 IMDb 데이터셋을 TensorFlow.js와 호환되는 형식으로 변환할 수 있는 여러 유틸 라이브러리를 포함하므로, IMDb 데이터셋을 불러오는 방법에 관해서는 원본 코드를 참고하기 바랍니다.

여기서는 최대 100개의 단어를 포함하는 문장들을 불러올 겁니다. 이 데이터셋의 단어 집합vocabulary의 크기는 10,000입니다. 다음 코드는 **tfjs-examples**의 감성 분석 예시 코드와 동일합니다.

```
const numWords = 10000;
const maxLen = 100;
const embeddingSize = 8;

console.log('Loading data...');
const {xTrain, xTest, yTrain, yTest} = await loadData(numWords, maxLen);
```

8.5.3 모델 임베딩하기

단어 임베딩 모델은 Layers API를 사용하여 구성합니다. **tf.layers.embedding**을 사용하면 단어를 고정 크기의 벡터로 임베딩 혹은 매핑하도록 모델을 학습시킬 수 있습니다. 입력 차원의 크기는 단어 집합의 크기에 해당하며 각 출력값은 **embeddingSize**만큼의 길이의 벡터를 가져야 합니다. **inputLength** 변수는 데이터셋 내의 문장이 가질 수 있는 최대 길이이며, **inputDim**과는 다른 변수임에 유의해주기 바랍니다. 타깃 레이블이 긍정/부정을 나타내는 플래그값이므로, **sigmoid** 활성화 함수는 출력 임베딩값이 펼쳐진 후에 적용됩니다. 흥미로운 점은 임베딩값들이 레이블값을 어느 정도 반영할 수 있다는 것입니다. 이러한 부분은 애플리케이션의 목적에 따라 적절한 파라미터로 조절할 수 있으며, 이는 임베딩 공간을 필요에 따라 유연하게 커스터마이즈할 수 있음을 나타냅니다.

```
function buildModel(numWords: number, maxLen: number, embeddingSize: number) {
  const model = tf.sequential();
  model.add(tf.layers.embedding({
    inputDim: numWords,
    outputDim: embeddingSize,
    inputLength: maxLen
  }));

  model.add(tf.layers.flatten());

  model.add(tf.layers.dense({units: 1, activation: 'sigmoid'}));
  return model;
}
```

손실 함수로는 긍정적/부정적 감정 간의 차이를 최소화하도록 binaryCrossEntropy를 사용하고, 애덤 옵티마이저를 같이 사용할 것입니다. 모델을 초기화한 후에 Layers API의 순차적 모델의 fit 함수를 실행하여 학습 프로세스를 시작합니다.

```
const model = buildModel(numWords, maxLen, embeddingSize);

model.compile({
  loss: 'binaryCrossentropy',
  optimizer: 'adam',
  metrics: ['acc']
});
model.summary();

console.log('Training model...');
await model.fit(xTrain, yTrain, {
  epochs: 3,
  batchSize: 64,
  validationSplit: 0.2
});
```

batchSize나 metrics와 같은 하이퍼파라미터를 튜닝하는 작업은 실습으로 남겨둘 테니 직접 해보기 바랍니다.

8.5.4 임베딩 결과 시각화하기

여기서 다룰 내용은 단어 임베딩 실험에서 가장 재미있는 부분입니다. 백문이 불여일견이라 하 듯이 임베딩 공간을 시각화해보는 작업은 임베딩 결과가 어떻게 생겼는지 직관적으로 이해하 는 데 큰 도움이 됩니다. 텐서플로 커뮤니티는 임베딩 공간을 시각화하는 데 사용할 수 있는 **임 베딩 프로젝터**embedding projector라는 툴을 제공합니다.

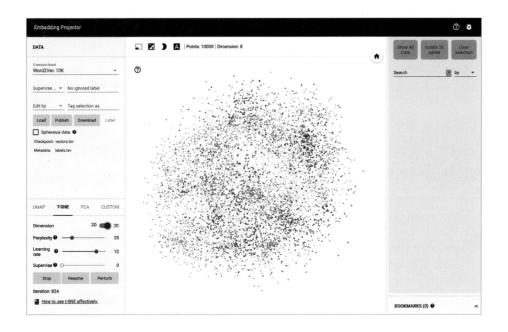

이 툴을 사용하면 임베딩 공간을 2차원 혹은 3차원상의 시각화된 정보로 나타낼 수 있습니다. 여기서 사용할 수 있는 알고리즘은 주성분 분석과 t-SNE입니다. t-SNE는 딥러닝 커뮤니티에 서 각광받고 있는 또 다른 차원 축소 알고리즘입니다.

툴을 사용하려면 임베딩 벡터와 상응하는 레이블을 포함하는 데이터셋을 업로드하면 됩니다. 레이블은 TSV 형식으로 저장되어 있어야 합니다. 샘플 애플리케이션의 콘솔에 TSV 문자열이 예시로 출력되어 있으므로 이 데이터를 단순히 복사 붙여넣기 해보겠습니다. 이 문자열들을 각 각 vectors.tsv와 labels.tsv라는 파일명으로 저장한 후, [Load] 버튼을 클릭하여 나타나 는 창에서 업로드해줍니다.

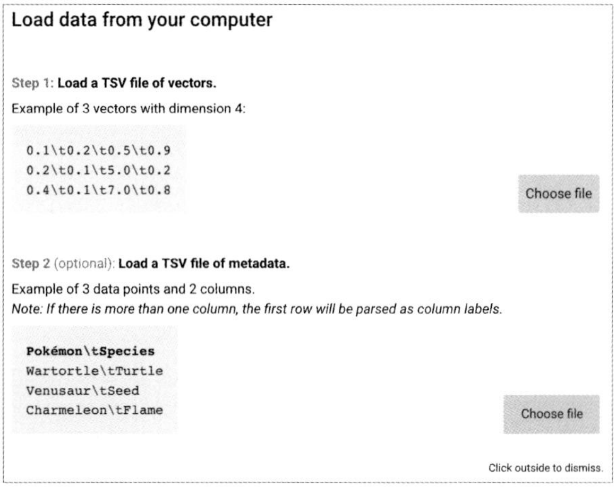
Load data from your computer
Step 1: Load a TSV file of vectors.
Example of 3 vectors with dimension 4:
0.1\t0.2\t0.5\t0.9
0.2\t0.1\t5.0\t0.2
0.4\t0.1\t7.0\t0.8
Choose file
Step 2 (optional): Load a TSV file of metadata.
Example of 3 data points and 2 columns.
Note: If there is more than one column, the first row will be parsed as column labels.
Pokémon\tSpecies
Wartortle\tTurtle
Venusaur\tSeed
Charmeleon\tFlame
Choose file
Click outside to dismiss.

프로젝터가 렌더링한 3차원 공간 상의 점들 간의 거리는 유사도를 나타냅니다. 또한 프로젝터는 점들의 레이블을 해당하는 점과 연결해주기 때문에 각 레이블이 어떤 점에 해당하는지 알 수 있게 해줍니다.

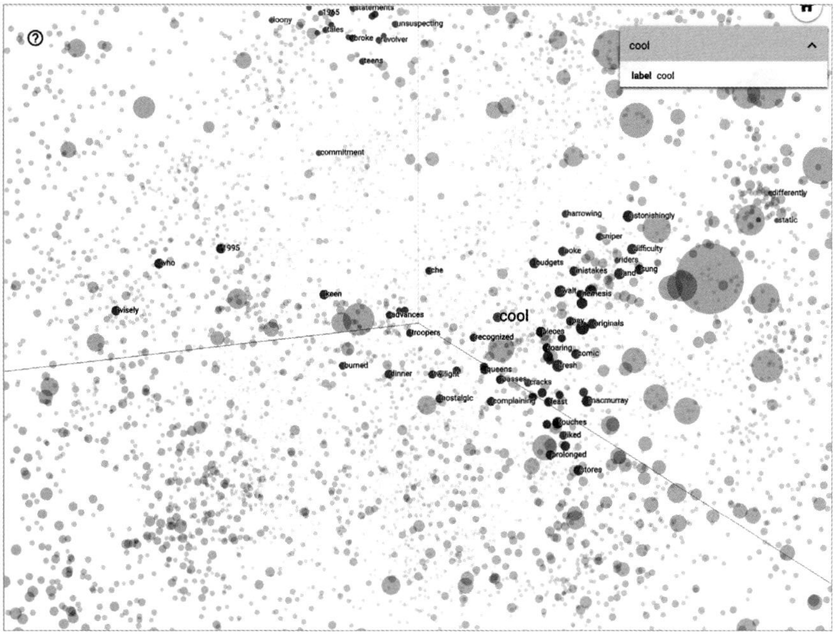
cool
label cool
cool
commitment
unsuspecting
nostalgic
complaining
recognized
differently

위 그림은 cool이라는 단어와 가까운 점들을 보여줍니다. nostalgic이나 liked와 같은 cool

주변의 몇몇 단어들은 같은 감정을 가진 것으로 보이지만 서로 관련이 없는 단어들도 여전히 보입니다. 이는 부족한 학습 때문일 수도 있으므로 하이퍼파라미터 튜닝의 여지가 있다고 볼 수 있겠습니다.

8.6 마치며

8장에서는 차원 축소에 사용할 수 있는 기술과 알고리즘을 다뤘습니다. 머신러닝 프로세스를 더 효율적이고 정확하게 하기 위해 고차원 공간의 데이터 좌표들을 어떻게 더 저차원의 공간으로 분산시킬 수 있는지 배웠습니다. 널리 사용되는 한 가지 방법은 주성분 분석입니다. 주성분 분석은 투영된 데이터 공간에서의 분산을 최대화하도록 설계된 알고리즘입니다. 이 방법은 간단하고 효율적이기 때문에 차원 축소 알고리즘 중에서는 가장 인기가 많습니다.

8장에서 살펴본 또 다른 알고리즘은 단어 임베딩입니다. 단어 임베딩은 이산값으로 표현된 데이터를 실수로 구성된 벡터로 맵핑하는 것을 가능하게 합니다. 임베딩으로 투영된 패턴은 머신러닝 애플리케이션에서 사용하는 패턴의 맥락과 유사합니다. 또한 임베딩 공간은 시각적인 분석에도 사용할 수 있습니다.

다음으로는 텐서플로의 임베딩 프로젝터 툴을 사용하여 3차원 공간에 각 데이터 샘플들 간의 유사도를 시각화하는 과정을 살펴봤습니다. 이 방법은 별개의 객체들을 우리가 직관적으로 인식할 수 있는 공간 상에 그려보는 데에도 적용할 수 있습니다. 9장에서는 마르코프 결정 과정 문제들을 해결하기 위해 벨먼 방정식을 구현하는 방법과 강화학습에서 이를 어떻게 사용하는지를 배워볼 것입니다.

8.7 연습 문제

1. 주성분 분석을 사용하여 차원의 크기를 1로 줄인 후, 그 결과를 x, y와 z 축 각각으로 투영한 값과 비교해보세요.

2. 임베딩 프로젝터 툴을 사용했을 때 나타난 주성분 분석과 t-SNE 간의 결과를 비교해보세요. 어떤 쪽이 가시성이 더 좋습니까?

3. numeric 라이브러리를 사용하지 않고 주성분 분석 알고리즘을 구현해보세요(힌트: 고윳값을 위한 연산은 필수로 구현해야 합니다).

4. 단어 임베딩 데이터셋을 시각화했을 때 데이터의 시맨틱이 잘 드러날 수 있도록 임베딩 층의 하이퍼파라미터를 튜닝해보세요.

5. MNIST 데이터를 3차원 공간으로 임베딩해보세요.

8.8 더 읽을거리

- **선형대수 알고리즘 지원 계획**: *https://github.com/tensorflow/tfjs/issues/1516*

- **npm numeric 패키지**: *https://www.npmjs.com/package/numeric*

- **단어의 벡터 표현**: *https://www.tensorflow.org/tutorials/text/word2vec*

- **tfjs-examples/sentiment**: *https://github.com/tensorflow/tfjs-examples/tree/18cc9ce0c4c7b625f961f0e685243cae1790677c/sentiment*

- **텐서플로 임베딩 프로젝터**: *https://projector.tensorflow.org/*

## CHAPTER 9

마르코프 결정 문제 풀기

강화학습은 머신러닝에서 가장 흥미로운 분야이며, 많은 머신러닝 시스템에서 강화학습 알고리즘을 활용합니다. 알파고는 강화학습을 활용한 애플리케이션의 잘 알려진 예입니다. 지금까지는 지도학습과 비지도학습 기술을 사용하는 애플리케이션들을 살펴봤습니다. 이 기술들은 특정 분야에서는 강력하지만 사람마저도 정확한 답을 알 수 없는 문제 상황에서는 뚜렷한 해결책을 제공하지 못합니다. 9장에서는 최근 가장 돋보이는 분야인 강화학습을 소개하겠습니다. 이 기술은 비디오 게임에서처럼 목표(물)에 관한 완전한 정보가 없는 경우에서 뛰어난 성능을 보이는 것으로 알려져 있습니다. 이외에 **마르코프 결정 문제**^{Markov decision process}(MDP)를 풀기 위해 벨먼 방정식을 구현하는 방법과, 이 과정이 강화학습과 어떻게 연관되는지를 배워볼 것입니다.

9장은 다음의 주제를 다룹니다.

- 강화학습이란?
  - 마르코프 결정 과정
  - 할인된 보상 합계
  - 상태 가치 함수
  - 벨먼 방정식
  - Q-학습
- 4개 상태 문제 해결하기

9.1 개발 환경

이번 장에서는 다음과 같은 개발 환경이 필요합니다.

- 타입스크립트
- 웹 브라우저(크롬 권장)

9.2 강화학습

강화학습은 목표 가정에 관한 완전한 정보가 주어지지 않고, 목표를 달성하기 위해 어떤 행동을 하는지에 따라 상황이 변할 수 있는 문제 상황을 해결할 수 있습니다. 여기서 목표를 이루고자 하는 대상이 **에이전트**agent입니다. 에이전트는 주어진 **환경**environment에서 목표를 달성하려고 노력합니다. 어떤 사람이 무인도에서 표류하고 있는 상황을 상상해봅시다. 집으로 돌아가려면 그는 섬에서 탈출해야 합니다. 하지만 그러기 위해 무엇을 어떻게 해야 할지에 관한 정보들을 완전히 알지 못합니다. 따라서 식량을 수집하고, 섬에 임시 거처를 짓는 등의 행동들을 통해 환경을 탐험해가면서 해결책을 찾아나가야 할 것입니다. 다음 그림은 강화학습이 풀고자 하는 문제의 예시를 나타냅니다. 그림에서 사람은 에이전트에, 섬은 환경에 해당합니다.

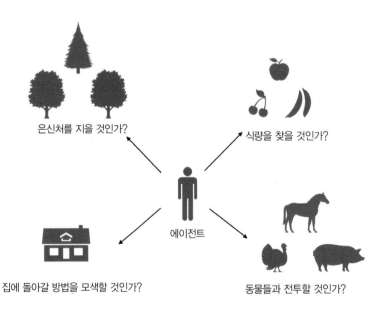

은신처를 지을 것인가?

식량을 찾을 것인가?

에이전트

집에 돌아갈 방법을 모색할 것인가?

동물들과 전투할 것인가?

에이전트는 무엇을 해야 할까요? 모든 가능한 선택지는 트레이드오프가 될 수 있습니다. 현관문을 잠그는 것과 같은 일부 선택지는 상황을 더 나아지게 만들지만, 반대로 다치는 것과 같은 선택지는 상황을 악화시킬 것입니다. **보상**reward은 상황의 좋은 정도를 측정하는 값입니다. 이미 추론하셨겠지만 이러한 결과들은 결정론적으로 주어지지 않습니다. 다시 말해 같은 행동이 항상 같은 상황으로 이어지지는 않습니다. 또, 하나의 상태가 다른 상태로 전이될 확률은 명시적으로 주어지지 않습니다. 에이전트의 목적은 탐색 과정을 거치면서 얻을 수 있는 보상의 최종합을 최대화하고, 목표를 달성하는 데 적합한 행동들을 선택하는 정책을 찾는 것입니다. 이와 같은 문제는 수학적으로 마르코프 결정 과정으로 정의합니다.

9.2.1 마르코프 결정 과정

강화학습 문제는 마르코프 결정 과정(MDP) 문제로 표현할 수 있습니다. MDP는 주어진 환경 안에서의 상태, 행동과 보상 사이의 상호작용을 정의하는 수학적 개념으로 다음과 같은 요인들을 포함합니다.

- 상태 집합 S
- 행동 공간 $A(s)$
- 초기 상태 P_0
- 상태 전이 함수 $P(s'|s,a)$
- 보상 함수 $r(s,a,s')$

MDP는 위 요인들로 표현되는 확률적 과정입니다. S는 전체 과정에서 존재할 수 있는 모든 상태를 포함합니다. $A(s)$는 각 상태에 의해 결정되는 모든 가능한 행동들을 포함하는 집합입니다. 행동 집합은 현재 상태에 의존적이기 때문에(상태에 따라 가능한 행동들이 달라지기 때문에), 행동 집합은 주어진 상태에 따라 고정적으로 정해집니다. MDP는 P_0에 포함된 초기 상태에서부터 시작됩니다. 이 후 각 행동을 통해 에이전트가 직면하는 상태가 변하게 되며, 각 행동이 어떤 상태를 선택할 확률은 상태 전이 함수로 정의됩니다. 이는 곧 주어진 상태와 행동으로 정의되는 조건부 확률에 해당합니다. 보상 함수는 현재 상태, 선택된 행동과 다음 상태의 조합에 따라 결정되는 보상값을 반환합니다.

가능한 상태 종류가 N개 존재한다고 가정합시다.

$$\mathbf{S} = \{s_1, s_2, \ldots, s_N\}$$

각 상태는 하나의 확률 변수이므로 하나의 과정 내에서의 상태 시퀀스는 다음과 같이 표현할 수 있습니다.

$$S_0, S_1, \ldots, S_t, \ldots$$

일반적으로는 각 상태에서 취할 수 있는 행동들이 달라질 수 있습니다. 하지만 쉬운 설명을 위해 이번에는 같은 행동들로 구성된 집합을 사용하겠습니다.

$$\mathbf{A} = \{a_1, a_2, \ldots, a_M\}$$

초기 상태는 확률 분포 P_0에서 추출합니다.

$$S_0 \sim P_0$$

이제 MDP의 세 개의 기본 요인인 상태, 행동과 보상을 정의했습니다. 상태는 초기 분포와 상태 전이 함수에서 추출하는 확률 변수입니다. 이제 시간이 지남에 따라 MDP가 어떻게 확장되는지 살펴봅시다.

에이전트가 초기 단계를 관측한 후에는 자체 정책에 따라 특정 행동을 선택하게 됩니다. 이에 따라 다음 단계는 현재 상태 S_0와 선택한 행동 A_0에 의해 확률적으로 결정됩니다.

$$P(S_1 | S_0, A_0)$$

이 단계에서 주어지는 보상은 다음과 같이 정해집니다.

$$R_1 = r(S_0, A_0, S_1)$$

이제 마지막 상태에 도달할 때까지 같은 과정을 반복할 수 있습니다. MDP는 이론적으로는 무한개의 상태 시퀀스로 정의되지만 여기서는 문제를 단순하게 보기 위해 유한개의 상태를 가진

MDP를 다루겠습니다.

다음 그림은 틱택토 게임을 MDP로 푸는 과정을 나타낸 것입니다. 에이전트는 초기 상태에서 첫 번째 동그라미를 어디에 둘지 먼저 선택해야 합니다. 이 후 상대가 취하는 행동에 따라 다음 상태가 결정됩니다. 에이전트의 행동과 상대의 행동을 조합하여 트리 구조를 구성할 수 있습니다.

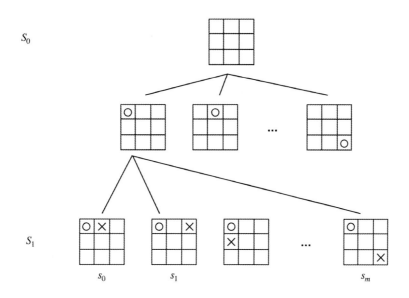

만약 에이전트가 트리의 모든 노드를 방문할 수 있다면 승리하기 위한 최적의 해결책을 찾을 수 있을 것입니다. 하지만 일반적으로는 방대한 양의 게임 공간(바둑, 마작 등)을 탐색하는 데 높은 계산 비용이 들기 때문에 그런 완벽한 상황을 가정할 수 없습니다. 또한 강화학습의 목적은 게임의 완전한 구조를 알지 못하는 상황에서 최대의 보상을 얻을 수 있는 정책을 찾는 것입니다.

9.2.2 할인된 보상 합계

보상의 단순 합은 다음과 같이 정의할 수 있습니다.

$$G_t = \sum_{r=0}^{T-1} R_{t+1+r}$$

위 식은 현재 상태에서 특정 범위의 미래 상태까지를 고려했을 때 얻을 수 있는 보상의 총합을 나타냅니다.

실제로는 이와 같은 단순한 지표를 최대화할 목표 함수로 선정하는 것이 적절하지 않은데 시간이 지남에 따라 무한으로 발산할 수 있기 때문입니다. 무한 보상은 수학적 알고리즘과 결합했을 때 잘 동작하지 않습니다. 이를 해결하기 위해 **할인된 보상 합계**를 사용하는 것이 일반적입니다. 보상 함수로 할인된 보상값을 사용함으로써 미래의 불확실성을 어느 정도 표현한다고 볼 수 있습니다. 할인된 보상 합계는 다음과 같은 식으로 나타낼 수 있습니다.

$$G_t = \sum_{r=0}^{T-1} \gamma^r R_{t+1+r} = R_{t+1} + \gamma R_{t+2} + \cdots + \gamma^{T-1} R_{t+T}$$

할인율 γ는 0과 1 사이의 값$(0 \leq \gamma \leq 1)$을 가지며 미래의 보상이 얼마나 할인될지를 표현한다고 볼 수 있습니다. 감마값이 1에 가까울수록 장기적 관점에서의 보상을 중요시하게 됩니다. 반면 0에 가까울수록 단기적 관점에서의 보상을 더 중요시하게 됩니다. 즉각적인 보상을 가져다 주는 행동을 더 높게 평가하는 것이죠. 따라서 감마값은 하나의 하이퍼파라미터로 볼 수 있습니다.

할인된 보상 합계 방식을 사용하면 유한한 과정뿐만 아니라 무한히 지속되는 과정도 다룰 수 있습니다. 이러한 가정은 사람의 일반적인 사고 과정과도 연관지을 수 있습니다. 만약 보상의 값어치가 같다면 사람들은 일반적으로 그 보상을 장기간에 걸쳐 받기보다는 단기간에 걸쳐 받는 것을 선택할 것입니다. 이는 사람들이 미래에 얻을 보상을 자연스레 할인하여 계산하고 있음을 의미합니다. 따라서 할인된 보상 합계 방식은 에이전트가 우리가 기대한 대로 동작하게 만들 것입니다.

하지만 상태 시퀀스가 확률 변수로 구성되어 있다는 점을 잊지 않고 기억해야 합니다. 보상은 현재 상태와 에이전트가 선택하는 행동에 의해 결정론적으로 정해지는 값이 아닙니다. 따라서 어떠한 상태나 에이전트가 택해야 할 행동을 평가하는 데 바람직한 방식이라고 할 수 없습니다. 따라서 이제부터는 현재 상태에서부터 계산한 할인된 보상 합계의 기댓값을 사용할 것입니다. 이 값은 각 상태를 평가하는 측정 가능한 지표로 사용됩니다.

9.2.3 상태 가치 함수

상태 가치 함수^{state-value function}는 각 상태의 예상 가치를 측정합니다. 앞서 설명한 것처럼, 상태의 가치는 할인된 보상 합계의 기댓값으로 표현할 수 있습니다. 다음은 단계 t에서 주어진 상태 s의 가치를 수식으로 나타낸 것입니다.

$$V^\pi(s) = \mathbb{E}^\pi[G_{t+1}|S_t = s]$$

π는 에이전트가 어떤 행동을 선택할지를 정의하는 정책 함수입니다. MDP에서의 목적은 좋은 정책 함수를 찾는 것이며, 상태 가치 함수는 정책 함수에 따라 고정적으로 결정됩니다. 따라서 상태 가치는 주어진 상태에서의 할인된 보상의 합계에 해당하는 스칼라값입니다.

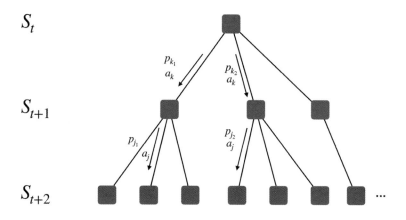

위 도식은 상태 가치가 계산되는 과정을 나타냅니다. 앞서 언급했던 것처럼 같은 행동을 선택하는 것이 결정론적으로 항상 같은 상태로 이어지지는 않습니다. 다음 상태는 전이 함수에 해당하는 조건부 확률에 의해 결정됩니다. 도식을 보면 어떤 행동 a_k은 p_{k1}의 확률로 왼쪽의 상태로 이어지며, p_{k2}의 확률로 오른쪽의 상태로 이어집니다. 따라서 상태 가치는 주어진 정책에 따라 선택한 행동들로 인해 발생할 수 있는 보상값들의 평균입니다. 이미 예상할 수 있듯이 이러한 상태 가치값을 사용하여 정책의 순위를 정의할 수 있습니다.

다음 조건을 만족한다고 가정했을 때, 정책 π은 정책 π'보다 좋다고 할 수 있습니다.

$$\forall s \in S, \ V^{\pi'}(s) \leq V^{\pi}(s)$$
$$\exists s \in S, \ V^{\pi'}(s) \leq V^{\pi}(s)$$

만약 이러한 기준에 따라 최고의 정책을 찾는다면, 이 정책을 **최적 정책**optimal policy이라고 부를 수 있습니다. 최적 정책에 따라 주어진 상태 가치는 최적의 상태 가치가 될 것이며 다음 식으로 나타낼 수 있습니다.

$$\forall s \in S, \ V^*(s) = \max_{\pi} V^{\pi}(s)$$

상태 가치 함수는 상태만을 매개변수로 사용하지만, 행동에 관한 정보를 함께 사용할 수 있다면 주어진 상태와 해당 상태에서 에이전트가 선택할 행동으로 구성된 쌍을 사용한 훨씬 효율적인 평가가 가능할 것입니다. 이제부터는 상태 가치 함수에서 자연스럽게 유도할 수 있는 **행동 가치 함수**action-value function를 사용할 것입니다.

$$Q^{\pi}(s, a) = \mathbb{E}[S_{t+1} | S_t = s, A_t = a]$$

행동 가치 함수는 상태 s와 행동 a로부터 시작했을 때 가능한 모든 경로들의 평균 보상값을 계산합니다. 이를 사용하여 에이전트가 선택한 행동들이 얼마나 좋은 선택이었는지 평가할 수 있습니다. 상태 가치 함수에서와 마찬가지로 행동 가치 함수를 사용하여 최적 정책을 찾을 수 있습니다.

$$Q^*(s, a) = \max_{\pi} Q^{\pi}(s, a)$$

여기까지 해서 최대 상태 가치 혹은 행동 가치 함수를 사용하여 최적의 정책을 찾는 방법을 살펴봤습니다. 하지만 이 함수들은 전이 함수와 가능한 보상값들에 의존적이며, 일반적으로 MDP에서는 이러한 요인들에 관한 정보가 사전에 명시적으로 주어지지 않습니다. 행동 가치 함수 역시 주어지지 않기 때문에 문제 상황을 잘 관측하여 행동 가치 함수를 도출할 수 있어야 합니다.

여기까지 오기 위해 먼 길을 달려왔습니다. 강화학습 알고리즘의 기초를 설명하는 마지막 단계로 행동 가치 함수를 유도하는 데 필요한 벨먼 방정식과 Q 러닝을 살펴봅시다.

9.2.4 벨먼 방정식

기댓값의 계산은 선형 연산이므로 행동 가치 함수는 다음과 같이 다시 쓸 수 있습니다.

$$\begin{aligned}
Q^\pi(s, a) &= \mathbb{E}^\pi[G_{t+1}|S_t = s, A_t = a] \\
&= \mathbb{E}^\pi[R_{t+1}|S_t = s, A_t = a] + \mathbb{E}^\pi[\gamma R_{t+2} + \gamma^2 Rt + 3 + \ldots |S_t = s, A_t = a] \\
&= \mathbb{E}^\pi[R_{t+1}|S_t = s, A_t = a] + \gamma \mathbb{E}^\pi[R_{t+2} + \gamma Rt + 3 + \ldots |S_t = s, A_t = a]
\end{aligned}$$

상세한 계산 과정은 생략하겠지만, 다음과 같이 행동 가치 함수를 **벨먼 방정식**^{Bellman equation}으로 나타낼 수 있습니다.

$$Q^\pi(s, a) = \sum_{s' \in S} P(s'|s, a) \left(r(s, a, s') + \sum_{a \in A(s')} \gamma P(a'|s') Q^\pi(s', a') \right)$$

위 수식은 재귀적인 방식으로 모든 상태–행동 쌍의 행동 가치를 계산할 수 있다는 것을 보여주며 많은 것들을 단순하게 만들어줍니다. 하지만 벨먼 방정식은 여전히 전이 함수 P에 의존적이기 때문에 근본적인 문제를 해결해주지는 못합니다. 따라서 전이 함수를 사용하지 않고 행동 가치를 계산할 수 있는 알고리즘을 찾아야 합니다.

9.2.5 Q 러닝

Q 러닝^{Q-learning}은 행동 가치 함수를 추정하여 최적의 정책을 만드는 데 가장 흔히 사용되는 강화학습 알고리즘입니다. 이 알고리즘은 매 관측마다 초기 행동 가치 함수를 갱신하는 반복적인 최적화 과정으로 이루어져 있습니다.

$$Q(S_t, A_t) \leftarrow (1 - \alpha)Q(S_t, A_t) + \alpha(R_{t+1} + \gamma \max_{a' \in A(s')} Q(S_{t+1}, a'))$$

위 식에서 알파는 매 반복마다 함수가 갱신되는 정도를 정의하는 학습률에 해당합니다. 보시다시피 위 식은 전이 함수를 포함하지 않습니다. 관측값만을 사용하여 행동 가치 함수를 추정할 수 있는 것입니다.

하지만 어떻게 해야 이러한 반복 과정을 수행하는 것이 최적해로 수렴하도록 확실히 보장할 수 있을까요? 위 식을 다음과 같이 다시 써봅시다.

$$Q(S_t, A_t) \leftarrow Q(S_t, A_t) + \alpha(R_{t+1} + \gamma \max_{a' \in A(s')} Q(S_{t+1}, a') - Q(S_t, A_t))$$

만약 위 과정이 수렴한다면, 두 번째 항은 0이 되어야 할 것입니다. 예를 들어 첫 번째 반복에서 다음 식이 성립해야 할 것입니다.

$$r(s_1, a_1, s_2) + \gamma \max_{a' \in A(s')} Q(s_2, a') - Q(s_1, a_1) = 0$$

이와 같은 결과는 정책이 항상 행동 가치가 최대가 되는 행동을 선택하게 한다는 점에서 행동 가치 함수의 벨먼 방정식과 완전히 일치하게 됩니다.

$$Q(s_1, a_1) = r(s_1, a_1, s_2) + \gamma \max_{a' \in A(s')} Q(s_2, a')$$

이와 같은 가정은 만약 Q 러닝이 수렴한다면 항상 행동 가치 함수를 최대화하는 행동을 선택하는 정책을 사용함으로써 행동 가치 함수를 얻을 수 있다는 것을 보여줍니다. 따라서 Q 러닝은 최대 가치를 갖는 행동을 계속해서 선택하는 특정 정책을 기반으로 하여 행동 가치 함수를 찾는 알고리즘이라고 할 수 있습니다.

이제 잠시 숨을 고르면서 Q 러닝이 단순한 MDP 문제에서 어떻게 동작하는지 살펴봅시다.

9.3 4개 상태 문제 해결하기

총 네 개의 전역 상태를 가진 단순한 환경을 가정해봅시다. 각 상태에서는 총 두 개의 행동을 취할 수 있습니다. 문제를 단순하게 하기 위해 전이가 결정론적으로 이루어진다고 가정합시다. 즉, 다음 상태는 현재 상태와 에이전트가 선택하는 행동에 의해서만 결정됩니다. 다음 도식은 이러한 가정 하의 MDP를 나타냅니다.

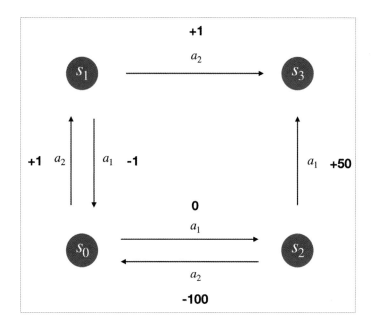

s_0는 초기 상태를, s_3는 목표 상태를 나타냅니다. 목표를 제외한 각 상태에서는 행동 a_1와 a_2를 선택할 수 있습니다. 숫자는 해당 상태 전이로 획득할 수 있는 보상을 나타냅니다. 이제 Q 러닝 알고리즘을 사용하여 행동 가치 함수를 갱신하는 에이전트를 만들어봅시다.

9.3.1 환경 설계

네 개의 상태를 포함하는 환경은 다음과 같이 설계할 수 있습니다. 환경 클래스는 상태, 행동 리스트와 해당 상태−행동 쌍에 상응하는 보상을 포함합니다. 보상은 현재 상태와 에이전트가 선택하는 행동에 의해 결정론적으로 정해집니다.

```
class Environment {
  private states = [0, 1, 2, 3];
  private actions = [
    [2, 1],
    [0, 3],
    [3, 0],
    [3, 3], // 최종 상태
  ];
  // 보상은 현재 상태와 에이전트가 선택하는 행동에 의해 결정됨
```

```
private rewards = [
  [0, 1],
  [-1, 1],
  [50, -100],
  [0, 0],
];

// 기타 함수들
}
```

이번 예시에서의 경우 환경 클래스는 내부 상태 정보를 제공하는 유틸리티 함수도 몇 개 포함합니다.

```
private currentState: number;
constructor() {
  this.currentState = 0;
}

getCurrentState(): number {
  return this.currentState;
}

getStates(): number[] {
  return this.states;
}

getNumStates(): number {
  return this.states.length;
}

getNumActions(): number {
  return this.actions[0].length;
}

isEnd(): boolean {
  if (this.currentState === 3) {
    return true;
  } else {
    return false;
  }
}
```

에이전트가 선택하는 행동에 따라 내부 상태를 갱신할 수 있도록 환경 클래스는 다음 함수들을 제공합니다. update 함수는 현재 상태를 바꾼 후의 보상을 반환합니다.

```
update(action: number): number {
  const reward = this.rewards[this.currentState][action];
  this.currentState = this.actions[this.currentState][action];
  return reward;
}

reset() {
  this.currentState = 0;
}
```

에이전트는 최종 상태에 도달할 때까지 계속해서 행동을 취하며 각 상태 전이에 상응하는 보상을 받습니다. 초기 상태에서 시작해서 최종 상태까지 한 번 반복이 이루어지는 것을 하나의 **에피소드**episode라고 칭합니다. Q 러닝에서 에이전트는 여러 번의 에피소드를 진행하면서 행동 가치 함수를 수렴시키려고 노력합니다.

9.3.2 Q 러닝의 과정

이번 실험에서는 학습률로 0.01을, 할인율로 0.8을 사용해볼 겁니다. 다음은 학습에 사용할 환경과 하이퍼파라미터를 초기화하는 코드입니다.

```
async function qlearning() {
  const episodes = [];
  for (let i = 0; i < 1000; i++) {
    episodes.push(i);
  }

  // 환경 초기화
  const env = new Environment();

  // 행동 가치 함수를 [numState, numActions] 형상을 가진 2차원 텐서로 초기화
  let actionValue = tf.fill([env.getNumStates(), env.getNumActions()], 10);

  // 학습률
  const alpha = 0.01;
```

```
// 할인률
const discount = 0.8;

// Q 러닝을 사용한 최적화
// ...
}
```

이때 에피소드 내의 환경의 결과를 관측함으로써 행동 가치 함수를 갱신할 수 있습니다. 이번 학습 단계에서는 1,000번의 에피소드를 진행합니다.

```
// Q 러닝을 사용한 최적화

const xs = [];
actionValue.print();

// 각 에피소드를 반복
for (let i of episodes) {
  let isEnd = false;

  while (!isEnd) {
    // 에피소드가 끝날 때까지 게임을 수행
    // 다음 행동을 선택
  }
  env.reset();
}
```

에이전트는 아래와 같이 다음 행동을 선택합니다.

```
// 정책은 행동을 무작위로 선택함
const action = policy();
```

이 후의 반복에서는 에이전트가 선택한 행동에 따라 행동 가치 함수를 갱신합니다.

```
const prevState = env.getCurrentState();
const reward = env.update(action);
const currentState = env.getCurrentState();

// 갱신값을 0으로 초기화
const array = new Float32Array(env.getNumStates() * env.getNumActions());
```

```
      array.fill(1.0);
      const buffer = tf.buffer([env.getNumStates(), env.getNumActions()],
'float32', array);

      // currentState에서 얻을 수 있을 것으로 예상되는 최대 행동 가치값을 설정
      const maxValue = tf.util.toNestedArray(
          [env.getNumStates(), 1], actionValue.max(1).dataSync())[currentState];
      buffer.set(reward + discount * maxValue, prevState, action);

      // 행동 가치 함수 갱신
      actionValue = tf.mul((1 - alpha), actionValue).add(tf.mul(alpha, buffer.
toTensor()));

      // 마지막 상태 도달 시 에피소드 완료
      isEnd = env.isEnd();
```

다음 알고리즘을 구현하기 위해서는 값의 일부를 갱신할 수 있도록 텐서 버퍼를 사용합니다.

$$Q(S_t, A_t) \leftarrow (1 - \alpha)Q(S_t, A_t) + \alpha(R_{t+1} + \gamma \max_{a' \in A(s')} Q(S_{t+1}, a'))$$

텐서 버퍼는 반복적으로 텐서값을 변경해야 할 때 유용한 데이터 구조로 임의 접근이 필요할 때 사용하기 적합합니다. 버퍼값을 1로 초기화하면 현재 상태와 행동에 해당하는 값만 갱신됩니다. 환경은 어떤 행동을 수행한 결과로 보상을 반환합니다. 최종 텐서를 얻으려면 `buffer.toTensor()`를 호출해야 합니다. 여기까지 하나의 과정이 정해진 횟수만큼 반복됩니다. 이번 예시에서는 에이전트가 1,000회의 에피소드를 거치게 됩니다.

정책은 가능한 행동들 중의 하나를 확률적으로 선택하는 함수입니다. 다음의 정책 함수는 두 행동을 정확히 같은 확률로 선택하기 때문에 에이전트가 모든 행동을 가능한 한 많이 탐색해볼 수 있게 합니다. 다음 코드에서 정수 0은 a_1, 1은 a_2를 의미합니다.

```
function policy() {
  if (Math.random() < 0.5) {
    return 0;
  } else {
    return 1;
  }
}
```

s_0의 행동 가치값이 어떻게 수렴하는지 봅시다. 모든 상태의 초기 행동 가치값은 10으로 초기화합니다.

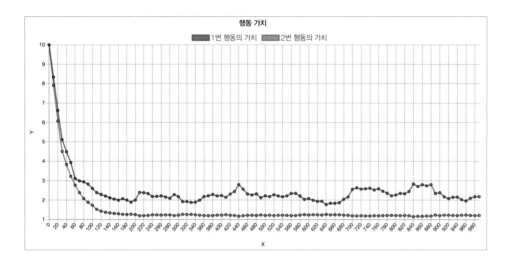

장기적인 관점에서 보면 a_1을 선택했을 때 더 큰 할인 보상 합계를 얻게 되는데, 이는 a_2을 선택하여 -100의 보상을 얻을 가능성이 있음에도 불구하고 a_1이 $+50$의 보상을 주기 때문입니다. 다음으로 정책 함수가 갱신된 후에 최종 보상이 어떻게 변하는지 다음 그래프에서 확인해 봅시다.

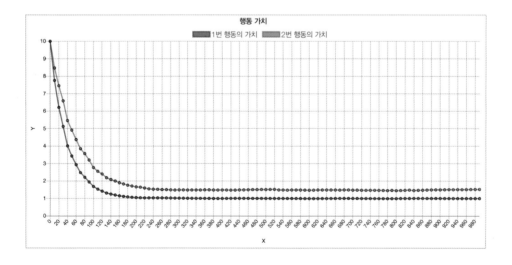

그래프에서 확인할 수 있듯이, a_2의 행동 가치값이 증가했습니다. 이는 +50의 더 높은 보상값을 주는 a_1을 선택할 확률이 낮아졌기 때문입니다. s_1에서 a_1을 선택했을 때 평균적으로 더 적은 최종 보상을 얻게 될 가능성이 더 큽니다. 이러한 정책 함수를 고려했을 때 s_2에서의 행동 가치는 조금 다른 결과를 보여줍니다.

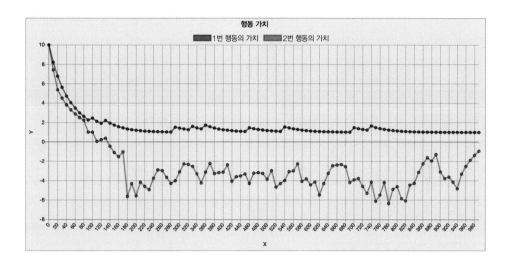

a_1을 선택할 확률이 줄어들었음에도 행동 가치는 a_2보다 큰 것을 확인할 수 있습니다. 이는 s_2에서 a_1을 선택했을 때 +50의 보상을 확정적으로 받으면서 최종 목표 상태에 도달하기 때문에 a_1이 가장 좋은 선택이라는 점을 시사합니다. a_2를 선택하면 −100의 보상을 받을 뿐만 아니라, 목표 상태에 도달하지 않으므로 게임을 더 진행해야 합니다. 따라서 a_2의 행동 가치의 변동이 더 큰 것입니다.

이번 실험에서 정책 함수는 행동 가치 함수가 어떻게 수렴하는지 확인하기 위해 수렴 이후에도 탐색을 계속합니다. 하지만 일반적으로는 수렴 직후에 최대 행동 가치를 주는 행동들을 선택함으로써 어렵지 않게 최고의 결과를 달성할 수 있습니다. 이것이 Q 러닝에서의 기본 가정입니다.

9.4 마치며

9장에서는 단순한 MDP 문제를 직접 풀어보면서 강화학습의 기본 가정과 Q 러닝의 동작 과정을 배웠습니다. 강화학습은 환경 자체에 관한 완전한 정보가 주어지지 않았을 때 상황을 해결할 수 있는 강력한 기술입니다. 환경을 관측하면서 자연스럽게 설계한 몇 가지 정의만을 사용하여 원하는 결과를 얻을 수 있죠. 상태 간의 전이 함수는 사실 더 섬세하게 설계되어야 하지만, 이번 장에서 풀어본 예시 문제처럼 고정된 전이 함수를 사용하는 것도 일반적인 MDP 문제를 정의하는 데 필요한 주요 가정들을 충족합니다.

Q 러닝은 강화학습 문제를 해결하는 데 널리 사용되는 알고리즘으로, 벨먼 방정식에 기반하여 행동 가치 함수를 갱신하는 하나의 반복적인 과정입니다. 또한 최적 행동 가치 함수로 항상 수렴할 것이 보장되며, 우리가 예상한 대로의 결과를 보여줍니다. 꽤 단순해보여도, 비디오 게임이나 전통 바둑 게임에서 사람을 이기기에 충분히 강력한 알고리즘입니다.

강화학습은 MDP 문제를 해결하는 과정이 사람과 굉장히 유사하다는 점에서 아주 흥미로운 기술입니다. 그런 점에서 강화학습은 인공지능이 적용되는 전형적인 분야로 간주되기도 합니다. 알고리즘의 동작 방식을 보면 마치 지능을 가진 것 같은 느낌이 들기도 합니다. 더 복잡한 문제를 푸는 많은 예시와 구현 방법들이 있으니, 프로그램을 돌려보고 인간과 더 비슷한 결과를 확인해보는 것도 흥미로울 것입니다.

10장에서는 머신러닝 애플리케이션을 배포하는 방법을 살펴보겠습니다.

9.5 연습 문제

1. 일상에서 MDP 문제로 정의할 수 있는 상황을 찾아 설명해보세요.

2. 행동 가치 함수를 사용하는 것과 동일한 방식으로 상태 가치 함수를 사용하여 MDP 문제를 풀 수 있을까요?

3. 9장에서 풀어본 4개 상태 MDP 문제에서, 다음에 주어진 각 하이퍼파라미터를 변경해보면서 행동 가치 함수가 어떻게 변하는지 관측해보세요.

   - 할인율
   - 학습률

- s_2에서 s_3으로 전이 시의 보상값

4. 4개 상태 MDP 문제에서, 다음에 주어진 정책을 사용했을 때 행동 가치 함수가 어떻게 변하는지 관측해보세요.

- 항상 a_1을 선택

- 항상 a_2를 선택

- 행동 가치값을 최대화하는 행동을 선택

5. 예제 코드에서 CartPole 예시를 실행해보고, 동작이 어떻게 바뀌는지 확인해보세요.

9.6 더 읽을거리

- **강화학습**: *https://ko.wikipedia.org/wiki/강화_학습*

- **벨먼 방정식**: *https://en.wikipedia.org/wiki/Bellman_equation*

- **tf.buffer**: *https://js.tensorflow.org/api/latest/#buffer*

- **Q 러닝**: *https://ko.wikipedia.org/wiki/Q_러닝*

- **CartPole 게임**: *https://gym.openai.com/envs/CartPole-v0/*

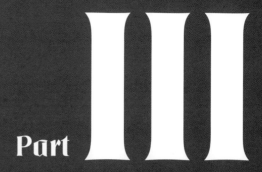

TensorFlow.js로
머신러닝 애플리케이션
배포하기

3부에서는 머신러닝 애플리케이션을 배포하는 방법, 하드웨어 가속된 백엔드에서 고성능을 내는 방법과 텐서플로 Core로 모델을 학습하는 방법을 다룹니다. 이외에 추가로 TensorFlow.js의 성능을 개선하는 방법들을 살펴볼 것입니다.

Part III

TensorFlow.js로
머신러닝 애플리케이션
배포하기

## CHAPTER 10

머신러닝 애플리케이션 배포하기

웹 애플리케이션을 배포할 수 있는 방법은 다양합니다. 그 중에서도 다양한 종류의 산출물들과 머신러닝 모델을 함께 묶어 배포할 수 있는 프레임워크에 익숙해져야 합니다. 이번 장에서는 TensorFlow.js 애플리케이션 패키지를 생성하는 방법을 배워볼 것입니다. 이전 장들에서는 TensorFlow.js를 사용하여 다양한 애플리케이션을 구현했습니다. 이 애플리케이션들은 매우 단순하기 때문에 TensorFlow.js를 사용한 애플리케이션을 구현할 때 사용하는 기본 구성 요소들을 배우기 좋습니다. 하지만 이는 시작에 불과합니다.

이번 장부터는 성능과 이식성 측면에서 제품 준비production-ready 단계의 애플리케이션을 만드는 데 유용한 응용 주제들을 배워볼 것입니다.

10장은 다음의 주제를 다룹니다.

- 자바스크립트 플랫폼 주변 생태계
- 모듈 번들러
- GitHub Page로 모듈 배포하기

10.1 개발 환경

10장에서는 다음과 같은 개발 환경이 필요합니다.

- 웹 브라우저(크롬 권장)
- Node.js
- 타입스크립트
- GitHub 계정

10.2 자바스크립트 플랫폼의 에코시스템

자바스크립트는 웹 애플리케이션의 핵심 구성 요소입니다. 이 책의 목적은 흥미로운 머신러닝 애플리케이션을 웹에서 구동하는 방법을 배우는 데 있지만 지금까지는 이에 관해 자세히 언급하지 않았습니다. 이번 절에서는 최신 웹 브라우저에서 자바스크립트가 어떻게 동작하는지와 자바스크립트 플랫폼을 지원하는 개발자 도구들을 살펴볼 것입니다.

10.2.1 최신 웹 브라우저에서의 자바스크립트

대부분의 최신 웹 브라우저는 클라이언트 사이드 애플리케이션이 자바스크립트 프로그램을 편하고 안전하게 구동할 수 있도록 자체적인 자바스크립트 런타임을 내장하고 있습니다. 웹 브라우저의 자바스크립트 런타임은 근본적으로 내장 운영체제에서는 분리되며, 철저히 브라우저 단에서 관리됩니다. 만약 브라우저에서 자원 집약적인 머신러닝 애플리케이션을 구동한다고 하더라도 같은 기계에서 구동 중인 다른 애플리케이션에 영향을 미치지 않습니다.

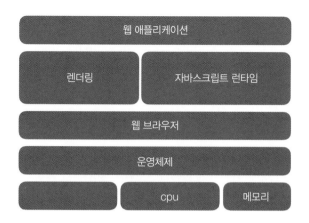

자바스크립트는 ECMAScript 표준을 따르는 언어입니다. 따라서 자바스크립트도 ECMAScript 표준 하에 구현된 하나의 버전일 뿐입니다. 브라우저에서 지원하는 지원하는 ECMAScript 버전 간의 차이는 미미합니다. 책이 집필되는 시점에서는 공식적으로 ECMAScript 2015로 알려진 버전 6이 가장 보편적으로 지원되며, 이 버전은 객체 지향 시스템 등 최신 프로그래밍 언어에서 지원하는 수많은 기능을 포함합니다. 자바스크립트 구현 버전에 따른 호환성 문제는 없어야 하는 게 맞지만, WebGPU와 같은 실험적인 API의 경우 브라우저마다 미미한 차이가 존재합니다. 따라서 TensorFlow.js를 크롬 브라우저에서 구동할 것을 권장하는데, 크롬 플랫폼에서는 충분한 테스트 과정을 거쳤기 때문입니다.

웹 브라우저의 좋은 점은 런타임 관리에 신경 쓰지 않아도 된다는 점입니다. 브라우저만 설치되어 있으면 프로그램은 제대로 동작할 것입니다. 보안이나 자원 관리 작업과 같이 사용 플랫폼에 의존적이기 때문에 발생할 수 있는 문제에 관해 고민할 필요가 없게 됩니다. 기기나 운영체제의 안전 관리와 성능 보장은 브라우저 공급 업체에서 담당해야 할 몫입니다. 가끔 예외가 발생하기도 하지만, 일반적으로는 자바스크립트로 작성된 애플리케이션은 모든 클라이언트 환경에서 동작한다고 보장할 수 있습니다.

웹 브라우저가 자바스크립트 기본 런타임 환경이지만, 서버 사이드에서 자바스크립트를 구동할 때 사용하는 또 다른 플랫폼이 존재합니다.

10.2.2 Node.js

Node.js는 V8 자바스크립트 엔진을 기반으로 만들어진 자바스크립트 런타임입니다. V8이 크롬에 내장된 엔진이기 때문에 Node.js 플랫폼을 사용하여 크롬과 동일한 성능과 기능을 얻을 수 있습니다. Node.js는 맥 OS, 윈도우 또는 리눅스 등의 주요 운영체제를 모두 지원합니다. 또한 웹 브라우저와 동일하게 Node.js를 실행하기만 하면 플랫폼에 의존적이지 않은 런타임을 얻을 수 있습니다.

일부 ECMAScript 2015 기능은 Node.js에서 지원하지 않습니다. 예를 들어 꼬리 재귀 최적화 기능은 Node.js에서 온전히 제공되지 않습니다. Node.js가 지원하는 모든 기능은 *https://node.green*에서 확인할 수 있습니다.

하지만 이러한 부분은 문제가 되지 않습니다. 타입스크립트 컴파일러는 지정된 타깃을 기준으로 문법과 기능 측면에서 발생하는 차이를 처리해줍니다.

지금까지는 브라우저에서 돌릴 목적의 프로그램을 빌드했지만 Node.js로 빌드하는 것도 가능합니다. 다음 명령은 dist 디렉터리 아래 컴파일된 코드를 생성합니다.

```
# Node.js 타깃으로 프로젝트 빌드
$ npx parcel build --target node src/ch10/hello.ts

# 코드 실행
$ node dist/hello.js
```

브라우저 환경과의 큰 차이점은 Node.js의 C 네이티브 애드온을 사용하면 텐서플로 자체를 백그라운드로 사용할 수 있다는 점입니다. 텐서플로는 지원하는 모든 커널에서 더 빠르게 동작하는 구현부를 제공합니다. Node.js 환경에서 텐서플로를 사용할 수 있도록 다음과 같이 관련 모듈을 설치하고, 코드에서 불러옵니다.

```
$ npm install @tensorflow/tfjs-node
```

```
import * as tf from '@tensorflow/tfjs-node';

// 같은 방식으로 사용
tf.xxx
```

참조하는 네임스페이스만 변경하여 Node.js, 자바스크립트와 C 텐서플로 중 사용할 백엔드 구현부를 선택할 수 있습니다.

간단한 벤치마크 함수를 실행하여 **tfjs-node**가 얼마나 더 빠른지 확인해봅시다. **tf.time**은 주어진 함수를 수행하는 데 소요된 시간을 측정하는 API입니다.

```
import * as tf from '@tensorflow/tfjs';

// 행렬 곱셈을 100회 수행
function benchmark(size: number) {
  for (let i = 0; i < 100; i++) {
    const t1 = tf.randomNormal([size, size]);
    const t2 = tf.randomNormal([size, size]);
    const result = t1.matMul(t2);
  }
}

async function runBenchmark() {
  console.log('size,kernelMs,wallMs');
  for (let s = 1; s < 100; s++) {
    const time = await tf.time(() => benchmark(s));
    console.log(`${s},${time.kernelMs},${time.wallMs}`);
  }
}

runBenchmark();
```

다음 그래프는 **tfjs**와 **tfjs-node** 백엔드를 사용하여 벤치마크 함수를 수행했을 때 소요된 시간을 각각 보여줍니다. 행렬이 커질수록 **tfjs**가 **tfjs-node**보다 느려집니다. 텐서의 크기가 작으면 **tfjs** 백엔드가 더 빠릅니다. 이러한 속도 차이는 대부분 Node.js의 C 애드온의 오버헤드 때문에 발생합니다. 그러나 텐서플로 커널의 효율적인 구현부 덕에 **tfjs-node**는 텐서플로 C API 애드온을 호출하는 오버헤드를 감안하고도 훨씬 더 좋은 성능을 달성합니다.

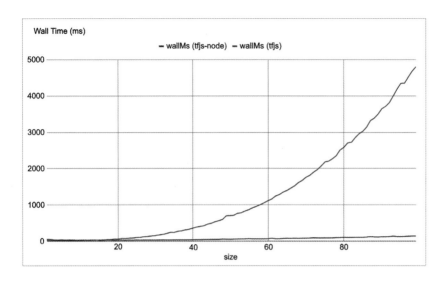

이에 더해, Node.js를 사용하면 브라우저 환경에서보다 더 고급의 하드웨어 가속을 사용하여 프로그램을 실행할 수 있습니다. TensorFlow.js는 Node.js를 백엔드로 하기 때문에 기기에서 지원하기만 하면 CUDA와 엔비디아[NVIDIA] GPU 드라이버를 사용하여 커널을 실행할 수 있습니다. 엔비디아 GPU 지원을 허용하려면 다음 라이브러리들을 설치해야 합니다.

- 엔비디아 GPU 드라이버 410.x
- CUDA 툴킷 10.0
- cuDNN SDK >= 7.4.1

또한 GPU 사용을 지원하는 Node.js의 특수 바인딩 모듈도 설치해야 합니다.

```
$ npm install @tensorflow/tfjs-node-gpu
```

이제 GPU 지원 커널을 사용할 수 있습니다.

```
import * as tf from '@tensorflow/tfjs-node-gpu';
```

Node.js의 CUDA 백엔드를 다른 CUDA 백엔드와 비교해보는 것도 의미 있을 것입니다.

이번 절에서는 참조하는 패키지만 변경해줌으로써 Node.js 런타임에서 사용하는 백엔드 구현부를 쉽게 변경할 수 있다는 점을 배웠습니다. **tfjs-node** 백엔드로 텐서플로의 C++ 네이티브 구현부도 사용할 수 있다는 사실은 C API를 사용할 수 있는 모든 텐서플로 런타임에서 동일한 TensorFlow.js 코드를 사용할 수 있다는 점을 시사합니다. 이에 따라, 한 번 머신러닝 애플리케이션을 TensorFlow.js를 사용하여 작성한 후에는 텐서플로의 모든 기능을 활용할 수 있게 됩니다.

10.2.3 노드 패키지 관리자

앞서 살펴봤듯이, TensorFlow.js와 그 백엔드 구현부는 **노드 패키지 관리자**node package manager(npm) 패키지로 배포됩니다. npm은 Node.js 에코시스템의 패키지 관리자입니다. 지금까지 백만 개가 넘는 패키지가 npm에 업로드되었습니다. 자바스크립트 혹은 AltJS로 작성된 모든 모듈을 npm에 업로드할 수 있습니다. npm은 Node.js에 내장된 기본 패키지 관리자이기 때문에 다시 설치할 필요는 없습니다.

다음은 TensorFlow.js 커뮤니티에서 배포한 패키지 목록입니다. 이 패키지들은 @tensorflow 네임스페이스 하에 위치합니다.

패키지명	설명
@tensorflow/tfjs	TensorFlow.js 주요 구현부
@tensorflow/tfjs-layers	Layers API
@tensorflow/tfjs-node	Node.js 런타임의 CPU 백엔드
@tensorflow/tfjs-node-gpu	Node.js 런타임의 GPU 백엔드
@tensorflow/tfjs-data	데이터 로더 API와 관련 구현부
@tensorflow/tfjs-vis	브라우저 타깃의 시각화 도구
@tensorflow/tfjs-converter	텐서플로 및 TensorFlow.js 모델 변환기
@tensorflow/tfjs-react-native	리액트 네이티브 백엔드(베타)
@tensorflow/tfjs-backend-webgpu	WebGPU 백엔드(실험 단계)
@tensorflow/tfjs-automl	AutoML 에지를 사용한 모델 로드를 수행하는 API

위 패키지들은 크게 두 그룹으로 분류할 수 있습니다. 한 그룹은 커널의 백엔드 구현부에 사용되며, 다른 그룹은 사용자들이 웹에서 머신러닝 파이프라인을 쉽게 구성할 수 있게 도와주는 유용한 API를 제공하는 유틸리티 라이브러리에 해당합니다. 현재 일부 백엔드 구현부는 실험

단계에 있으며 개발 생명 주기에 걸쳐 API가 크게 변경될 수 있다는 점에 유의하기 바랍니다. 이러한 라이브러리를 배포 애플리케이션에서 사용하는 것은 권장하지 않습니다.

여기서 설명한 고급 라이브러리는 12장에서 더 자세히 다루겠습니다.

10.2.4 머신러닝 애플리케이션에서의 타입스크립트의 장점

타입스크립트는 자바스크립트의 슈퍼셋superset 프로그래밍 언어로, 정적 타입 체계static type system 를 갖습니다. 타입 체계 덕분에 프로그램을 효율적이고 안전하게 작성할 수 있습니다. 세상에는 수십 개의 AltJS 언어가 존재하지만, 그 중에서도 타입스크립트는 개발자의 생산성과 설계의 참신성 사이의 적당한 균형을 이룹니다. 타입스크립트는 단순히 자바스크립트의 슈퍼셋이기 때문에 모든 자바스크립트 코드가 타입스크립트 프로그램으로 실행될 수 있으며 이에 따라 자연스럽게 자바스크립트로 작성된 기존 리소스를 사용할 수 있습니다. 또한 언어를 더 편하게 익힐 수 있도록 단순히 '데이터 타입을 가진 자바스크립트' 정도로 설계되었다고 할 수 있습니다.

타입스크립트 컴파일러는 다양한 방법으로 컴파일 환경을 설정할 수 있습니다. 컴파일러는 특정 설정을 가져오기 위해 프로젝트 상위 폴더에서 `tsconfig.json`이라는 이름의 파일을 찾을 것입니다. `tsconfig.json` 파일을 밑바닥부터 작성하는 것은 약간 번거로운데, 이때 `tsc-init` 명령어를 사용하면 기본 설정 파일을 생성해줍니다. ECMAScript 버전 타깃을 변경하는 것도 가능합니다. 이는 타입스크립트가 기본 타깃 언어를 지원하는 한, 타깃 플랫폼의 추상화를 제공한다는 것을 의미합니다.

TensorFlow.js와 관련 라이브러리도 타입스크립트로 작성할 수 있습니다. 자바스크립트 코드에서도 TensorFlow.js를 사용할 수 있지만, 머신러닝 애플리케이션을 타입스크립트로 작성하게 되면 자연스럽게 타입 체계의 장점을 잘 활용할 수 있게 됩니다. 머신러닝 애플리케이션에서 사용하는 텐서가 가질 수 있는 형상이나 차원에는 제약이 없습니다. 특정 형상의 텐서에 수학적 연산을 알맞게 적용하고 싶다면 텐서의 타입이 무엇인지 통계적으로 봐야합니다. 예를 들어 `tf.conv2d`는 입력 텐서의 2차원 합성곱을 계산하는 합성곱 연산입니다. 이 연산은 3차원 이상의 텐서를 인수로 받습니다. 다음은 연산의 시그니처를 나타냅니다.

```
function conv2d_<T extends Tensor3D¦Tensor4D>(
    x: T¦TensorLike, filter: Tensor4D¦TensorLike,
    strides: [number, number]¦number, pad: 'valid'¦'same'¦number,
    dataFormat: 'NHWC'¦'NCHW' = 'NHWC',
    dilations: [number, number]¦number = [1, 1],
    dimRoundingMode?: 'floor'¦'round'¦'ceil'): T {

  //...
}
```

정적 타입 체계 덕분에 입력 텐서가 3차원 이상에 해당하는 **Tensor3D** 혹은 **Tensor4D** 타입을 갖는다고 보장할 수 있습니다. 만약 더 낮은 차원의 텐서를 인수로 전달하면 런타임이 아닌 컴파일 타임에 먼저 감지될 것입니다. 클라이언트 사이드 애플리케이션에서 발생한 런타임 버그를 찾는 것은 특히나 어려운 일이라는 점에서 위와 같은 정적 타입 체계는 실용성 측면에서 큰 이점을 가집니다. 사전에 잠재 오류를 미리 해결하는 것이 좋겠죠. 텐서의 형상은 연산이 연쇄적으로 실행되면서 계속 바뀔 수 있습니다. 정적 타입 시스템은 텐서를 직접 일일히 변형하는 연산 그래프를 작성하는 데 도움을 줍니다.

10.3 모듈 번들러

모듈 번들러는 애플리케이션을 실행하는 데 필요한 모든 리소스를 배포 가능한 형식으로 번들링하는 툴입니다. 웹 애플리케이션은 특성상 HTML, 스타일시트, 자바스크립트 코드, 이미지 등의 다양한 종류의 리소스와 자원에 의존적입니다. 이들은 본질적으로 별도의 파일들입니다. 애플리케이션을 배포하려면 이러한 모든 필요 리소스를 포함하는 하나의 산물로 빌드해야 합니다. 자바스크립트 커뮤니티는 이를 실현할 수 있는 많은 번들링 툴을 제공합니다. 웹 타깃의 머신러닝 애플리케이션을 빌드할 때도 자연히 이러한 번들링 툴을 사용할 수 있습니다.

이번 절에서는 몇 가지 번들링 툴을 사용하여 머신러닝 애플리케이션을 패키지로 만들어보겠습니다.

10.3.1 Parcel

이 책에서 이미 Parcel을 사용한 바 있습니다. 책에서 사용한 코드는 Parcel을 번들링 툴로 하여 애플리케이션을 실행한다고 가정합니다. Parcel을 번들링 툴로 선택한 이유는 사용이 손쉽고 단순하다는 점 때문입니다.

Parcel은 모듈 번들러 분야에서는 비교적 새로운 툴에 속합니다. 단 한 번의 명령만으로 웹 애플리케이션에 최적화된 형식으로 모든 리소스를 포함하는 산출물을 빌드합니다. 멀티 코어의 사용을 허용하기 때문에 빠르게 산출물을 컴파일하고 빌드할 수 있습니다. 또, 타입스크립트를 포함한 다양한 종류의 리소스 형식을 지원하기 때문에 간단하고 신속하게 브라우저에서 실행되는 형식으로 컴파일할 수 있습니다. Parcel이 지원하는 리소스 종류는 다음과 같습니다.

- **일반 리소스**: HTML, CSS, 자바스크립트
- **대체 스타일시트**: SCSS, LESS, Stylus
- **AltJS**: 타입스크립트, 커피스크립트
- **UI 프레임워크**: Vue.js
- **데이터 형식**: JSON, YAML, TOML
- **API DSL**: GraphQL
- **저수준 언어**: 웹어셈블리

Parcel은 자동으로 리소스 형식을 인식해서 컴파일합니다. 즉 리소스가 타입스크립트로 작성되었음을 인식할 수 있는 것입니다. 타입스크립트 컴파일은 Parcel의 기본 기능이기도 합니다. 타입스크립트 컴파일러를 별도로 설치하고 `tsconfig.json`을 작성하지 않아도, Parcel은 소스 코드만을 보고 타입스크립트 프로젝트를 빌드할 수 있습니다. 단, Parcel의 기본 타입스크립트 컴파일러는 자료형 검사를 수행하지 않는다는 점에 유의하셔야 합니다. 하지만 작은 프로젝트에서는 자료형 검사가 크게 중요하지는 않습니다. 만약 자료형 검사를 반드시 수행해야 한다면 `tsc --noEmit` 명령을 사용하기 바랍니다.

Parcel은 npm을 사용하여 설치할 수 있습니다.

```
$ npm install parcel --save
```

npx 명령어는 로컬의 실행 가능한 패키지를 전역 환경에 설치하지 않고도 실행할 수 있게 해줍니다. 다음과 같이 npx의 하위 명령어로 parcel을 실행할 수 있습니다.

```
$ npx parcel --help
Usage: parcel [options] [command]

Options:
  -V, --version output the version number
  -h, --help output usage information

Commands:
  serve [options] [input...] starts a development server
  watch [options] [input...] starts the bundler in watch mode
  build [options] [input...] bundles for production
  help [command] display help information for a command

  Run `parcel help <command>` for more information on specific commands
```

Parcel은 자동으로 파일과 모듈 간의 디펜던시를 해결하기 때문에 타입스크립트 프로그램을 작성하기만 하면 됩니다. 'Hello, World'라는 문자열을 보여주는 단일 페이지의 웹 애플리케이션을 빌드하고 싶다고 가정해봅시다. 다음은 index.html의 첫 페이지입니다.

```
<html>
<head>
  <title>HelloWorld App</title>
</head>
<body>
  <div id='message'></div>
  <script src="./index.ts"></script>
</body>
</html>
```

웹 브라우저는 타입스크립트로 작성된 코드를 인식하지 못하므로 <script src="./index. ts"></script>는 틀린 표현이 됩니다. 하지만 Parcel은 언어 특정 앵커language-specific anchor를 탐색하여 어떤 파일을 컴파일해야 하는지 찾습니다. 타입스크립트 모듈 체계의 경우에서는 Parcel이 import와 export를 제대로 인식합니다.

index.ts

```
import {Message} from './message';

const message = new Message();
const p = document.getElementById("message");
p.innerText = message.say();
```

message.ts

```
class Message {
  private message: string = "Hello, World";

  public say() {
    return this.message;
  }
}

export { Message };
```

프로젝트 구조는 다음과 같습니다. 모든 소스 파일은 root 디렉터리에 포함되어 있습니다.

```
$ tree ch10/
ch10/parcel-demo
├── index.html
├── index.ts
└── message.ts
```

다음 명령은 프로젝트를 빌드하고, 로컬 머신에 리소스를 호스팅하는 서버를 가동시킵니다. *http://localhost:1234*에 접속하여 간단한 웹페이지를 확인할 수 있습니다.

```
$ npx parcel ch10/parcel-demo/index.html --open
```

프로젝트를 더 빠르게 개발하기 위해 빠른 모듈 교체hot module replacement와 실시간 새로고침live reloading을 사용할 수 있습니다. 이 기능들을 사용하면 코드가 변경될 때마다 서버를 재가동시킬 필요가 없게 됩니다. 하지만 현재 컴파일된 코드는 프로덕션 용도에 최적화되어 있지 않기 때문에 build 명령을 사용하여 자산 최소화와 최적화를 수행합니다.

```
$ npx parcel build ch10/parcel-demo/index.html
```

최적화 과정을 포함한 최종 컴파일 과정은 시간이 꽤 걸리기 때문에 개발의 마지막 단계에서 수행하는 것이 좋습니다. 개발 과정 중에 최적화를 수행하는 것은 적절하지 않습니다. 서버 상위 디렉터리에서 접근할 수 있는 모든 리소스를 배치하면 애플리케이션의 배포가 이루어집니다.

```
$ cd dist
$ python -m http.server

# http://localhost:8000에 접속하여 애플리케이션 동작 확인 가능
```

10.3.2 WebPack

WebPack은 Parcel보다 긴 역사를 가졌으며 가장 널리 사용되는 모듈 번들러이기도 합니다. 또한 Parcel보다 커스터마이징이 쉽고 유연하기 때문에 적절한 빌드 환경을 구성할 수 있다면 프로젝트를 자유자재로 빌드할 수 있습니다. Parcel이 처음 익히기에는 더 쉬운 반면 WebPack은 더 복잡한 프로젝트에 적합합니다.

WebPack을 사용하려면 webpack.config.js라는 이름의 설정 파일이 있어야 합니다. 설정 파일을 작성함으로써 자원 관리, 코드 분할과 코드 생성 기능을 수행할 수 있습니다. Webpack이 제공하는 방대한 양의 플러그인도 유연성에 기여합니다.

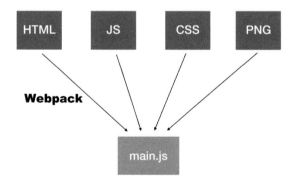

WebPack을 사용한 타입스크립트 프로젝트의 빌드를 완료하려면 코드를 조금 더 작성해야

합니다. 타입스크립트 컴파일러와 더불어 ts-loader도 포함해야 합니다.

```
{
  "name": "webpack-demo",
  "version": "1.0.0",
  "description": "",
  "private": true,
  "scripts": {
    "build": "webpack",
    "watch": "webpack -w"
  },
  "devDependencies": {
    "ts-loader": "^6.1.1",
    "typescript": "^3.6.3",
    "webpack": "^4.40.2",
    "webpack-cli": "^3.3.9"
  }
}
```

WebPack 프로젝트 구조는 다음과 같습니다.

```
$ tree ch10/webpack-demo
├── dist
│   └── index.html
├── package.json
├── src
│   ├── index.ts
│   └── message.ts
├── tsconfig.json
└── webpack.config.js
```

src 디렉터리 내의 소스 코드와 dist 디렉터리 아래에 생성된 빌드 산출물을 구분하기 위해서
는 디렉터리를 직접 생성해주는 것이 좋습니다.

dist/index.html

```
<!doctype html>
<html>
 <head>
 <title>HelloWorld App</title>
```

```
  </head>
  <body>
  <p id='message'></p>
  <script src="./main.js"></script>
  </body>
  </html>
```

WebPack은 Parcel과는 달리 페이지에 포함된 원본 소스 코드를 인식하지 않습니다. 따라서 컴파일된 파일로의 링크는 main.js에 추가해줍니다. 이 파일은 dist 디렉터리에 포함되어 있어야 합니다.

원본 소스 코드는 타입스크립트로 작성되며 이 소스 파일들은 Parcel이 사용하는 파일들과 거의 유사합니다.

다음은 src/index.ts 파일입니다.

```
import {Message} from './message';

const message = new Message();
const p = document.getElementById("message");
p.innerText = message.say();
```

그리고 다음은 src/message.ts 파일입니다.

```
class Message {
  private message: string = "Hello, World";

  public say() {
    return this.message;
  }
}

export { Message };
```

다음으로 WebPack에 명시적으로 tsconfig.json을 전달해야 합니다. 이 파일은 ECMAScript 2015를 타깃 버전으로 지정하고, 모듈 시스템을 지정합니다.

```
{
  "compilerOptions": {
    "target": "es6",
    "module": "commonjs"
  }
}
```

마지막으로 남은 작업은 `webpack.config.js`를 작성하는 일입니다. 이 파일은 단순히 내부에 설정 관련 속성들로 구성된 객체를 포함하는 담은 자바스크립트 파일입니다. 파일의 최상위 루트는 `module.exports`이므로 객체를 외부에 노출할 수 있습니다.

```
module.exports = {
  // 기본으로 내장된 최적화 프로세스
  mode: "development",

  // 프로그램 엔트리 포인트
  entry: "./src/index.ts",

  // 소스 코드 로드 및 컴파일 방법
  module: {
    rules: [
      {
        test: /\.ts$/,
        use: "ts-loader"
      }
    ]
  },
  resolve: {
    extensions: [".ts"]
  }
};
```

`yarn build` 혹은 `npx webpack` 명령은 빌드 산출물을 포함하는 `main.js` 파일을 생성합니다. 파이썬에 내장되어 있는 HTTP 서버를 사용하여 이 페이지를 표시해줍니다.

```
$ cd dist
$ python -m http.server
# http://localhost:8000에서 확인
```

WebPack 프로젝트를 빌드하려면 설정 파일을 포함하여 코드를 더 작성해야 하지만 잘 작성된 `webpack.config.js` 파일은 더 섬세한 프로젝트 설정을 가능하게 합니다.

10.4 깃허브 페이지로 모듈 배포하기

로컬 머신에서 애플리케이션을 돌리면 머신 사용자만 애플리케이션을 볼 수 있는 반면, 웹 플랫폼을 활용하면 손쉽게 세상에 애플리케이션을 배포할 수 있습니다. 전형적인 방법으로 개발자가 직접 웹 서버를 구매하고 HTTP 서버를 가동시켜 웹 페이지를 호스팅하는 방법이 있습니다. 그러나 이는 많은 시간을 소요할뿐만 아니라 설정을 제대로 완료하기 위해 해야 하는 작업도 굉장히 많습니다.

웹사이트를 배포할 수 있는 더 좋은 방법이 존재합니다. **깃허브 페이지**GitHub Page는 깃허브 저장소에 저장되어 있는 정적 페이지를 호스팅하는 서비스로 웹사이트, 포트폴리오나 블로그 등을 배포하는 데 사용됩니다. 많은 개발자가 서비스의 간편함과 기능성에 매력을 느끼죠. 단순히 코드를 편집하고 푸시push하기만 하면 변경사항이 공개되어 있는 페이지에 반영됩니다.

이번 절에서는 지금까지 만든 머신러닝 애플리케이션을 배포해보겠습니다.

깃허브 페이지는 사이트를 호스팅할 때 특정 명칭으로 생성된 저장소를 사용합니다. 먼저 깃허브 계정에서 `(username).github.io`라는 명칭의 저장소를 새로 생성합니다. 서비스는 자동으로 저장소의 콘텐츠를 *http://(username).github.io* 링크로 매핑합니다. 여기서 username은 깃허브 계정 이름을 사용합니다.

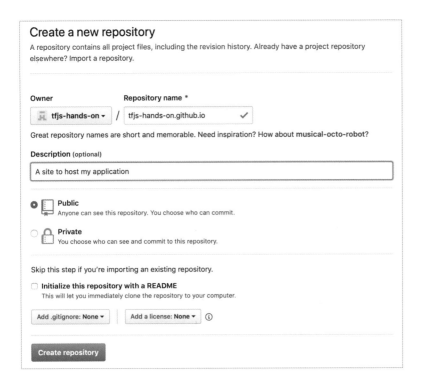

무료 계정으로 사이트를 게시하려면 저장소를 공개로 설정해야 합니다. 앞서 생성한 콘텐츠를 내려받은 저장소로 옮겨줍니다. 저장소의 최상위 루트는 페이지의 루트 경로로 연결되며 이는 *http://tfjs-hands-on.github.io/index.html* 링크로 루트 경로의 `index.html` 파일에 접근할 수 있다는 것을 의미합니다.

```
$ git clone git@github.com:tfjs-hands-on/tfjs-hands-on.github.io.git
```

다음으로 Parcel을 사용하여 최적화 모드로 프로젝트를 빌드합니다. 사이트에 들어갈 콘텐츠는 `dist` 디렉터리 아래 생성됩니다.

```
$ npx parcel build src/ch10/parcel-demo/index.html

$ cp dist/* /path/to/tfjs-hands-on.github.io

$ ls /path/to/tfjs-hands-on.github.io
index.html parcel-demo.088532f7.js parcel-demo.088532f7.js.map
```

생성된 데이터는 상위 페이지 파일과 타입스크립트 코드에서 컴파일된 자바스크립트 파일을 포함합니다. 첫 커밋commit을 수행해봅시다.

```
$ git add -A
$ git commit -m 'Initial commit'

# 사이트는 master 브랜치에 있는 콘텐츠를 사용하여 렌더링됩니다.
$ git push origin master
```

빌드가 완료되면 인터넷으로 애플리케이션에 접근할 수 있습니다.

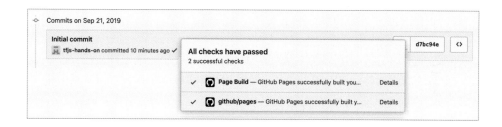

잠시 후(캐시를 지우는 데 시간이 조금 걸립니다) *https://tfjs-hands-on-github.io* 링크로 사이트에 접속할 수 있습니다.

지금까지 만든 것은 사용자를 유치하기에는 너무 단순합니다. 그러나 깃허브 페이지는 파일 호스팅 서버처럼 동작하기 때문에 어떤 종류의 정적 리소스든 모두 게시할 수 있다고 앞서 설명했습니다. TensorFlow.js로 작성한 머신러닝 애플리케이션도 배포할 수 있죠. 그러나 매번 HTML 파일을 작성하는 일이 번거롭게 느껴질 수 있습니다. **지킬**Jekyll은 마크다운 혹은 다른 언어로 작성된 일반 텍스트를 HTML 파일로 변환해주는 도구입니다. 지킬은 템플릿 엔진과 템플릿 변수를 지원하기 때문에 일관된 디자인을 유지할 수 있게 해줍니다. 또한 유연하고 강력한 도구로써 웹사이트를 원하는 모습으로 생성할 수 있습니다. 깃허브 페이지가 기본으로 지킬 엔진을 지원한다는 것은 큰 장점입니다. 지킬 시스템으로 문서를 일반 텍스트로 작성하고 나면 깃허브 페이지가 이를 HTML 페이지로 렌더링할 수 있습니다. 만약 좀 더 복잡한 사이트를 만들고 싶다면 지킬이 가장 좋은 도구라고 할 수 있겠습니다.

10.5 마치며

10장에서는 웹 플랫폼을 지원하는 기본적인 도구와 소프트웨어들을 살펴봤습니다. 여러 가지의 사실상 표준 사이를 오가는 프로그래밍 언어들과 패키지 관리자를 포함한 수많은 종류의 에코시스템에서 웹 플랫폼을 지원합니다. 웹 애플리케이션에서 주로 쓰이는 언어가 자바스크립트인 반면 타입스크립트는 언어의 안전성과 확장성 때문에 빠르게 인기를 얻고 있습니다.

웹 플랫폼이 동작하는 방식을 고려했을 때 애플리케이션을 배포하는 과정에서 모든 리소스를 포터블 형식으로 번들링하는 것은 필수입니다. 특히 머신러닝 애플리케이션에서는 이미지, 오디오 혹은 영상처럼 학습과 예측에 사용되는 다양한 종류의 리소스를 포함하는 경우가 흔합니다. 모듈 번들러는 최종 산출물을 빌드하는 과정을 도와줍니다. 여기서는 머신러닝 애플리케이션을 웹에 배포할 수 있는 형식으로 빌드할 수 있게 해주는 도구인 Parcel과 WebPack을 다뤘습니다.

애플리케이션을 인터넷에 공개하고 싶을 때 깃허브 페이지를 사용하면 유용합니다. 깃허브 페이지는 HTML 파일과 스타일시트를 업로드하는 간편한 정적 페이지 호스팅 서비스입니다. `git push`를 사용하여 애플리케이션을 배포하기 위해서는 `git`과 깃허브의 사용법에 익숙해야 합니다.

웹은 사람들에게 애플리케이션을 알리는 데 사용할 수 있는 훌륭한 플랫폼입니다. 전 세계 사람들이 볼 수 있도록 머신러닝 애플리케이션을 인터넷에 배포해보는 것도 좋은 경험이 될 겁니다. 11장에서는 가능한 최고의 성능을 낼 수 있도록 TensorFlow.js 애플리케이션을 튜닝하는 방법을 배워보겠습니다.

10.6 연습 문제

1. 다음 중 가장 빠른 TensorFlow.js 백엔드는 무엇일까요?

   - tfjs-node

   - tfjs-node-gpu

2. tfjs-node-gpu는 어떤 GPU 환경을 지원합니까?

   - CUDA

   - OpenCL

3. 웹에서 가장 널리 사용되는 프로그래밍 언어는 무엇일까요?

   - 자바스크립트

   - 타입스크립트

   - 커피스크립트

4. 자바스크립트는 정적 타입 체계를 지원하나요?

5. WebPack의 빌드 설정을 포함하는 파일의 이름은 무엇일까요?

6. 여러분의 깃허브 계정 아래에 여러분만의 깃허브 페이지를 생성해보세요.

10.7 더 읽을거리

- **ECMAScript 2015(ES6)**: *https://nodejs.org/ko/docs/es6/*

- **npm**: *https://www.npmjs.com/*

- **타입스크립트**: *https://www.typescriptlang.org/*

- **타입스크립트의 tsconfig.json**: *https://typescript-kr.github.io/pages/tsconfig.json.html*

- **Parce**: *https://parceljs.org/*

- **WebPack**: *https://webpack.js.org*

- **깃허브 페이지**: *https://pages.github.com/*

- **지킬**: *https://jekyllrb.com/*

## CHAPTER 11

성능 향상을 위한
애플리케이션 튜닝하기

TensorFlow.js는 본래 WebGL과 같은 하드웨어 가속 메커니즘을 사용하는 머신러닝 애플리케이션을 고성능으로 구동하기 위한 목적으로 설계되었습니다. 하지만 이러한 가속 메커니즘을 최대한 잘 활용하여 고효율을 내고자 할 때 주의해야 할 점들이 몇 가지 있습니다. 다른 프런트엔드 머신러닝 프레임워크와 비교했을 때 TensorFlow.js의 가장 큰 장점은 백엔드 구현부 일부가 제공하는 성능 가속 기능입니다. 이러한 가속 기능 덕분에 TensorFlow.js를 사용했을 때 견줄 만한 성능을 낼 수 있습니다. 11장에서는 백엔드 구현부를 활용하여 높은 성능을 달성하는 방법과 TensorFlow.js로 작성한 애플리케이션을 튜닝할 때 적용할 수 있는 유용한 팁들을 살펴보겠습니다.

11장은 다음의 주제를 다룹니다.

- TensorFlow.js 백엔드 API
- 텐서 관리
- 비동기 데이터 접근
- 프로파일링
- 모델 시각화

11.1 개발 환경

11장에서는 다음과 같은 개발 환경이 필요합니다.

- 웹 브라우저(크롬 권장)
- 타입스크립트

11.2 TensorFlow.js 백엔드 API

TensorFlow.js에는 여러 개의 백엔드가 존재합니다. **백엔드**backend는 모델 그래프의 연산들을 수행할 수 있는 내부적인 플랫폼입니다. 모든 백엔드는 그 위에서 구동되는 애플리케이션이 대부분의 상황에서 백엔드를 따로 관리하지 않아도 되도록 동일한 인터페이스를 가집니다. TensorFlow.js의 연산들은 내부의 로우 레벨 구현부를 숨길 목적으로 충분히 추상적으로 설계되었습니다.

하지만 만약 주요 관심사가 성능이라면 이야기가 달라집니다. 각 백엔드 구현부는 서로 다른 성능 특성을 지닙니다. 일부는 사용 가능한 하드웨어 가속 속성들을 가능한 만큼 사용하지만, 또 다른 일부는 그러지 않습니다. 애플리케이션의 성능을 극대화하려면 백엔드 구현부의 세부 사항들에 익숙해야 합니다.

TensorFlow.js는 다음과 같은 백엔드 구현부를 지원합니다.

- CPU(순수 자바스크립트)
- WebGL
- WebGPU
- 웹어셈블리
- Node.js
- GPU를 사용하는 Node.js

TensorFlow.js에서는 명시적으로 백엔드를 변경하는 것이 가능합니다. `getBackend` 함수를 사용하여 현재 사용 중인 기본 백엔드를 확인할 수 있습니다.

```
import * as tf from '@tensorflow/tfjs';

window.onload = async (e) => {
  const element = document.getElementById('backend_name');

  // 백엔드 초기화가 확실히 완료되도록 함
  await tf.ready();

  // 'cpu', 'webgl'과 같은 백엔드 이름을 반환
  const backendName = tf.getBackend();

  // 브라우저가 WebGL API를 지원한다면 'webgl'이라는 로그를 확인할 수 있음
  console.log(backendName);
  element.innerText = backendName;
}
```

만약 다른 백엔드를 선호한다면 **tf.setBackend** API를 사용하여 수동으로 백엔드를 변경할 수 있습니다. 이 함수는 내부 백엔드를 초기화하기 때문에 **tf.ready** 함수를 명시적으로 호출할 필요는 없습니다.

```
import * as tf from '@tensorflow/tfjs';

window.onload = async (e) => {
  const element = document.getElementById('backend_name');

  tf.setBackend('cpu');
  // 'cpu', 'webgl'과 같은 백엔드 이름을 반환
  const backendName = tf.getBackend();

  // 이번에는 'cpu'라는 문구가 출력되어야 함
 console.log(backendName);
  element.innerText = backendName;
}
```

TensorFlow.js는 적용 가능한 최선의 백엔드를 자동으로 선택합니다. 예를 들어 TensorFlow. js는 브라우저 플랫폼에서 WebGL 사용 가능 여부를 확인하여, 가능할 경우 별도의 설정 과정을 거치지 않고 WebGL을 사용합니다. Node.js와 같은 일부 백엔드는 여전히 사용할 때 특별한 주의가 필요합니다.

이번 절에서는 각 백엔드 구현부가 연산을 어떠한 방식으로 구현하는지와 성능이 얼마나 향상되는지를 살펴볼 것입니다.

11.2.1 CPU 백엔드를 사용하는 연산

CPU 백엔드는 엄청난 가용성과 보편성을 가진 가장 기본적인 백엔드입니다. 커널 연산들은 TensorFlow.js가 구동 가능한 환경에서 항상 수행될 수 있도록 자바스크립트 프로그램 내에 구현됩니다. 이 백엔드에서는 쉽고 간단하게 새로운 커널 연산을 생성할 수 있습니다. 하지만 이에 대한 트레이드오프로, 이렇게 구현했을 때의 성능은 어떠한 기준에서도 견줄 만하다고 할 수 없습니다. 전체 구현부는 단일 스레드에서 실행됩니다. 하드웨어 가속의 장점을 제대로 활용할 수 없는 셈입니다. 가용 리소스는 자바스크립트 런타임에 의해 제한됩니다. 일반적으로 CPU 백엔드는 제품 단계의 애플리케이션에서 사용되지 않아야 합니다.

CPU 백엔드의 구현부를 설명하기 전에, 백엔드 인터페이스를 살펴봅시다. 백엔드는 위에서 구동되는 애플리케이션으로부터 백엔드의 세부 내용을 숨기기 위해 동일한 인터페이스를 구현합니다.

```
export class KernelBackend implements TensorStorage, Backend, BackendTimer {
  time(f: () => void): Promise<BackendTimingInfo> {
    throw new Error('Not yet implemented.');
  }
  // ...

  add(a: Tensor, b: Tensor): Tensor {
    throw new Error('Not yet implemented');
  }
}
```

KernelBackend는 모든 백엔드 구현부가 상속받아야 하는 상위 클래스superclass입니다. 여기에 다음 세 개의 인터페이스가 추가로 백엔드에 구현되어야 합니다.

- TensorStorage: 텐서 메타데이터와 실제 데이터의 매핑을 관리하는 데 사용
- Backend: 순환 참조를 방지하기 위해 모방 클래스를 구현하는 데 사용
- BackendTimer: 백엔드별 측정 방식을 사용하는 타이머 클래스

각 커널 연산은 KernelBackend 클래스의 함수로 추가됩니다. 위 예시 코드의 경우 add 연산이 있지만 구현되어 있지는 않습니다. 실제 구현부는 하위 클래스들이 포함해야 합니다.

MathBackendCPU는 순수 자바스크립트 커널의 백엔드입니다. 예를 들어 덧셈 연산은 다음과 같이 작성할 수 있습니다. 연산은 복소수 형식을 지원하므로 덧셈 연산을 구현할 때 다음 두 개의 함수를 활용할 수 있습니다.

- broadcastedBinaryComplexOp
- broadcastedBinaryOp

위 함수들은 브로드캐스팅 문법을 지원하는 추상화된 구현부를 생성합니다. 모든 바이너리 연산이 이 함수들을 사용할 수 있습니다.

텐서 연산에서 브로드캐스팅은 기본적인 개념으로, 특정 산술 연산에서 서로 다른 형상을 가진 입력이 서로 호환되도록 만들어주는 연산입니다. 예를 들어 (2,2)의 형상을 가진 텐서에 스칼라값을 더하는 상황을 생각해봅시다. 두 번째 인수는 첫 번째 인수의 각 요소에 더해진다고 가정합니다. 이때 두 번째 인수가 첫 번째 인수와 호환 가능하도록 브로드캐스팅됩니다.

$$10 \begin{pmatrix} 1 & 2 \\ 3 & 4 \end{pmatrix} = \begin{pmatrix} 10 & 10 \\ 10 & 10 \end{pmatrix} \odot \begin{pmatrix} 1 & 2 \\ 3 & 4 \end{pmatrix}$$
$$= \begin{pmatrix} 10 & 20 \\ 30 & 40 \end{pmatrix}$$

위 식에서 주어진 값이 브로드캐스팅된 후에 요소별 곱셈이 실행된 것을 알 수 있습니다. 기본적으로 더 작은 형상을 가진 텐서가 더 큰 형상의 텐서에 호환되도록 복제됩니다. 다음 코드를 사용하여 TensorFlow.js에서도 동일한 작업을 수행할 수 있습니다.

```
const a = tf.tensor2d([1, 2, 3, 4], [2, 2]);
const b = tf.scalar(10);

a.add(b).print();

// 결과는 (2, 2)의 형상을 가짐
//
// 결과 텐서
```

```
//     [[11, 12],
//      [13, 14]]
```

연산의 특성상 모든 연산이 브로드캐스팅을 지원하는 것은 아닙니다. 또한 브로드캐스팅은 메모리상의 원본 데이터를 복제해야 할 수도 있기 때문에 성능에 막대한 영향을 미칠 수도 있습니다. 하지만 vanilla CPU 백엔드에서는 값들의 동일한 참조를 재사용하여 브로드캐스팅 연산을 구현할 수 있습니다. 값들이 항상 런타임 메모리에 올라와 있기 때문입니다.

여기서 알 수 있듯이 vanilla CPU 백엔드는 런타임 환경을 추가로 더 복잡하게 만들지 않습니다. 마치 최신 브라우저에서 웹 애플리케이션을 돌리듯이 단순히 자바스크립트 애플리케이션으로 실행하면 됩니다. 이러한 사실로부터 CPU 백엔드를 사용했을 때 오버헤드가 작으며, 별도의 메모리 관리가 필요하지 않다는 점에서 두 가지 큰 이점이 있다는 것을 알 수 있습니다.

작은 오버헤드

CPU 백엔드의 특성상 텐서 데이터를 저장하고 불러오는 데 추가 오버헤드가 발생하지는 않습니다. 텐서 내의 모든 데이터는 자바스크립트 런타임 메모리 상에 존재합니다. 내부 데이터는 몇 번의 CPU 사이클 내에 빠르게 접근할 수 있습니다. CPU에 연결된 메인 메모리는 보편적으로 접근할 수 있는 자원 중 가장 빠릅니다. CPU 백엔드를 사용했을 때 오버헤드가 낮다는 이점은 텐서의 크기가 비교적 작을 때 더욱 부각됩니다. 대규모 데이터의 경우, 특정 하드웨어나 원격 자원 간 데이터를 복사하고 불러오는 데 드는 오버헤드는 가속으로 인한 성능 향상에 비하면 무시할 만한 수준입니다. 하지만 더 작은 규모의 데이터의 경우에는 이러한 오버헤드가 전체 성능 측정치에서 지배적인 요인이 됩니다. 적은 데이터에 연산을 수행하는 데 걸리는 시간이 비교적 짧기 때문에 데이터를 복사하고 불러오는 시간이 전체 수행 시간에서 큰 비율을 차지하는 것입니다.

CPU 백엔드를 선택하는 명확한 기준은 없습니다. 사용 사례와 다뤄야 하는 데이터의 규모에 따라 달라지기 때문입니다. 하지만 수 KB밖에 되지 않는 크기의 데이터를 다룬다면 setBackend 함수로 CPU 백엔드를 명시적으로 지정하여 사용하는 것을 고려해볼 만합니다.

메모리 관리

CPU 백엔드의 또 다른 이점은 메모리 관리를 수동적으로 하지 않아도 된다는 것입니다. 자바스크립트 런타임은 문제 발생 여지가 많은 메모리 관리로부터 사용자를 해방시켜주는 가비지 컬렉션 메커니즘을 지원합니다. 가비지 컬렉터는 자바스크립트 내에서 생성된 모든 객체를 추적합니다. 이들이 더 이상 사용되지 않으면 메모리가 안전하게 해제됩니다. 반면 C와 같은 저수준 프로그래밍 언어에서는 메모리 누수가 발생하지 않도록 직접 메모리를 할당하고 해제해 줘야 합니다.

CPU 백엔드는 텐서 데이터가 단순히 자바스크립트의 TypedArray 객체로 존재하게 된다는 점에서 자바스크립트 런타임의 가비지 컬렉션 기능의 이점을 누릴 수 있습니다. TypedArray는 자바스크립트의 바이너리 버퍼 객체로 내부의 값 시퀀스에 효율적으로 접근할 수 있게 합니다. CPU 백엔드는 가비지 컬렉션 메커니즘으로 얻을 수 있는 효율성과 안전성 측면에서 균형이 잘 잡혀있습니다. 11장 후반부에서 살펴보겠지만 다른 백엔드들에서는 메모리 제어를 직접 해야 하는 경우가 많습니다. 이는 효율성과 안전성 사이의 트레이드오프라고 볼 수 있습니다.

CPU 백엔드를 사용해야 하는 몇 가지 이유가 있지만 배포 사용이나 확장성을 키우는 것이 목적이라면 성능 효율성을 확보하기 위해 다른 백엔드를 사용할 것을 일반적으로 권장합니다. 다음으로는 커뮤니티에서 활발하게 개발 중인 WebGL 백엔드를 살펴보겠습니다.

11.2.2 WebGL 백엔드를 사용하여 더 고수준의 병렬 처리 구현하기

WebGL은 WebGL API를 사용하는 백엔드 구현부입니다. WebGL은 웹에서의 그래픽 처리에 사용되는 표준 API입니다. 대부분의 웹 브라우저 벤더들은 서비스하는 브라우저에 이 API를 구현해놓습니다. WebGL 백엔드는 더 고수준의 병렬 처리로 가능한 작업들을 활용할 수 있도록 셰이더 프로그램[1]을 사용하여 커널 연산들을 구현합니다. WebGL 백엔드는 텐서를 GPU에 올릴 수 있는 텍스쳐 형식으로 저장합니다. 텐서의 각 요소는 텍스쳐의 하나의 좌표로 취급됩니다. 셰이더 프로그램은 이러한 연산을 텍스쳐 좌표마다 병렬로 처리합니다. 이러한 방식으로 처리하면 CPU 백엔드보다 약 100배 빠른 성능을 얻을 수 있습니다.

WebGL 백엔드의 커널 연산은 TensorFlow.js에서 단순 문자열로 작성합니다. 예를 들어 바이너리 연산인 덧셈 연산은 다음과 같이 작성할 수 있습니다.

---

1 옮긴이_ 셰이더(shader)는 컴퓨터 그래픽스 분야에서 그래픽 하드웨어의 렌더링 효과를 계산하는 데 쓰이는 소프트웨어 명령의 집합입니다.

```
// 덧셈 연산 코드 스니펫
export const ADD = 'return a + b;';

// …
  // 위 코드 스니펫은 op 문자열로 전달됨
  // op 문자열은 userCode 문자열에 문자열 보간 방식으로 삽입됨
  constructor(op: string, aShape: number[], bShape: number[]) {
    this.outputShape =
        broadcast_util.assertAndGetBroadcastShape(aShape, bShape);
    this.userCode = `
      float binaryOperation(float a, float b) {
        ${op}
      }

      void main() {
        float a = getAAtOutCoords();
        float b = getBAtOutCoords();
        setOutput(binaryOperation(a, b));
      }
    `;
  }
```

WebGL 셰이더 프로그램은 실행 전 WebGL 컴파일러가 컴파일하는 문자열입니다. 이 컴파일 과정이 전체 실행 과정에서 큰 오버헤드를 발생시킬 수 있기 때문에 WebGL 백엔드는 미리 컴파일된 셰이더 코드를 애플리케이션에서 재사용할 수 있도록 캐시에 저장해둡니다.

WebGL 백엔드 클래스들은 셰이더 프로그램의 유틸리티 함수들을 포함합니다. 입력과 출력 데이터로의 접근 함수들도 여기에 해당합니다. getAAtOutCoords() 함수는 출력 데이터에 해당하는 위치에 있는 값을 가져옵니다. 덧셈 연산은 원소별로 수행되는 연산입니다. 따라서 출력값은 다음 도식에서와 같이 입력 텐서에서 동일한 위치에 있는 값들을 더함으로써 계산할 수 있습니다.

$$
\underset{A}{\begin{pmatrix} \boxed{1} & 2 \\ 3 & 4 \end{pmatrix}} + \underset{B}{\begin{pmatrix} \boxed{1} & 2 \\ 3 & 4 \end{pmatrix}} = \begin{pmatrix} \boxed{2} & 4 \\ 6 & 8 \end{pmatrix}
$$

getAAtOutCoords getBAtOutCoords setOutput

WebGL의 높은 성능은 고수준의 병렬 처리 방식에 기인합니다. 셰이더 프로그램의 주요 함수는 GPU의 스레드 시스템에서 실행되기 때문에 크기가 큰 텐서의 연산의 경우 순차적으로 처리되는 CPU 백엔드에서보다 더 짧은 시간 내에 수행될 수 있습니다.

다음은 WebGL 백엔드가 얼마나 더 빠른지 측정하는 간단한 벤치마킹 코드입니다.

```typescript
import * as tf from '@tensorflow/tfjs';

function benchmark(size: number) {
    for (let i = 0; i < 10; i++) {
        const t1 = tf.randomNormal([size, size]);
        const t2 = tf.randomNormal([size, size]);
        t1.matMul(t2).dataSync();
    }
}

async function runBenchmark() {
    const backend = 'cpu';
    // 또는 const backend = 'webgl';
    tf.setBackend(backend);
    let resultStr = "";
    resultStr += `size,kernelMs(${backend}),wallMs(${backend})\n`;
    for (let s = 10; s < 600; s += 10) {
        const time = await tf.time(() => benchmark(s));
        resultStr += `${s},${time.kernelMs},${time.wallMs}\n`;
    }
    console.log(resultStr);
}

runBenchmark();
```

이 코드는 주어진 크기의 두 행렬을 곱하는 데 걸린 시간을 측정합니다. 다음 그래프는 CPU와 GPU 백엔드의 벤치마크 결과를 보여줍니다.

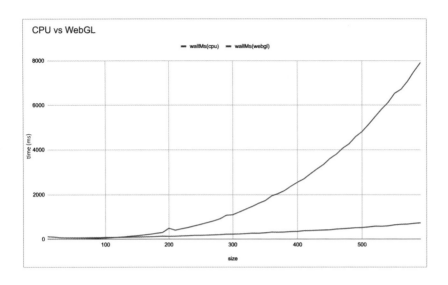

이전 절에서 설명했듯이 작은 규모의 입력일 경우 CPU 백엔드가 더 작은 오버헤드를 갖기 때문에 WebGL 백엔드를 앞섭니다. 하지만 텐서의 크기가 커질수록 WebGL 백엔드의 성능이 월등히 앞서는 것을 볼 수 있습니다. CPU 백엔드에서의 수행 시간이 지수적으로 증가하는 반면 WebGL 백엔드에서의 수행 시간은 비교적 선형적으로 증가합니다.

GPU의 각 스레드는 독립적으로 실행됩니다. 이미 눈치챘을 수도 있지만 출력값이 또 다른 연산에 의존적인 연산을 구현하는 것은 조금 어려운 일입니다. 다른 스레드에서 수행하는 작업에 관한 정보를 가지는 스레드는 없습니다. 이전 값에 의해 조건이 결정되는 무작위값을 가진 요소들로 구성된 텐서를 생성하는 연산을 구현하는 것은 난해합니다. 따라서 WebGL 백엔드에서 커널 연산을 정확히 구현하는 일은 상당한 주의를 요합니다.

WebGL 백엔드를 사용했을 때의 이점을 십분 활용하기 위해 고려해야 할 몇 가지 주의 사항들이 있습니다. 이를 지키지 않으면 WebGL 백엔드를 사용하는 것이 오히려 애플리케이션의 성능과 사용성을 악화시킬 수도 있습니다.

메인 스레드 블로킹 피하기

TensorFlow.js를 호출하는 작업은 동기적으로 수행됩니다. 이는 즉 어떠한 연산도 애플리케이션의 메인 스레드를 블로킹할 수 없다는 뜻입니다. 이러한 점 때문에 애플리케이션의 인터랙티브 인터페이스의 부드러운 동작성이 보장됩니다. 그러나 이것이 결과가 즉시 출력된다는 것을 의미하지는 않는데, 실제 계산은 TensorFlow.js 백엔드에서 수행되기 때문입니다. 반환된 텐서는 사실 해당 텐서를 가리키는 포인터이며, 실제 데이터는 백엔드에서 비동기로 준비하게 됩니다.

TensorFlow.js의 비동기 처리 설계 방식 덕분에 프로그래머들은 비동기 측면은 크게 신경 쓰지 않아도 됩니다. 하지만 메인 애플리케이션 스레드와 사용자 인터페이스의 상호작용을 블로킹하지 않는다는 것을 확실히 보장하려면 스레드가 결과 계산을 기다리도록 강제하는 dataSync와 arraySync 같은 동기 API를 사용하는 것을 피해야 합니다. 이들을 사용하게 되면 특히 복잡하고 느린 계산을 하는 연산을 수행할 때 사용자 경험이 더 악화될 것입니다.

동기 함수는 값을 빠르게 가져오기 때문에 주로 코드를 테스트하거나 디버깅할 때 우선적으로 사용됩니다. 테스트나 디버깅 목적으로 작성한 코드에 실수로 생산 코드를 주입하지 않도록 주의하기 바랍니다.

tf.tidy를 활용하여 메모리 관리에서 벗어나기

메모리 관리는 WebGL 백엔드를 사용할 때 발생할 수 있는 또 다른 함정입니다. GPU 메모리 버퍼에 할당되는 데이터는 자바스크립트 런타임의 메모리 관리 기능이 관할하는 영역에서 벗어납니다. 가비지 컬렉션은 GPU 버퍼에 있는 데이터를 참조하는 곳이 없다고 하더라도 메모리를 자동으로 해제하지 않습니다. GPU 버퍼에 저장된 텍스쳐들은 텐서 데이터를 최종적으로 저장하는 WebGLTexture 인터페이스가 관리하게 됩니다. 브라우저는 이 클래스의 할당을 자동으로 해제하지 않습니다. 이는 우리가 직접 각 텐서의 메모리를 수동적이고 명시적으로 관리해야 함을 의미합니다.

텐서가 할당한 메모리를 명시적으로 해제하려면 dispose 함수를 쓰면 됩니다. tf.memory 함수는 텐서의 메모리 사용량에 관한 정보를 제공합니다. TensorFlow.js의 최신 버전에서는 이 정보에 numBytesInGPU를 포함하지 않지만 메모리 사용에 관한 일반적인 정보를 보여줍니다.

```javascript
import * as tf from '@tensorflow/tfjs';

const t1 = tf.tensor1d([1, 2, 3, 4]);

console.log("Before Dispose");
console.log(tf.memory());
```

```
// {unreliable: false, numBytesInGPU: 0, numTensors: 1, numDataBuffers: 1,
numBytes: 16}

t1.dispose();

console.log("After Dispose");
console.log(tf.memory());
// {unreliable: false, numBytesInGPU: 0, numTensors: 0, numDataBuffers: 0,
numBytes: 0}
```

numTensors가 TensorFlow.js가 관리하는 텐서의 개수라면 numDataBuffers는 버퍼 메모리에 할당된 실제 데이터의 개수입니다. 만약 어떤 연산이 데이터를 복제하지 않고 새로운 텐서를 생성한다면 이 값이 numTensors보다 작을 수 있습니다. 예를 들어 t1.reshape([1, 4])는 새로운 텐서를 생성하지만 메모리의 원본 데이터를 공유합니다.

dispose 함수는 불필요한 메모리 버퍼를 할당 해제합니다. 하지만 불필요한 모든 메모리 버퍼를 해제하는 코드를 수동으로 작성하면 코드가 어수선해질뿐만 아니라 내부 처리 함수 호출이 제대로 이루어지지 않을 경우 메모리 누수가 발생할 수 있습니다. 수동 메모리 관리는 디버깅 과정과 코드 가독성 측면에서 여러 문제를 야기할 수 있습니다. TensorFlow.js를 사용하면 여러 연산을 연쇄적으로 연결할 수 있지만 이렇게 연결된 연산들을 수행하면서 생성된 모든 텐서의 참조 포인터를 들고 있을 수는 없기 때문에 모두 제거하는 것은 불가능합니다.

```
import * as tf from '@tensorflow/tfjs';

const t1 = tf.tensor1d([1, 2, 3, 4]);
const t2 = tf.tensor1d([1, 2, 3, 4]);

console.log("Before Dispose");
console.log(tf.memory());
// {unreliable: false, numBytesInGPU: 0, numTensors: 2, numDataBuffers: 2,
numBytes: 32}

const t3 = t1.add(t2).square().log().neg();

// 연산이 동기적으로 실행될 것을 보장
t3.dataSync();
t3.dispose();

console.log("After Executed");
```

```
console.log(tf.memory());
// {unreliable: false, numBytesInGPU: 48, numTensors: 5, numDataBuffers: 5,
numBytes: 80}
```

이 코드는 연산을 연쇄적으로 호출함으로써 총 네 개의 추가 텐서가 생성됨을 보여줍니다. 최종 텐서의 메모리를 해제했음에도 나머지는 버퍼에 잔존해 있습니다. 연산 체인에서 생성된 텐서들의 참조 변수를 따로 두지 않았기 때문에 이들을 사후에 제거하는 것은 불가능합니다. 그러나 TensorFlow.js에는 메모리를 더 간단히 관리하는 API가 존재합니다. `tf.tidy`는 주어진 함수에서 생성된 중간 텐서들을 추적합니다. 이 코드 예시에서 중간 텐서들은 add, square와 log 텐서이며 연산이 완료된 후에 제거됩니다. 따라서 반환된 텐서(위 예시의 t3)만 명시적으로 할당 해제해주면 됩니다. 다음 코드에서 tidy 함수 이전에 생성된 텐서들은 연산이 끝난 이후에 그대로 남아있는 것을 확인할 수 있습니다.

```
import * as tf from '@tensorflow/tfjs';

const t1 = tf.tensor1d([1, 2, 3, 4]);
const t2 = tf.tensor1d([1, 2, 3, 4]);

console.log("Before Dispose");
console.log(tf.memory());
// {unreliable: false, numBytesInGPU: 0, numTensors: 2, numDataBuffers: 2,
numBytes: 32}

const t3 = tf.tidy(() => {
  const result = t1.add(t2).square().log().neg();
  return result;
});

// 연산이 동기적으로 실행될 것을 보장
t3.dataSync();
t3.dispose();

console.log("After Dispose");
console.log(tf.memory());
// {unreliable: false, numBytesInGPU: 0, numTensors: 2, numDataBuffers: 2,
numBytes: 32}
```

종합적으로 보면 메모리 누수가 발생할 여지가 없는 깔끔한 메모리 관리를 할 수 있다는 점에서 WebGL 백엔드에서 **tf.tidy**를 사용할 것을 적극적으로 권장합니다. 다시 한번 주의해야 할 점은 **tf.tidy**를 사용하더라도 연산 체인의 결과를 저장하는 최종 변수는 명시적으로 할당해줘야 한다는 것입니다. 심지어 런타임 가비지 컬렉션 알고리즘을 지원하는 CPU 백엔드에서 **tf.tidy**를 사용하더라도 문제의 소지가 없습니다. 따라서 같은 코드를 WebGL과 CPU 백엔드에서 재사용할 수 있습니다.

부동소수점 정밀도

머신러닝 모델들은 일반적으로 학습 단계에서 32비트 부동소수점 정밀도를 필요로 합니다. 하지만 모바일 기기에서와 같은 일부 WebGL 구현부에서는 16비트 정밀도만을 지원하기도 합니다. 이는 더 높은 정밀도를 지원하는 장치에서 학습한 모델을 더 낮은 정밀도를 지원하는 장치로 포팅할 때 정밀도 문제를 야기할 수 있습니다. 머신러닝 모델 양자화 기술의 인기를 고려했을 때 모델이 오직 추론에만 사용된다면 이는 대수로운 문제가 아닐 수 있습니다. 하지만 정확도와 성능 측면에서 완전한 호환을 보장하려면 값 범위를 [0.00000059605, 65504] 사이로 유지해야 합니다.

셰이더 컴파일의 오버헤드 줄이기

앞서 언급했듯이 WebGL 백엔드는 셰이더 프로그램의 실행을 위해 이를 컴파일합니다. 컴파일 과정은 다소 느리게 수행됩니다. 연산 그래프가 정의된 시점에서 컴파일이 이루어지는 대신, 연산 수행이 실제로 요청됐을 때(예를 들어 **data** 혹은 **dataSync**) 수행됩니다. 셰이더 프로그램을 컴파일하는 것은 가벼운 작업이 아니기 때문입니다. TensorFlow.js는 셰이더 자원을 최대한 활용하기 위해 미리 컴파일된 셰이더 프로그램을 따로 캐시에 저장해둡니다. 다음 도식은 이러한 과정을 나타냅니다.

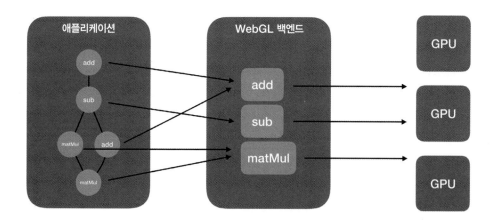

이 기술은 애플리케이션의 성능 향상에 기여합니다. 학습이나 추론을 수행하기 전 준비 프로세스는 컴파일된 코드를 캐시에 복사해놓습니다. 캐시에 올라온 코드는 이후 연산의 실행이 발생할 때마다 재사용됩니다. 다음으로 연산의 하이퍼파라미터는 만약 값의 변경이 발생하더라도 재컴파일을 실행하지 않게 하기 위해 셰이더 프로그램에 유니폼 변수로 전달됩니다. 일반적으로 TensorFlow.js가 제공하는 머신러닝 애플리케이션은 같은 연산을 반복해서 실행하게 됩니다. 따라서 사전에 미리 컴파일된 캐시를 구성하는 것은 셰이더 컴파일 과정의 오버헤드를 줄이는 데 도움이 됩니다.

11.2.3 Node.js 백엔드에서 텐서플로 사용하기

Node.js는 가장 인기 있는 서버 사이드 자바스크립트 플랫폼이며, 웹 애플리케이션을 만드는 데 널리 사용됩니다. Node.js는 자바스크립트 런타임으로 V8을 사용합니다. 구글 크롬 역시 웹 브라우저에서의 사용을 위해 작성된 코드를 빠르게 구동할 수 있도록 V8 엔진을 사용합니다. 이는 애플리케이션이 한 번 TensorFlow.js로 작성된 이후에는 클라이언트와 서버 사이드 모두에서 실행될 수 있다는 것을 의미합니다.

Node.js는 본래 이벤트 중심의 I/O를 사용하여 여러 네트워크 연결을 범위성 있게 다룰 수 있도록 설계되었습니다. 이러한 동시 연결 모델 때문에 머신러닝과 같이 CPU 자원을 집중적으로 사용하는 작업을 다룰 때 Node.js는 최선의 선택지가 아닙니다. 그렇다면 TensorFlow.js의 백엔드로 왜 Node.js를 사용하는 것일까요?

Node.js 백엔드는 Node.js를 C언어로 확장한 것입니다. 이 백엔드는 텐서플로의 C언어 API 의 사용을 가능하게 하기 때문에 GPU와 TPU 사용 측면에서 더 많은 잠재력을 지닙니다. 텐서플로의 C 구현부는 하드웨어 가속에 잘 최적화되어 있습니다. 이는 C언어 API를 사용하여 텐서플로 핵심 구현부의 우수한 성능을 확보할 수 있다는 의미입니다.

Node.js 백엔드를 사용하려면 다음 코드에서와 같이 특수 패키지를 불러와야 합니다.

```
// Node.js의 텐서플로 CPU 패키지 불러오기
import * as tf from '@tensorflow/tfjs-node';

// C로 확장된 Node.js의 텐서플로 GPU 패키지
import * as tf from '@tensorflow/tfjs-node-gpu';
```

WebGL 백엔드와 동일하게 Node.js 백엔드를 투명하게 사용할 수 있습니다. 이 백엔드는 다른 백엔드에 비해 얼마나 빠른지 확인해봅시다.

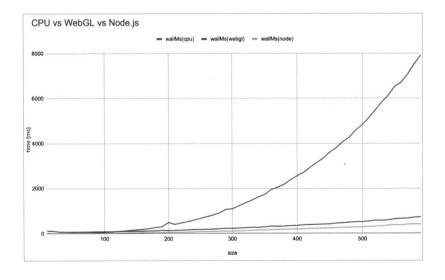

위 그래프는 앞서 돌렸던 벤치마크 프로그램을 똑같이 돌려 나온 결과입니다. 결과로부터 확인할 수 있듯이 GPU 가속을 사용하지 않은 Node.js 백엔드가 WebGL 백엔드보다 살짝 더 좋은 성능을 보입니다. 이는 웹 브라우저의 하드웨어 가속이 CPU 자원을 직접 사용하기 때문에 더 작은 오버헤드를 갖게 됨을 의미합니다. 만약 성능이 중요하다면 학습 과정에 Node.js 백

엔드를 사용하는 것이 꽤 합리적인 선택일 것입니다.

이번 절에서는 다양한 종류의 백엔드 구현부를 살펴봤습니다. 어떤 백엔드를 선택하는지가 계산 수행 작업을 크게 좌우하게 됩니다. CPU 자원을 집중적으로 사용하는 작업들이 백엔드의 영향을 많이 받습니다. 일반적으로는 가능하다면 오버헤드가 낮은 하드웨어 가속을 지원하는 백엔드를 사용하는 것이 좋습니다. 만약 그런 백엔드를 사용할 수 없는 상황이라면 특정 백엔드를 지정하지 않고 처음 설정 그대로 둘 것을 권장합니다. TensorFlow.js가 현재 사용 가능한 백엔드 중 가장 최선의 백엔드를 자동으로 선택하기 때문입니다.

11.3 텐서 관리

백엔드 구현부를 논의할 때 일반적으로는 계산을 주제로 이야기하게 됩니다. 하지만 데이터 전송과 버퍼 관리를 다루는 주제도 꽤 흥미롭습니다. 데이터 전송 과정은 입력 형태의 데이터를 받아서 GPU와 같은 연산 유닛으로부터 계산된 결과를 가져옵니다. 그렇다면 텐서 내부의 버퍼에는 어떻게 접근하는 것일까요? 결과는 언제 가져올 수 있는 걸까요? 이러한 질문에 대한 해결책은 텐서 관리에 있습니다. 텐서는 TensorFlow.js의 핵심 구성 부품으로 정의됩니다. 이러한 텐서를 효율적으로 사용하는 법을 완벽히 터득하면 좋은 성능을 보이는 머신러닝 애플리케이션을 작성할 수 있을 겁니다.

11.3.1 텐서 생성

텐서는 형상, 데이터 형식이나 내부 버퍼 포인터와 같은 메타데이터를 담는 데이터 구조입니다. 텐서를 생성하려면 몇 가지 데이터를 파라미터로 제공해줘야 합니다. tf.tensor는 임의 형상의 텐서를 생성합니다.

```
tf.tensor([1, 2, 3, 4], [2, 2]).print();
    Tensor
    [[1, 2],
     [3, 4]]
```

API는 주어진 자바스크립트 배열의 각 차원을 인식하기 때문에 형상을 명시적으로 지정할 수 있습니다.

```
tf.tensor([[1, 2], [3, 4]]).print();
    Tensor
    [[1, 2],
     [3, 4]]
```

또한 특정 차원의 텐서를 생성할 때 사용할 수 있는 API도 몇 가지 존재합니다.

- **tf.tensor1d**: Tensor1D

- **tf.tensor2d**: Tensor2D

- **tf.tensor3d**: Tensor3D

- **tf.tensor4d**: Tensor4D

- **tf.tensor5d**: Tensor5D

- **tf.tensor6d**: Tenso6D

- **tf.scalar**: Scalar

이 API들은 차원 정보를 포함하는 해당 텐서 데이터 형식을 반환합니다. 예를 들어 **tf.tensor4d**는 Tensor4D 형식의 객체를 반환합니다. 이렇게 특수한 클래스를 사용할 때의 장점은 컴파일 시간에 문제를 발견하기가 쉬워진다는 것입니다. 4차원의 텐서를 반환하는 어떤 함수와 여기서 반환된 텐서를 입력이 4차원인 텐서를 입력으로 받는 또 다른 함수에 전달하는 코드를 작성한다고 가정해봅시다. 우리는 이 함수가 항상 4차원의 텐서를 반환하도록 확실히 보장하고 싶습니다. 만약 함수가 3차원이나 5차원의 텐서를 생성한다면 형상이 두 함수와 호환되지 않기 때문에 문제가 발생할 것입니다. 함수형 프로그래밍 언어와 유사하게 차원 지정 텐서 형식과 타입스크립트 컴파일러를 결합하면 실행 시간이 아니라 컴파일 시간에 형상의 호환성을 확인할 수 있습니다. 만약 사용하는 텐서가 어떤 차원을 가지는지 확실하다면 차원 지정 텐서를 사용할 것을 권장합니다.

텐서의 데이터는 근본적으로 변경할 수 없습니다. TensorFlow.js의 연산들은 결과를 생성하기 위해 새로운 텐서를 생성합니다. 변경이 불가능한 데이터 구조는 연산 그래프를 최적화하고, 내부 데이터 변경으로 인해 발생할 수 있는 예상치 못한 프로그램 행동을 방지할 수 있다는 점에서 많은 장점을 가집니다. 하지만 만약 텐서를 한 번에 하나씩 생성하고 싶다면 어떻게 해야 할까요? 또, 텐서의 요소 하나만을 갱신하고 싶을 때는 어떻게 해야 할까요?

TensorBuffer는 내부의 데이터를 유연하게 갱신하는 클래스입니다. TensorBuffer는 텐서와는 달리 특정 형상의 텐서로 변환할 수 있는 변경 가능한 데이터 구조입니다. 빈 TensorBuffer를 생성하려면 tf.buffer API를 사용하면 됩니다.

```
// [2, 2]의 형상을 가지는 TensorBuffer 생성
const buffer = tf.buffer([2, 2]);
buffer.set(1, 0, 0);
buffer.set(2, 1, 0);

// TensorBuffer로부터 텐서 생성
buffer.toTensor().print();

// Tensor
//    [[1, 0],
//     [2, 0]]
```

텐서에서 TensorBuffer로 다시 돌아가는 것도 가능합니다. 텐서 객체의 bufferSync나 buffer 함수는 원본 텐서와 동일한 데이터를 갖는 TensorBuffer를 반환합니다.

```
const a = tf.tensor([[1, 2], [3, 4]]);

// bufferSync는 내부 데이터를 포함하는 TensorBuffer를 반환
const buf = a.bufferSync();

buf.set(0, 0, 1);
buf.set(0, 1, 1);

buf.toTensor().print();
// Tensor
//    [[1, 0],
//     [3, 0]]
```

물론 텐서로부터 TensorBuffer를 생성할 때 내부 데이터를 가져다 새로운 TensorBuffer에 넣어야 하기 때문에 오버헤드가 조금 발생합니다. buffer와 bufferSync 함수 모두가 스레드를 블로킹할 수 있습니다.

앞서 언급했듯이 텐서는 단지 메타데이터를 담는 그릇일 뿐입니다. 이러한 점은 내부 데이터를

건드리지 않으면서 텐서 형상을 변경하는 작업을 쉽고 효율적이게 합니다. 형상은 단지 텐서의 구조 측면에서 어떻게 다뤄야 할지를 선언할 뿐입니다. reshape 함수를 사용하여 텐서의 형상을 재정의할 수 있으며, 이외에 형상을 더 쉽게 변경할 수 있는 함수들도 존재합니다.

- asScalar
- as1D
- as2D
- as3D
- as4D
- as5D
- as6D

이들은 단순히 reshape 함수의 래퍼wrapper 함수일 뿐이지만 변환된 텐서의 차원이 확실해집니다. 텐서의 데이터 형식은 내부 데이터와 별도로 관리되기 때문에 텐서의 데이터 형식을 변경할 수 있는 것입니다.

```
const a = tf.tensor([[1, 2], [3, 4]]);
a.print(true);

// verbose 옵션으로 출력하여 더 상세한 정보 확인
Tensor
  dtype: float32
  rank: 2
  shape: [2,2]
  values:
    [[1, 2],
     [3, 4]]
```

TensorFlow.js의 asType 함수는 형 변환 기능을 제공합니다. 새로운 데이터 타입이 원본 데이터 타입과 호환이 가능하다는 조건 하에 형 변환이 성공적으로 수행됩니다.

```
const a = tf.tensor([[1, 2], [3, 4]]);
const b = a.asType('bool');
b.print(true);

Tensor
```

```
dtype: bool
rank: 2
shape: [2,2]
values:
  [[true, true],
   [true, true]]
```

11.3.2 변수로써의 텐서

근본적으로 텐서는 값을 변경할 수 없는 데이터 구조입니다. TensorBuffer를 사용한다 하더라도 새로운 데이터와 형상의 다른 텐서를 생성할 뿐입니다. 텐서가 설계된 방식은 학습 과정에서의 머신러닝 모델 파라미터를 목적으로 사용하기에는 맞지 않습니다. tf.variables는 텐서를 위한 변경 가능한 그릇을 생성할 수 있는 API입니다.

```
const x = tf.variable(tf.tensor([[1, 2], [3, 4]]));

// 변수에 새로운 값을 할당
x.assign(tf.tensor([[4, 5], [6, 7]]));

x.print();

// Tensor
//    [[4, 5],
//     [6, 7]]
```

텐서 변수를 사용할 때의 이점은 텐서의 데이터 형식과 형상을 검증할 수 있다는 것입니다. 텐서 변수는 새로운 값이 할당된 후에도 초기의 데이터 형식과 형상이 일치한다는 것을 보장합니다. 이런 이유로 가중치 파라미터를 중간에 확인하기 위한 목적으로 tf.variables를 사용하면 전체 학습 과정에서 모델 가중치 파라미터가 동일한 구조로 유지될 것을 보장할 수 있게 됩니다.

```
const x = tf.variable(tf.tensor([[1, 2], [3, 4]]));
x.assign(tf.tensor([1, 2, 3]));

// An error occured on line: 2
// shape of the new value (3) and previous value (2,2) must match
```

기존의 텐서에 연쇄적으로 함수를 호출하는 방식으로 텐서 변수를 생성할 수도 있습니다.

```
const a = tf.tensor([[1, 2], [3, 4]]);
const v = a.variable();
v.print();

// Tensor
//     [[1, 2],
//      [3, 4]]
```

한 가지 주의해야 할 점은 `tf.variables`가 정말로 변경 가능한 것은 아니라는 점입니다. 할당이 발생할 때마다 새로운 텐서를 생성해야 하기 때문입니다. `assign` 함수에 텐서가 주어지면 내부적으로 처리한 텐서로 주어진 텐서를 교체합니다. 결국 텐서 변수를 사용한다고 해서 텐서를 생성할 때의 오버헤드를 피할 수 있게 되는 것은 아닌 셈입니다. 성능의 향상은 없지만 값 변경이 가능한 텐서의 관리를 견고하게 할 수 있는 방법이라고 생각하면 좋을 것 같습니다.

11.3.3 텐서 삭제 다시 살펴보기

텐서의 사용으로 메모리 자원이 누수되는 것을 방지하려면 텐서를 삭제해주는 것이 중요합니다. 이전 절에서 설명했듯이, `dispose` 혹은 `tf.tidy` 함수를 사용하여 텐서에 할당된 자원을 안전하게 해제할 수 있습니다. 이 함수들은 텐서가 사용하는 메모리를 관리하는 깔끔한 방법입니다. 애플리케이션에서 발생할 수 있는 예상치 못한 성능 하락을 피하려면 이 함수들을 항상 사용해줘야 합니다.

불행히도 `tf.tidy` 함수가 텐서 변수들을 할당 해제해주지는 않습니다. `tf.tidy` 함수에 `tf.variable`을 전달하더라도 해당 변수가 자동으로 삭제되지 않습니다. 텐서 변수를 삭제하는 방법은 두 가지가 있습니다.

- 텐서 변수의 `dispose` 함수 사용
- `tf.disposeVariables` 함수 사용

텐서 변수는 텐서의 하위 클래스이기 때문에 텐서와 마찬가지로 `dispose` 함수를 지원합니다. 따라서 텐서 변수에 할당된 자원을 해제할 수 있습니다. 만약 애플리케이션이 많은 수의 텐서 변수를 사용한다면 해제 함수를 계속 반복적으로 호출하는 것은 굉장히 지루한 작업일 것입니다. `tf.disposeVariables` 함수는 백엔드에서 관리하는 모든 텐서 변수를 한 번에 삭제합니다. 이 함수는 변수의 메모리 자원을 해제하는 것 이외에도 텐서 관리자에서 해당 변수의 참조까지도 삭제합니다.

다음 도식은 텐서 변수의 생명 주기를 요약한 전반적인 변수 구조를 보여줍니다. 텐서와 텐서 변수는 TensorManager가 관리하는데, 이 관리자는 백엔드 구현부 내부에서 수행됩니다. 한 번 텐서가 삭제된 후 TensorManager는 해당 텐서의 참조도 모두 삭제합니다.

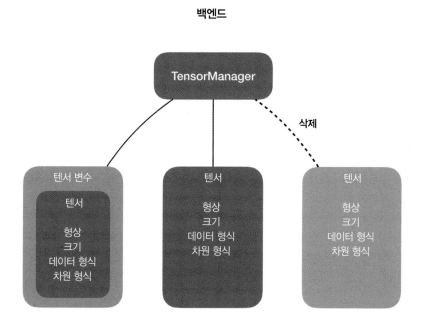

`tf.tidy` 함수는 중간 텐서가 스코프를 벗어나면 자동으로 참조를 끊으며 텐서 변수들은 기본 상태로 유지됩니다. 하지만 `tf.tidy`를 사용하면서 일부 텐서를 그대로 보존하고 싶은 경우도 존재합니다. 이런 경우 `tf.keep` 함수를 사용하면 스코프가 끝나더라도 텐서 변수가 유지되도록 해당 변수를 따로 표시해놓을 수 있습니다.

```
let c;
const y = tf.tidy(() => {
  const a = tf.tensor([[1, 2], [3, 4]]);
  const b = tf.tensor([[5, 6], [7, 8]]);
```

```
  // c는 자동으로 삭제되지 않음
  c = tf.keep(a.square());

  return c.add(b);
});

// tf.tidy의 범주에서 벗어나더라도 c를 참조할 수 있음
c.print();

// Tensor
    [[1, 4 ],
     [9, 16]]
```

중간 텐서에 **tf.keep**를 호출하지 않을 경우에는 다음과 같은 오류 메시지가 발생할 것입니다. 모든 연산은 호출 시에 텐서의 유효성을 검사합니다.

```
tensor.ts:682 Uncaught (in promise) Error: Tensor is disposed.
    at t.throwIfDisposed (tensor.ts:682)
    at t.dataSync (tensor.ts:638)
    at t.toString (tensor.ts:796)
```

디버깅 목적으로 데이터를 검증하거나 성능을 튜닝할 때 중간 텐서가 필요한 경우가 종종 있습니다. **tf.keep**은 애플리케이션 코드를 재작성하지 않고도 이를 가능하게 합니다.

11.4 비동기 데이터 접근

머신러닝 알고리즘은 대부분 무거운 연산을 포함하기 때문에 애플리케이션이 효율적이고 상호 작용적으로 동작하기 위해서는 데이터 접근이 반드시 비동기적으로 이루어져야 합니다. 자바 스크립트에서 비동기 실행은 주로 **Promise** 객체를 사용하여 구현됩니다. 프라미스는 성공 혹은 실패의 두 가지 결과로 끝나는 비동기 처리에 사용되는 객체입니다. 텐서로부터 데이터를 다운로드받는 대부분의 연산이 프라미스 객체를 반환하기 때문에 데이터가 준비된 이후에 사용자에게 전달된다는 것을 보장할 수 있습니다.

프라미스 객체를 반환하려면 함수를 async로 선언해야 합니다. 예를 들어 Tensor.data 함수

는 결과 데이터를 포함하는 **TypedArray**를 계산하는 프라미스를 반환합니다.

```
async data<D extends DataType = NumericDataType>(): Promise<DataTypeMap[D]> {
  // 값 반환 전 수행할 작업
  // ...
  return data as Promise<DataTypeMap[D]>;
}
```

DataTypeMap[D]는 주어진 데이터 형식에 맞는 예상 **TypedArray**를 나타냅니다.

- **float32**: Float32Array

- **int32**: Int32Array

- **bool**: Uint8Array

- **complex64**: Float32Array

- **string**: string[]

프라미스 안에 저장되어 있는 데이터를 사용하는 방법은 두 가지가 존재합니다.

- then과 catch와 같은 연쇄 함수를 사용

- await를 사용

then과 **catch**는 연쇄적으로 호출되는 프라미스 함수입니다. 이들은 결과가 성공적으로 준비되면 그 뒤로 수행할 함수를 호출하고, 결과가 성공적으로 반환되지 않을 경우에는 예외 처리를 수행합니다.

```
const p = new Promise(function(resolve, reject) {
  setTimeout(() => {
    // 성공 시 resolve 함수를 수행
    resolve('It is ready');

    // 실패 시 reject 함수에 Error 객체를 전달
    // reject(new Error('An error happens'));
  }, 300);
});

p.then((value) => {
  console.log(value);
}).catch((err) => {
```

```
      console.log(err);
  });
```

이 코드를 돌려보면 동작합니다. 하지만 모든 async 호출 시 then과 catch 구문을 작성하는 것은 굉장히 반복적이고 지루한 작업이며, 특히 반환된 결과를 계속 받아서 작업할 목적으로 함수를 여러 번 연쇄적으로 호출해야 할 경우 더 그렇습니다.

자바스크립트와 타입스크립트는 당연한 함수의 호출을 피할 수 있는 더 나은 문법을 제공합니다. async와 await는 비동기 수행의 장점은 유지하면서도 더 동기적인 방식으로 코드를 작성할 수 있게 해줍니다. async 키워드는 대상 함수를 감싼 후 원래 값을 포함하는 프라미스 객체를 반환합니다. 반면 await 키워드는 비동기 함수 내에서 결과를 동기적으로 기다리는 것을 가능하게 합니다. 예를 들어 두 개의 프라미스 함수를 연결하여 다음에 주어진 값들을 더하고 싶다고 해봅시다.

```
function add() {
    A().then(a => {
        B().then(b => {
            console.log(a + b);
        })
    })
}

function A() {
    return Promise.resolve(1)
}

function B() {
    return Promise.resolve(2)
}

add();
```

위의 코드를 async/await 키워드를 사용하여 더 간단히 작성할 수 있습니다.

```
async function add() {
  const a = await A();
  const b = await B();
  console.log(a + b);
```

```
}

async function A() {
    return 1;
}

async function B() {
    return 2;
}

add();
```

연산 그래프 내의 연산 노드를 사용하지 않고 여러 개의 텐서를 제어하려면 async/await 키워드를 사용하는 것이 가장 좋은 방법입니다. 어떤 텐서에서 첫 번째 텐서에 주어진 값의 위치에 해당하는 요소를 두 배로 만들고 싶다고 가정해봅시다. TensorFlow.js에서는 이런 연산을 수행할 수 있는 연산이 따로 존재하지 않기 때문에 텐서가 반환하는 TypedArray 변수를 제어할 수 있는 유일한 방법은 async/await를 사용하는 것입니다.

```
// 인덱스값을 텐서로 생성
const index = tf.scalar(2);

const x = tf.tensor([[1, 2], [3, 4]]);

async function myDouble() {
  const xData = await x.data();
  const iData = await index.data();
  // 주어진 인덱스에 있는 요소를 두 배로 곱함
  xData[iData] = xData[iData] * 2;

  for (let i = 0; i < xData.length; i++) {
    console.log(xData[i]);
  }
}

myDouble();
```

불필요한 오버헤드를 방지하기 위해서는 당연히 이 계산이 연산 그래프 내에서 수행이 완료되어야 합니다. 하지만 누락된 연산이나 복잡한 실행 흐름으로 인해 다운로드한 TypedArray 변수를 직접 제어하는 것이 더 빠르고 쉬운 경우도 생길 수 있다는 것을 염두에 둬야 합니다.

async/await는 백엔드 환경과 자바스크립트 런타임 사이를 일직선으로 이어주는 다리 역할을 해주는 것입니다.

이러한 이유로 텐서는 내부적으로 async/await 함수를 사용하는 래퍼 함수들을 제공합니다.

목적	비동기 함수	동기 함수
텐서로 초기화된 버퍼를 가져옴	buffer	bufferSync
자바스크립트 배열을 가져옴	Array	arraySync
TypedArray를 가져옴	data	dataSync

이 함수들은 내부 데이터를 해당하는 데이터 형식에 맞게 다운로드합니다. 각 함수는 await와 동일한 작업을 수행하는 동기적 실행 버전의 함수를 포함합니다.

```
const x = tf.tensor([[1, 2], [3, 4]]);

async function download() {
  const d1 = await x.data();
  const d2 = x.dataSync();

  console.log(d1 === d2);
}

download();
```

애플리케이션을 작성할 때 작은 오버헤드와 코드 간결성 사이의 적당한 균형을 유지하려면 async/await 키워드나 데이터를 불러오는 API를 사용하는 것이 답입니다. 만약 TensorFlow.js에서 적절한 함수를 찾을 수 없을 경우 약간의 효율성을 희생하고 백엔드 환경에서 데이터를 다운로드한 후 데이터를 제어하면 됩니다.

11.5 프로파일링

'섣부른 최적화는 만악의 근원이다'라는 말이 있습니다. 시스템에 관한 충분한 지식과 이해 없이는 최적화가 오히려 독이 될 수도 있습니다. 따라서 시스템 런타임에 관해 충분히 이해하고, 어떤 병목 지점들이 최적화 대상이 되어야 할지 찾아내는 것이 중요합니다. 프로파일링^{profiling}은 시스템이 동작하는 방식을 측정하는 정보나 신호들을 수집하는 방법입니다. 애플리케이션에 존재할 수 있는 문제들을 찾는 과정에서 다음과 같은 정보들을 활용하면 도움이 될 것입니다.

- 성능 병목 지점(CPU, I/O, 메모리 등)
- 코드 실행 관련 통계
- 전체 수행에 걸린 시간

이러한 정보를 알고 있다면 애플리케이션의 성능을 더 향상시킬 수 있습니다. TensorFlow.js 런타임에서 어떤 일이 벌어지는지에 관해 조사하고 통찰을 얻을 수 있는 여러 도구들이 존재합니다. 11장의 마지막 부분에서는 TensorFlow.js 애플리케이션을 프로파일링할 때 사용할 수 있는 도구들을 살펴보겠습니다.

애플리케이션의 메모리 사용량에 관한 정보를 표시해주는 **tf.memory**는 이미 한 번 살펴본 바 있습니다. 이 함수는 텐서와 버퍼에 사용되는 메모리에 관한 정보를 반환하며 이 정보는 백엔드 환경의 전체 메모리 풋프린트를 포함합니다. 하지만 때로는 특정 연산 그래프가 사용하는 메모리 사용량을 알고 싶은 경우도 있습니다. 이러한 정보는 특히 애플리케이션에서 여러 모델을 사용하는 상황에서 특정 모델이 메인 메모리에서 많은 공간을 차지하는지 알고 싶을 때 유용합니다. TensorFlow.js는 특정 연산 그래프가 사용하는 메모리 사용량을 측정할 수 있는 **tf.profile** 함수를 제공합니다.

```
async function profiling() {
  const profile = await tf.profile(() => {
    const x = tf.tensor([[1, 2], [3, 4]]);
    const a = x.neg();
    x.dispose();
    const b = a.log();
    return b;
  });

  console.log(`newBytes: ${profile.newBytes}`);
  console.log(`newTensors: ${profile.newTensors}`);
  console.log(`all kernels: ${profile.kernels.map(k => k.totalBytesSnapshot)}`);
}

profiling();
```

```
// newBytes: 32
// newTensors: 2
// all kernels: 32,48
```

tf.profile은 프로그램의 메모리 풋프린트를 측정할 때 필요한 그래프 구성에 관한 정보를 프로그램 종료 시점에서 수집하는 함수로 주어진 함수에서 생성된 텐서들을 추적합니다. 이 도구를 사용하여 연산 그래프에서 사용되는 메모리의 양과 텐서의 개수를 알아낼 수 있으며 수집할 수 있는 정보들은 다음과 같습니다.

- newBytes: 함수 내에서 할당된 바이트 수
- newTensors: 함수가 생성한 텐서의 개수
- peakBytes: 함수가 할당한 최대 바이트 수
- kernels: 함수 내에서 사용되는 각 커널에 관한 정보

연산 그래프의 최고 메모리 사용량을 알고 싶다면 peakBytes를 사용하면 됩니다. 각 커널의 메모리 풋프린트 관련 지표를 비교하고 싶을 때 커널 정보도 유용하게 쓰일 수 있습니다. 이 정보는 어떤 커널을 우선적으로 최적화해야 할지 힌트를 주는데, 해당 커널이 메모리 사용량에 영향을 미치는 정도에 따라 우선순위가 결정됩니다.

프로파일링 도구는 tf.tidy와 tf.keep의 문법도 인식합니다.

```
async function profiling() {
  const profile = await tf.profile(() => {
    tf.tidy(() => {
      const x = tf.tensor([[1, 2], [3, 4]]);
      const a = x.neg();
      const b = a.log();
      return b;
    });
  });

  console.log(`newBytes: ${profile.newBytes}`);
  console.log(`newTensors: ${profile.newTensors}`);
  console.log(`peakBytes: ${profile.peakBytes}`);
  console.log(`all kernels: ${profile.kernels.map(k => k.totalBytesSnapshot)}`);
}

profiling();
```

```
// newBytes: 16
// newTensors: 1
// peakBytes: 64
// all kernels: 32,64
```

tf.tidy가 반환하는 유일한 정보는 전체 텐서의 개수뿐입니다. 다른 중간 텐서들은 정상적으로 삭제되었기 때문입니다. 하지만 neg와 log 연산이 커널 풋프린트에 기록됩니다. 컴파일된 코드는 프로파일러가 반영할 수 있도록 백엔드 캐시에 저장됩니다.

11.5.1 크롬 프로파일러

구글 크롬도 웹 애플리케이션의 성능을 검사하는 데 사용할 수 있는 강력한 도구입니다. 크롬의 프로파일링 도구는 일반 웹 애플리케이션을 위해 설계되었지만 머신러닝 애플리케이션의 프로파일링에도 사용할 수 있습니다. 프로파일러 창을 띄운 후 [Performance] 탭을 클릭합니다. 이 도구는 자바스크립트 런타임의 각 함수 호출이 완료되는 데 소요된 시간을 계산합니다. 다음 스크린샷은 이전 절에서 사용한 벤치마크 코드의 호출 다이어그램을 보여줍니다.

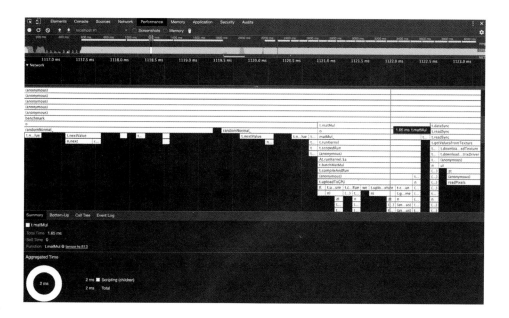

위 다이어그램에서 확인할 수 있듯이 `tf.matMul`이 수행되는 데 1.65ms의 시간이 걸렸습니다. 그림을 확대해보면 `tf.matMul`이 어떤 작업을 수행하는지 알 수 있습니다. 다음 스크린샷을 보면 커널 코드를 컴파일하는 데 `tf.matMul` 수행 시간의 92%인 1.52ms가 걸렸음을 알 수 있습니다.

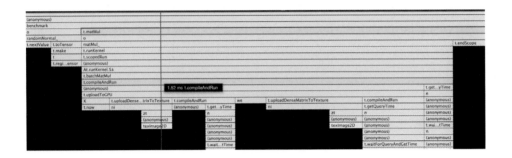

이와 같이 크롬 프로파일러의 성능 도구는 사용자의 프로그램에서 수행 시간 측면에서 가장 지배적인 요소가 무엇인지 파악할 수 있게 도와줍니다. 만약 작성한 머신러닝 애플리케이션이 느리다면 이 도구를 활용하여 어떻게 더 빠르게 동작하게 만들 것인지 생각해볼 수 있을 것입니다.

[Memory] 탭을 클릭하면 애플리케이션이 얼마만큼의 메모리를 사용하는지 측정하는 것도 가능합니다. 메모리 프로파일링 방식에는 세 종류가 있습니다.

- 힙 스냅샷
- 타임라인에서의 할당 계기
- 할당 샘플링

힙 스냅샷heap snapshot은 애플리케이션의 정적 지표를 측정하는 데 사용됩니다. 이 도구는 애플리케이션 상태의 스냅샷을 찍어 특정 시간에서의 메모리 사용량을 기록합니다. 이외에 다른 메모리 프로파일링 도구들도 특정 시간에서의 메모리 사용량을 기록합니다. 이들은 애플리케이션의 상태와 관련된 지표를 추적하고, 자바스크립트 런타임에서 생성된 객체의 개수와 할당된 메모리의 크기를 보여줍니다.

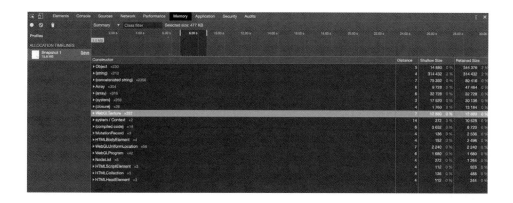

또한 성능 프로파일러는 애플리케이션이 소비하는 메모리 양을 어떻게 줄일 수 있을지도 보여줍니다.

11.6 모델 시각화

시각화는 머신러닝 모델에서 어떤 일이 벌어지는지 배울 수 있는 효율적인 방법입니다. 시각화를 활용하면 정확도나 목적 함수의 손실값 측면에서의 학습 과정의 진척도을 추적할 수 있습니다. 또한 텐서 요소들의 분포를 시각화하여 보면 머신러닝 알고리즘이 어떻게 돌아가는지에 관한 통찰도 얻을 수 있습니다. 이번 절에서는 TensorFlow.js를 위해 특별히 설계된 시각화 도구인 tfjs-vis를 살펴볼 것입니다.

대부분의 경우와 같이 tfjs-vis도 npm을 사용하여 설치할 수 있습니다. 이 패키지는 머신러닝 애플리케이션에서 쉽고 매끄럽게 렌더링되는 UI 컴포넌트를 제공합니다. 이 도구는 UI의 우측에 창 혹은 대시보드를 띄웁니다. 이 대시보드에는 머신러닝 모델의 각종 지표들을 보여주기 위한 컴포넌트들을 원하는 만큼 추가할 수 있습니다.

먼저 층 검사 섹션은 순차적 모델의 특정 층의 이름과 형상 정보를 제공합니다. 다음 코드는 모델의 첫 번째 층의 통계를 보여주는 새로운 창을 추가합니다.

tfvis.show.layer는 자동으로 UI 요소를 생성하고 현재 창에 추가합니다.

```
import * as tf from '@tensorflow/tfjs';
import * as tfvis from '@tensorflow/tfjs-vis';

const model = tf.sequential({
  layers: [
    tf.layers.dense({inputShape: [784], units: 32, activation: 'relu'}),
    tf.layers.dense({units: 10, activation: 'softmax'}),
  ]
});

tfvis.show.layer({ name: 'Layer Inspection', tab: 'Layer' }, model.getLayer('first
layer', 1));
```

다음 스크린샷은 코드 실행 결과를 보여줍니다.

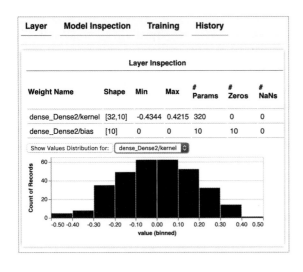

위 그림에서 최솟값, 최댓값, 파라미터 개수, 0의 개수와 NaN의 개수를 포함한 텐서의 내부 값들의 통계를 확인할 수 있습니다. 만약 위 지표로부터 학습 과정에서 파라미터가 완전히 무작위값을 가지는 것을 확인했다면 아마도 학습 과정은 실패할 것입니다. 이 도구는 모델 층의 파라미터 분포도 보여줍니다. [Show Values Distribution for:]를 클릭하면 값 히스토그램을 확인할 수 있을 것입니다. 만약 특정 텐서의 파라미터 분포를 확인하고 싶다면 tfvis. show.valueDistribution 함수를 사용하면 됩니다.

```
const t1 = tf.randomNormal([100, 3]);

tfvis.show.valuesDistribution({name: 'Values Distribution', tab: 'Model
Inspection'}, t1);
```

이 코드를 실행하면 다음과 같은 결과를 확인할 수 있습니다.

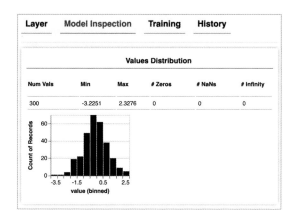

학습 과정이 어떻게 진행되는지도 흥미로운 주제입니다. 정확도와 손실값이 어떻게 변화하는
지 이해하는 것은 머신러닝 모델의 검증 과정에 큰 영향을 미칩니다. 학습 과정을 확인할 수 있
는 방법은 두 가지가 있습니다.

- 콜백 방식
- 정적 히스토리 방식

콜백 방식은 어떠한 동작 코드든 학습 배치에 연결할 수 있도록 콜백 함수를 전달하는 방법입니
다. tfvis.show.fitCallbacks 함수는 지정한 지표들을 기록하도록 콜백 함수를 수정합니다.

```
const model = tf.sequential({
  layers: [
    tf.layers.dense({inputShape: [784], units: 32, activation: 'relu'}),
    tf.layers.dense({units: 10, activation: 'softmax'}),
  ]
});

model.compile({
```

```
    optimizer: 'sgd',
    loss: 'categoricalCrossentropy',
    metrics: ['accuracy']
});

const data = tf.randomNormal([100, 784]);
const labels = tf.randomUniform([100, 10]);

model.fit(data, labels, {
    epochs: 5,
    batchSize: 32,
    callbacks: tfvis.show.fitCallbacks({name: 'Training Inspection', tab:
'Training'},
        ['loss', 'acc']),
});
```

이 코드는 학습 과정에서 계산되는 손실값과 정확도를 기록하는 콜백 함수를 설정합니다. 콜백 함수를 사용하여 연결된 이벤트들은 onBatchEnd와 onEpochEnd입니다. 이름에서 알 수 있듯이 이들은 각 배치와 각 에포크가 끝날 때마다 호출됩니다.

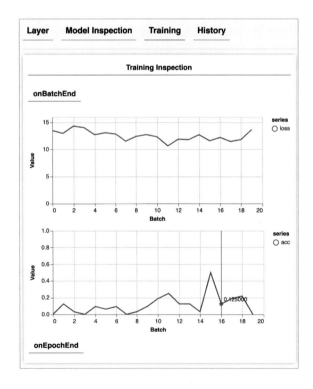

모델의 효율성을 보기 위해 모델의 `fit` 함수가 반환하는 히스토리 데이터를 확인하는 방법도 있습니다. `tfvis.show.history` 함수를 사용하면 콜백 함수를 학습 과정에 연결하지 않고도 동일한 차트를 표시할 수 있습니다.

```
const history = await model.fit(data, labels, {
    epochs: 5,
    batchSize: 32,
});
tfvis.show.history({name: 'Training History', tab: 'History'}, history, ['loss',
'acc']);
```

11.7 마치며

11장에서는 TensorFlow.js로 작성한 머신러닝 애플리케이션의 성능과 안정성을 향상할 수 있는 몇 가지 기술들을 살펴봤습니다. TensorFlow.js는 WebGL과 같은 다양한 종류의 런타임 시스템을 가속하는 프레임워크이기 때문에 그 내부 구조와 구현부를 이해하는 것이 더 좋은 성능의 애플리케이션을 만들 수 있는 열쇠가 됩니다.

애플리케이션 실행을 잘 프로파일링하는 것도 굉장히 중요합니다. 병목이 되는 지점과 성능 특성에 관한 이해 없이는 방향성 잃은 최적화를 하는 것밖에 더 되지 않습니다. TensorFlow.js로 작성한 머신러닝 애플리케이션은 단순히 웹 애플리케이션이기 때문에 TensorFlow.js가 제공하는 프로파일러와 크롬 프로파일러를 사용하여 프로파일링을 수행할 수 있습니다. `tf-vis`는 애플리케이션의 이면을 보여줍니다. `tf-vis`를 사용하여 수집한 지표들은 애플리케이션에 더 특화되어 있기 때문에 머신러닝에 익숙한 사람들이 손쉽게 사용할 수 있습니다. 12장에서는 TensorFlow.js가 어떻게 머신러닝의 미래를 바꿀 수 있을지 생각해보고, 다른 다양한 애플리케이션들을 살펴볼 것입니다.

11.8 연습 문제

1. TensorFlow.js는 몇 가지의 백엔드 구현부를 지원합니까?

2. MobileNet, WebGL과 Node.js 중 어떤 것이 MNIST 추론을 가장 빠르게 수행합니까?

3. vanilla CPU 백엔드와 비교했을 때 WebGL 백엔드의 성능이 떨어짐을 보여주는 벤치마크 코드를 작성하세요.

4. 텐서의 형상을 변경할 때 사용할 수 있는 호환성은 어떤 것입니까? 예를 들어 [2,3]의 형상을 가진 텐서를 [1,2,3]의 형상으로 변경할 수는 있지만 [2,2,3]으로 변경할 수는 없습니다. 그 이유는 무엇 때문인가요?

5. 텐서에서 데이터를 다운로드할 때 비동기 API를 사용하는 것의 주요 단점으로는 어떤 것이 있습니까?

6. tf-vis를 사용하여 학습 과정을 추적하는 방법을 설명해 보세요. 어떤 종류의 API를 사용해야 하나요?

11.9 더 읽을거리

- **Node API**: *https://js.tensorflow.org/api_node/1.2.7/*

- **tfjs-vis**: *https://js.tensorflow.org/api_vis/1.1.0/*

## CHAPTER 12

TensorFlow.js의 전망

지금까지는 오늘날 TensorFlow.js가 제공하는 기능과 특성들을 다뤘습니다. 그런데 이 책이 집필되는 중에 텐서플로 2.0이 배포되었습니다. 물론 텐서플로 2.0의 많은 개념들이 TensorFlow.js에도 구현되어 있기는 합니다. 12장에서는 웹 플랫폼에서 일하는 머신러닝 개발자가 TensorFlow.js를 더 편하고 유용하게 활용할 수 있게 하기 위해 진행되고 있는 몇 가지 프로젝트와 계획들을 소개할까 합니다.

12장은 다음의 주제를 다룹니다.

- 실험적인 백엔드 프로젝트
  - WebGPU
  - WebAssembly
  - 리액트 네이티브 기반의 모바일 네이티브 애플리케이션
  - Electron 기반의 네이티브 애플리케이션
- AutoML 에지 헬퍼

12.1 개발 환경

12장에서는 다음과 같은 개발 환경이 필요합니다.

- 타입스크립트
- Parcel
- 웹 브라우저(크롬 권장)

12.2 실험적 백엔드 프로젝트

앞서 Vanilla CPU, WebGL과 Node.js와 같은 몇 가지 백엔드를 소개했습니다. 이 백엔드들은 TensorFlow.js의 초창기부터 제공됐지만 커뮤니티에서는 더 많은 사용 환경과 플랫폼을 지원할 수 있도록 새로운 백엔드를 지속적으로 개발하고 있습니다. 이들 대부분은 아직 실험적이며, 모든 연산을 완벽하게 지원하지 않는다는 점에 유의해주기 바랍니다. 애플리케이션 개발에서 이 백엔드를 언제, 어떻게 활용해야 하는지 배워봅시다.

12.2.1 WebGPU: 가속 그래픽과 가속 컴퓨팅의 새로운 표준

WebGPU는 가속 그래픽 처리와 가속 컴퓨팅의 새로운 웹 표준으로 고성능 컴퓨팅을 가능하게 하는 완전히 새로운 자바스크립트 API를 제공합니다. WebGPU는 WebGL과 달리 기존의 네이티브 API를 그대로 포팅한 것이 아니라 Vulkan, Metal 등을 기반으로 구현되었습니다. WebGPU는 원래 WebGL을 대체하도록 설계되었지만 근래에는 WebGL이 훨씬 인기가 많습니다. TensorFlow.js에서도 WebGL을 우선적으로 지원합니다. 하지만 WebGPU를 지원하는 웹 브라우저가 앞으로 점점 늘어날 것을 고려하면 WebGPU는 웹 기술 중에서 하드웨어 가속을 지원하는 주요 플랫폼이 될 것입니다.

WebGPU 백엔드 커널 함수는 WebGL 함수와 비슷합니다. 예를 들어 덧셈을 수행하는 커널 함수는 다음과 같이 작성할 수 있습니다. 다음은 WebGPUProgram의 생성자로 모든 커널 클래스를 포함하는 부모 클래스에 해당합니다.

```
constructor(op: string, aShape: number[], bShape: number[]) {
  this.outputShape = backend_util.assertAndGetBroadcastShape(aShape, bShape);
  const size = util.sizeFromShape(this.outputShape);

  // 데이터의 다중 스레드 분산 설정
  this.dispatchLayout = flatDispatchLayout(this.outputShape);
  this.dispatch = computeDispatch(
    this.dispatchLayout, this.outputShape, this.workGroupSize,
    [this.workPerThread, 1, 1]);
  const type = getCoordsDataType(this.outputShape.length);

  // 셰이더 코드는 WebGL과 거의 유사
  this.userCode = `
    float binaryOperation(float a, float b) {
      ${op}
    }
    void main() {
      int index = int(gl_GlobalInvocationID.x);
      for(int i = 0; i < ${this.workPerThread}; i++) {
        int flatIndex = index * ${this.workPerThread} + i;
        if(flatIndex < ${size}) {
          ${type} coords = getCoordsFromFlatIndex(flatIndex);
          float a = getAAtOutCoords(coords);
          float b = getBAtOutCoords(coords);
          setOutput(flatIndex, binaryOperation(a, b));
        }
      }
    }
  `;
}
```

이 코드에서 핵심 구현부는 WebGL 커널과 거의 동일합니다. WebGPU에서는 각 스레드에
전달되는 데이터의 크기를 제어할 수 있습니다. 템플릿 변수로 내장되어 있는 workPerThread
변수는 데이터 크기를 설정합니다. 텐서는 스레드에 전달된 이후에 1차원으로 펼쳐집니다.
getCoordsFromFlatIndex는 펼쳐진 텐서에서의 주어진 인덱스의 좌표를 구하는 헬퍼 함수
입니다. gl_GlobalInvicationID는 WebGPU API에서 스레스 번호 식별을 위해 제공하는
인덱스입니다. 이 변수를 사용하여 각 요소가 전체에서 가지는 정확한 오프셋을 구할 수 있습
니다.

다음 그림은 식별자가 각 GPU 코어에 어떻게 할당되는지를 보여줍니다. 각 GPU 코어는 프로그램을 병렬로 실행할 수 있으며 그림과 같이 다차원 식별자를 가집니다. 이런 경우 하나의 특정 GPU는 (3, 3)과 같은 인덱스를 가지는 식별자로 나타낼 수 있습니다.

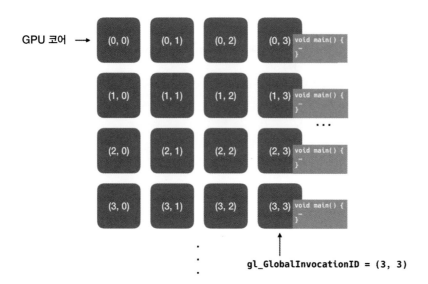

이 식별자는 gl_GlobalInvocationID라는 이름으로 프로그램에 전달되어 프로그램이 스레드에서 어떤 부분을 실행해야 하는지 알 수 있게 합니다. workPerThread는 커널이 사용하는 스레드의 개수를 제어합니다. 이와 같은 파라미터를 제대로 설정함으로써 병렬성을 제어할 수 있습니다.

WebGPU 백엔드를 테스트해볼 수 있는 실험 패키지는 @tensorflow/tfjs-backend-webgpu 이름으로 설치할 수 있습니다. 하지만 이 패키지는 현재 TensorFlow.js API와 완벽히 통합된게 아니며 아직 불안정합니다. 대신 벤치마크 결과는 공개되어 있기 때문에 저장소에 포함되어 있는 벤치마크 애플리케이션을 실행하여 결과를 확인해볼 수 있습니다.

```
$ cd tfjs/tfjs-backend-webgpu
$ yarn
$ cd benchmarks

# 브라우저에서 벤치마크 애플리케이션을 실행
$ open index.html
```

애플리케이션을 실행하면 다음과 같은 화면을 볼 수 있을 것입니다.

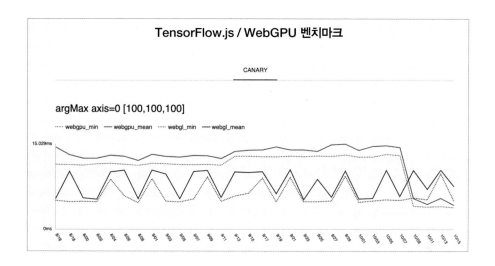

유의해야 할 점은 애플리케이션이 WebGPU 코드를 로컬 머신에서 수행하는 것이 아니라는 것입니다. 애플리케이션은 단지 특정 환경에서 매일 실행된 벤치마크 결과를 다운로드할 뿐입니다. 따라서 위 차트에서는 과거의 벤치마크 측정 결과만을 볼 수 있는 것입니다. 벤치마크는 몇 가지 특정 연산자의 결과를 포함합니다.

- argmax
- matMul
- add
- conv2d
- relu
- pad
- maxPool
- posenet

argMax 연산 결과를 보면 10월 9일 이후로는 WebGPU가 WebGL보다 훨씬 빠르다는 것을 확인할 수 있습니다. 하지만 WebGPU가 항상 WebGL 백엔드를 앞서는 것은 아닙니다. 예를 들어 conv2d 커널 연산의 벤치마크 결과를 보면 WebGL 백엔드와 비교했을 때 WebGPU가 평균적으로 좋지 않은 성능을 보이는 것을 확인할 수 있습니다.

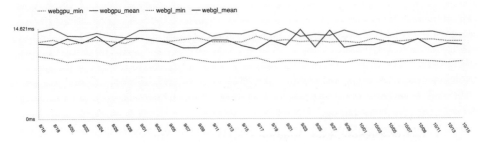

conv2d [1,128,128,4] [25,25,4,4]

원인은 여전히 불분명합니다. WebGPU 백엔드의 최적화가 아직 절반 정도밖에 이루어지지 않았기 때문일 수도 있고, WebGPU API의 태생적 이유일 수도 있습니다. 원인이 무엇이든 애플리케이션에 적합한 백엔드를 선택하여 사용하는 것이 중요합니다.

12.2.2 WebAssembly: 웹이 하드웨어 명령어 모음을 만날 때

TensorFlow.js의 또 다른 실험적 백엔드 프로젝트에서는 웹어셈블리WebAssembly를 사용합니다. 웹어셈블리는 보통 **WASM**으로 줄여 쓰며, 파일 확장자도 .wasm입니다. 웹어셈블리는 웹 브라우저에 구현된 스택 기반 가상 머신을 위한 바이너리 명령어의 모음입니다. 다양한 타깃 머신에서 사용할 수 있도록 포터블하게 설계되었으며 이는 동일한 웹어셈블리 코드를 다양한 종류의 플랫폼뿐만 아니라 더 고수준 언어에서도 재사용할 수 있다는 것을 의미합니다.

웹어셈블리의 큰 잠재적 장점은 효율성과 성능입니다. 웹어셈블리는 다양한 종류의 아키텍쳐에서 사용할 수 있는 공통 하드웨어 기능으로 코드를 실행하여 네이티브와 유사한 속도를 달성하는 것을 목표로 합니다.

또한 웹어셈블리는 자바스크립트 런타임에 구현된 샌드박스 환경을 제공하기 때문에 메모리 보안성이 보장되며, 웹과 동일한 보안 모델(동일 출처 정책 등)을 강제하기 때문에 안전한 환경에서의 사용이 보장됩니다. 웹어셈블리의 메모리 영역은 **선형 메모리**linear memory라고 불립니다. 선형 메모리란 바이트 주소로 접근할 수 있는 인접 메모리를 의미하며 메모리의 페이지 크기는 64KB입니다. 모든 웹어셈블리 런타임은 다른 런타임과는 분리된 각각의 선형 메모리를 갖습니다. 따라서 지역 변수나 실행 스택 등의 정보를 다른 애플리케이션에서 접근할 수 있게 되는 등의 문제를 방지할 수 있습니다.

다음 도식이 나타내는 것처럼 애플리케이션은 애플리케이션 환경과는 완전히 분리되어 있기 때문에 C++과 같은 주요 프로그래밍 언어와 달리 스택 영역에 접근할 수 없습니다. 따라서 애플리케이션 내의 변수나 클래스는 웹어셈블리 프로그램에 의해 변경될 수 없습니다.

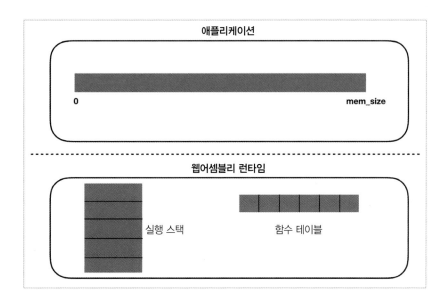

TensorFlow.js의 웹어셈블리 백엔드를 사용하려면 **Emscripten SDK**를 먼저 설치해야 합니다. Emscripten은 웹어셈블리 프로그램 빌드에 사용할 수 있는 툴로 백엔드 커널을 컴파일할 수 있습니다.

```
$ git clone https://github.com/emscripten-core/emsdk.git
```

```
$ cd emsdk
$ ./emsdk install 1.38.41
$ ./emsdk activate 1.38.41
```

yarn 명령어를 실행하여 npm 패키지를 빌드할 수 있습니다.

```
$ cd tfjs/tfjs-backend-wasm
$ yarn build-npm
# tensorflow-tfjs-backend-wasm-0.0.1.tgz 패키지가 생성되었음을 확인
```

애플리케이션에 패키지를 포함하려면 프로젝트 최상위 디렉터리에 복사하고, 해당 디펜던시를 애플리케이션의 **package.json**에 추가해줍니다.

```
"dependencies": {
  // ...
  "tfjs-backend-wasm": "file:tensorflow-tfjs-backend-wasm-0.0.1.tgz",
  // ...
}
```

웹어셈블리 백엔드는 자동으로 등록되지 않기 때문에 **tf.registerBackend** 함수를 사전에 호출해야 합니다.

```
import * as tf from '@tensorflow/tfjs';

// 웹어셈블리 백엔드 구현부 불러오기
import * as BackendWasm from 'tfjs-backend-wasm';

window.onload = async (e) => {
  const element = document.getElementById('backend_name');
  // 우선순위 3으로 백엔드를 등록
  tf.registerBackend('wasm', async () => {
    return new BackendWasm();
  }, 3 /*우선순위*/);

  // 애플리케이션에 새로운 백엔드를 지정
  await tf.setBackend("wasm");
  const backendName = tf.getBackend();
  console.log(backendName);
  element.innerText = backendName;

  const t1 = tf.tensor([1,2,3]);
  t1.print();

  // Tensor
  //    [1, 2, 3]
}
```

이 코드는 웹어셈블리 백엔드를 등록하는 일반적인 과정이지만 일부 에러나 예외 처리가 발생할 수 있습니다. 또한 이러한 과정 자체가 변경될 수도 있다는 점에 유의해야 합니다.

WebGPU 벤치마크 결과에서도 확인했듯이 실제로 구현한 애플리케이션의 성능 평가는 반드시 진행되어야 합니다.

12.2.3 React Native: 모바일 네이티브 애플리케이션을 향하여

지금까지는 애플리케이션을 더 효율적이고 빠르게 만들기 위해 강력한 웹 표준 API를 사용하여 새로운 백엔드를 사용하는 방법을 소개했습니다. 하지만 애플리케이션은 여전히 웹 브라우저에서 수행됩니다. 앞서 살펴본 백엔드를 사용하면 웹 브라우저 바깥에서 실행되는 애플리케이션을 만들기는 어렵습니다.

리액트 네이티브React Native는 iOS나 안드로이드와 같은 모바일 네이티브 플랫폼에서 애플리케이션을 쉽게 개발할 수 있게 해주는 오픈소스 프레임워크입니다. 한 번 코드를 작성하면 애플리케이션을 여러 네이티브 플랫폼에서 실행할 수 있습니다. 리액트 네이티브는 기존의 네이티브 API를 래핑하여 기반 시스템과 투명한 상호작용을 가능하게 합니다.

리액트 네이티브를 사용하여 한 번 애플리케이션을 빌드하고 나면 크로스 플랫폼cross-platform 애플리케이션이 됩니다.

리액트 네이티브 백엔드는 **expo-gl** 라이브러리를 사용하여 GPU 가속을 지원하며, 성능도 꽤 견줄 만합니다. 다음 절에서 살펴볼 API는 리액트 네이티브 기본 지식을 요할 수도 있습니다. 명확히 이해되지 않는 부분이 있다면 리액트 네이티브의 공식 문서를 참고하기 바랍니다.

리액트 네이티브 앱 생성

리액트 네이티브 앱의 생성에는 일반적으로 리액트 네이티브 CLI 혹은 Expo 툴을 사용합니다. 리액트 네이티브 CLI는 리액트 네이티브 앱 빌드에 사용할 수 있는 첫 공식 명령 줄 툴입니다. 하지만 최근에는 프로젝트를 쉽게 시작할 수 있게 해준다는 점에서 Expo가 각광받고 있습니다. 이에 따라 TensorFlow.js 프로젝트를 빌드할 때도 Expo 클라이언트를 사용할 것을 권장합니다.

먼저 개발 환경에 클라이언트 툴을 설치합니다. 패키지를 다운로드 하는 데 몇 분 정도 소요됩니다.

```
$ npm install -g expo-cli
```

설치가 완료되면 init 명령어로 프로젝트를 생성할 수 있습니다. npm start 명령어는 초기의 빈 애플리케이션을 실행할 것입니다. 프로젝트를 로드할 때 결정해야 할 몇 가지 옵션이 있습니다. 여기서는 타입스크립트 설정으로 간소한 프로젝트를 만들겠습니다.

```
$ expo init TensorFlowJSApp
$ cd TensorFlowJSApp
```

```
# 애플리케이션 번들을 제공할 서버를 구동
$ yarn start
```

위 명령어는 iOS와 안드로이드에서의 애플리케이션 실행을 위한 초기 프로젝트를 생성합니다. 애플리케이션 번들은 머신에서 구동한 서버에 의해 배포됩니다. Expo 클라이언트는 iOS와 안드로이드에서 디버깅 목적으로 번들을 돌릴 수 있는 전용 네이티브 애플리케이션입니다. 이 애플리케이션을 사용하여 리액트 네이티브 앱을 빠르게 실행해볼 수 있습니다.

- **iOS용 Expo 클라이언트**: *https://apps.apple.com/us/app/expo-client/id982107779*
- **안드로이드용 Expo 클라이언트**: *https://play.google.com/store/apps/details?id=host.exp. exponent*

TensorFlow.js에 필요한 디펜던시 설치

리액트 네이티브로 TensorFlow.js를 실행하려면 몇 가지 의존 라이브러리를 설치해야 합니다. 라이브러리는 **npm** 패키지로 배포되므로 다음과 같이 추가할 수 있습니다. 모바일 기기에서 GPU 자원을 사용하지 않는다면 **expo-gl**과 **expo-gl-cpp** 패키지는 반드시 설치하지 않아도 됩니다.

```
$ yarn add react-native-unimodules \
    expo-gl-cpp \
    expo-gl \
    async-storage
```

애플리케이션 구현

애플리케이션의 핵심은 **App.tsx**라는 파일에 있습니다. 파일에는 애플리케이션 실행 시에 구동되는 주요 리액트 컴포넌트가 포함되어 있습니다. 아래는 두 텐서의 덧셈을 수행하는 전체 애플리케이션 코드입니다. **render()** 함수의 반환값은 자바스크립트의 확장된 문법인 JSX입니다. 리액트 네이티브는 UI를 렌더링할 때 JSX를 사용할 것을 권장하는데 그 이유는 마크업과 비즈니스 로직 모두를 포함하는 컴포넌트에 초점을 맞출 수 있도록 해주기 때문입니다.

```
import React from 'react';
import {Component} from 'react';
import { StyleSheet, Text, View } from 'react-native';

import * as tf from '@tensorflow/tfjs';
import * as tfjsNative from '@tensorflow/tfjs-react-native';

export default class TensorFlowJSApp extends Component {
  private aStr: string;
  private bStr: string;
  private cStr: string;
  constructor(props) {
    super(props);
    const a = tf.tensor([[1, 2], [3, 4]]);
    const b = tf.tensor([[1, 2], [3, 4]]);

    const c = a.add(b);

    this.aStr = a.toString();
    this.bStr = b.toString();
    this.cStr = c.toString();
```

```
    }

    // 애플리케이션이 컴포넌트를 렌더링할 때 호출됨
    render() {
      return (
        <View style={styles.container}>
          <Text>Hello, TensorFlow.js! {'\n'}{'\n'}{this.aStr} + {'\n'}{this.bStr} =
{'\n'}{this.cStr}</Text>
        </View>
      );
    }
  }

  // 컴포넌트의 스타일시트를 정의
  const styles = StyleSheet.create({
    container: {
      flex: 1,
      backgroundColor: '#fff',
      alignItems: 'center',
      justifyContent: 'center',
    },
  });
```

위 애플리케이션은 텐서 연산 결과를 UI에 보여줍니다. 간단히 하기 위해 결과는 문자열로 리
액트 컴포넌트에 전달했습니다.

애플리케이션 실행

이전과 동일한 방법을 사용하여 애플리케이션을 실행할 수 있습니다. 먼저 번들 패키지를 배포
할 서버를 구동합니다.

```
$ cd TensorFlowJSApp
$ yarn start
```

서버는 자동으로 애플리케이션 페이지를 띄우기 때문에 웹 브라우저에서 서버가 구동되는 모
습을 바로 확인할 수 있습니다. 다음 화면은 리액트 네이티브 애플리케이션을 제어하는 페이지
를 보여줍니다.

좌측 하단의 QR 코드는 애플리케이션 번들을 다운로드할 수 있는 URL에 해당합니다. 만약 Expo 클라이언트 앱이 이미 모바일 기기에 설치되어 있다면, QR 코드를 스캔했을 때 위에서 구현한 앱이 기기에 설치될 것입니다. Expo 클라이언트는 앱을 다운로드한 후 기기에 다음과 같은 화면을 띄울 것입니다.

화면에서 TensorFlow.js 연산이 제대로 동작함을 확인할 수 있습니다.

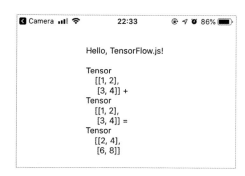

애플리케이션을 로컬 머신의 시뮬레이터에서 실행하는 것도 가능합니다. Expo 서버에서 [Run on iOS simulator] 버튼을 클릭하면 iOS 시뮬레이터가 실행될 것입니다. 이를 위해 사전에 Xcode와 iOS 시뮬레이터가 설치되어 있어야 합니다.

로컬 머신에 안드로이드 시뮬레이터가 설치되어 있다면 [Run on Android device/emulator] 버튼을 클릭하여 안드로이드 환경에서 애플리케이션을 실행해볼 수 있습니다.

12.2.4 Electron: 크로스 플랫폼 데스크톱 환경

리액트 네이티브가 주로 모바일 기기에서 애플리케이션을 실행하는 데 사용된다면 일렉트론 Electron은 데스크톱 애플리케이션 개발에 사용되는 자바스크립트 플랫폼입니다. 이 프레임워크는 깃허브에서 최초로 개발했으며, 현재 오픈소스 커뮤니티에서 관리합니다. 또한 내부 플랫폼의 인터페이스 모듈 측면에서의 특징들을 숨기기 위한 목적으로 설계되었습니다. 애플리케이션을 한 번 일렉트론으로 빌드한 후에는 일렉트론이 지원하는 플랫폼에서만 실행할 수 있습니다.

일렉트론은 리액트 네이티브와 같이 자체적인 UI 컴포넌트를 가집니다. 플랫폼의 세부 사항에 신경 쓸 필요 없이 사용자 인터페이스를 조작할 수 있는 투명한 접근성을 제공합니다. 사용자들은 여러 플랫폼에 걸쳐 유사한 사용자 경험을 할 수 있습니다.

일렉트론 애플리케이션을 실행하려면 다음 세 가지의 파일이 필요합니다.

- **package.json**: 디펜던시와 타입스크립트 빌드 명령어를 정의
- **index.html**: 애플리케이션의 첫 페이지
- **main.ts**: 애플리케이션 실행 시의 엔트리 포인트

일렉트론은 Node.js를 기반으로 실행되므로 **tfjs-node** 백엔드는 반드시 설치해야 합니다. 다음은 애플리케이션에서 정의해야 하는 최소한의 디펜던시 목록을 나타냅니다.

```
"devDependencies": {
  "@tensorflow/tfjs": "^1.2.11",
  "@tensorflow/tfjs-node": "^1.2.11",
  "electron": "^6.0.8"
}
```

샘플 애플리케이션은 리액트 네이티브와 동일하게 두 텐서의 덧셈을 수행합니다. 페이지 레이아웃은 HTML로 작성할 수 있습니다.

```
<!DOCTYPE html>
<html>
  <head>
    <meta charset="UTF-8">
    <title>Hello TensorFlow.js!</title>
  </head>
  <body>
    <h1>Hello TensorFlow.js!</h1>
    <span id='tensor-a'></span> + <br>
    <span id='tensor-b'></span> = <br>
    <span id='tensor-c'></span>
  </body>
</html>
```

main.ts는 일렉트론 애플리케이션에서 일어나는 이벤트를 제어합니다. 이 경우 먼저 수행되어야 할 스크립트와 메인 페이지인 **index.html**을 로드합니다. **BrowserWindow**는 애플리케이션의 메인 창을 보여주는 클래스입니다. **preload**는 다른 스크립트보다 먼저 실행되는 스크립

트입니다. 연산의 핵심부는 preload.ts에서 실행됩니다.

```typescript
import { app, BrowserWindow } from "electron";
import * as path from "path";

let mainWindow: Electron.BrowserWindow;

function createWindow() {
  mainWindow = new BrowserWindow({
    height: 600,
    width: 800,
    webPreferences: {
      preload: path.join(__dirname, "preload.js"),
    }
  });

  mainWindow.loadFile(path.join(__dirname, "../index.html"));

  mainWindow.on("closed", () => {
    mainWindow = null;
  });
}

// 초기화가 완료되면 createWindow 함수를 실행하여 새 창을 띄웁니다.
app.on("ready", createWindow);
```

다음은 텐서 덧셈 연산을 수행하는 preload.ts 코드입니다.

```typescript
import * as tf from '@tensorflow/tfjs-node';

window.addEventListener("DOMContentLoaded", () => {
  const replaceText = (selector: string, text: string) => {
    const element = document.getElementById(selector);
    if (element) {
      element.innerText = text;
    }
  };

  const a = tf.tensor([[1, 2], [3, 4]]);
  const b = tf.tensor([[1, 2], [3, 4]]);
  const c = a.add(b);
  replaceText('tensor-a', a.toString());
```

```
    replaceText('tensor-b', b.toString());
    replaceText('tensor-c', c.toString());
});
```

애플리케이션 실행을 위해 타입스크립트 빌드를 수행한 후 **electron** 명령으로 엔트리 포인트를 실행합니다.

```
$ tsc && electron ./dist/main.js
```

애플리케이션은 다음과 같은 창처럼 실행될 것입니다. 텐서 연산이 잘 수행된 것도 확인할 수 있습니다.

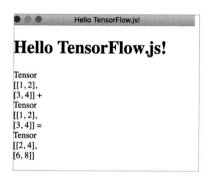

이 책 전반에 걸쳐 다룬 주요 범용 플랫폼은 웹 브라우저이지만 네이티브 애플리케이션을 쉽게 실행할 수 있다는 점에서 일렉트론 역시 머신러닝 애플리케이션을 호스팅할 수 있는 또 다른 중요한 플랫폼이라고 할 수 있습니다.

12.3 AutoML 에지 헬퍼

자동화된 머신러닝automated machine learning (AutoML) 기술은 머신러닝 기술을 실제 서비스에 쉽고 빠르게 적용할 수 있다는 점에서 최근 큰 인기를 끌고 있습니다.

클라우드 ML은 머신러닝 분야의 깊은 지식 없이도 머신러닝 모델을 학습할 수 있는 기능을 제공하는 서비스입니다. 예측에 필요한 데이터와 레이블만 있으면 됩니다. 시스템은 자동으로 가장 좋은 모델을 찾아서 하이퍼파라미터 튜닝을 수행합니다. 자동화로 절약한 시간은 충분히 좋은 모델을 구축하고 애플리케이션에 적용하는 데 사용할 수 있을 것입니다.

`tfjs-automl`은 애플리케이션을 AutoML 비전 에지 API와 쉽게 통합하게 해주는 라이브러리입니다. 이 라이브러리를 사용하면 AutoML 비전 에지 서비스에서 학습한 모델을 불러오는 것이 가능합니다. 라이브러리는 npm 패키지로 설치하여 사용할 수 있습니다.

```
$ npm i @tensorflow/tfjs-automl
```

npm 설치 외에 CDN을 사용하는 방식도 가능합니다.

```
<script src="https://cdn.jsdelivr.net/npm/@tensorflow/tfjs-automl"></script>
```

`tfjs-automl` 라이브러리는 다음 두 종류의 모델을 지원합니다.

- 이미지 분류
- 객체 감지

AutoML 에지로 불러온 모델을 사용하려면 다음 세 개의 파일도 반드시 함께 불러와야 합니다.

- `model.json`: 모델 구조 정의
- `dict.txt`: 레이블 목록
- `*.bin`: 가중치 파라미터를 포함하는 파일

위 파일들은 애플리케이션이 접근할 수 있는 경로에 둡니다. `loadImageClassification` 함수는 이미지 분류를 위한 모델을 불러옵니다.

```
import * as automl from '@tensorflow/tfjs-automl';
const modelUrl = 'model.json'; // model.json 파일의 URL
const model = await automl.loadImageClassification(modelUrl);
```

불러온 모델은 앞서 살펴본 계층 모델에서와 동일한 방식으로 사용할 수 있습니다. 학습 과정은 굉장히 많은 시간을 소요할 수 있는데 AutoML 서비스를 사용함으로써 이러한 부담을 덜 수 있습니다.

12.4 마치며

책의 마지막 부에서는 커뮤니티에서 진행하는 몇 가지 프로젝트를 살펴봤습니다. 이 중에는 TensorFlow.js로 최신 하드웨어 가속 기술을 사용할 기회를 제공하는 새로운 백엔드 프로젝트도 있었습니다. 모델 코드를 수정하지 않아도 되기 때문에 사용자들은 더 편하게 여러 백엔드 환경을 직접 사용하고 비교하여 애플리케이션에 가장 적합한 환경을 찾을 수 있을 것입니다.

또한 TensorFlow.js 애플리케이션을 다양한 플랫폼의 사용자들에게 공개할 수 있도록 모바일 혹은 데스크톱 기반의 네이티브 환경에서 실행할 수 있는 라이브러리도 소개했습니다. `tfjs-react-native` 패키지는 애플리케이션을 리액트 네이티브로 실행할 수 있게 해주며, `tfjs-node` 백엔드를 사용하면 TensorFlow.js 애플리케이션을 일렉트론으로 실행할 수 있습니다. 이러한 툴들을 활용하여 개발한 애플리케이션을 다양한 플랫폼으로 포팅해보기 바랍니다. 이는 애플리케이션이 웹 플랫폼을 넘어서 더 높은 단계로 발전할 수 있는 계기가 될 것입니다.

12장에서 소개한 프레임워크와 라이브러리들 중 일부는 아직 실험 단계이거나 알파 버전이 배포된 단계라는 점에 유의하기 바랍니다. 추후 배포에서는 사용법과 API가 별도의 공지 없이 변경될 수도 있습니다.

12.5 연습 문제

1. 웹 플랫폼에서 GPU 자원의 사용을 가능하게 하는 백엔드는 무엇일까요?

2. 다음의 새로운 표준들을 지원하지 않는 웹 브라우저는 어떤 것들이 있을까요?
   - WebGPU
   - 웹어셈블리

3. WebGPU에서 `gl_GlobalInvocationID`는 무엇을 의미할까요?

4. 애플리케이션에서 웹어셈블리를 사용하면 얻을 수 있는 장점은 무엇인가요?

5. 리액트 네이티브는 다음 플랫폼을 지원합니까?
   - 윈도우
   - 맥 OS
   - tvOS

6. 일렉트론 애플리케이션에서 GPU와 같은 하드웨어의 가속 기능을 이용할 수 있습니까?

12.6 더 읽을거리

- **WebGPU**: *https://gpuweb.github.io/gpuweb/*

- **웹어셈블리**: *https://webassembly.org*

- **enscripten**: *https://emscripten.org/*

- **expo iOS 클라이언트**: *https://apps.apple.com/us/app/expo-client/id982107779*

- **일렉트론**: *https://electronjs.org/*

- **TensorFlow.js을 사용하는 일렉트론 애플리케이션 예제**: *https://github.com/tensorflow/tfjs-examples/tree/master/electron*

- **AutoML 에지**: *https://cloud.google.com/vision/automl/docs/edge-quickstart*

INDEX

INDEX

INDEX